BESTSELLER

J. Jesús Lemus es un periodista desplazado. En mayo de 2008, lo secuestraron y lo encarcelaron en una prisión de máxima seguridad, donde fue procesado y sentenciado por una venganza desde el poder. Lo absolvieron en mayo de 2011. Las organizaciones Reporteros Sin Fronteras y la Casa de los Derechos de los Periodistas acompañaron su caso. A su salida de la prisión, desde donde escribió el horror de la cárcel, ganó en Holanda el premio internacional «Pluma a la Libertad de Expresión», que otorga la fundación no gubernamental Oxfam Novib / Rory Peck. Colabora para *Reporte Índigo*, donde da cobertura a temas de política, seguridad nacional y narcotráfico. Es autor de *Los malditos* (2013), *Cara de Diablo* (2014), *Michoacán en guerra* (2014), *Mireles, el rebelde* (2014), *Tierra sin Dios* (2015) y *El último infierno* (2016), títulos publicados bajo sellos de Penguin Random House. Su actividad de escritor y periodista la compagina con labores de tallerista. Actualmente imparte un diplomado en periodismo para reporteros empíricos en varios estados del país.

J. JESÚS LEMUS

Los malditos
Crónica negra desde Puente Grande

DEBOLS!LLO

El papel utilizado para la impresión de este libro ha sido fabricado a partir de madera procedente de bosques y plantaciones gestionadas con los más altos estándares ambientales, garantizando una explotación de los recursos sostenible con el medio ambiente y beneficiosa para las personas.

Los malditos
Crónica negra desde Puente Grande

Segunda edición en Debolsillo: diciembre, 2016
Primera reimpresión: febrero, 2017
Segunda reimpresión: noviembre, 2017
Tercera reimpresión: junio, 2018
Cuarta reimpresión: febrero, 2019
Quinta reimpresión: junio, 2019
Sexta reimpresión: mayo, 2021
Séptima reimpresión: junio, 2022

D. R. © 2013, J. Jesús Lemus Barajas

D. R. © 2022, derechos de edición mundiales en lengua castellana:
Penguin Random House Grupo Editorial, S. A. de C. V.
Blvd. Miguel de Cervantes Saavedra núm. 301, 1er piso,
colonia Granada, alcaldía Miguel Hidalgo, C. P. 11520,
Ciudad de México

penguinlibros.com

Diseño de portada: Penguin Random House / Andrés Mario Ramírez Cuevas

ISBN: 978-607-314-338-7

Impreso en México – *Printed in Mexico*

Índice

Hasta el día en que me absolvieron de todo cargo, fui tratado bajo el código de los que son malditos en esta cárcel, en donde se guarda a los delincuentes más peligrosos de todo el país.

Como reo de alta peligrosidad —así fui catalogado por decisión política—, el juzgador consideró pertinente colocarme el mote de *maldito* y ordenó para mi persona la reeducación, que consistía en lograr por todos los medios el quebrantamiento de la voluntad, la dignidad y la esperanza, utilizando como herramientas la humillación, la vejación y los golpes…

La detención

Aquel día amaneció como cualquier otro de los últimos veinte años: muy rápido y sin saber qué estaría haciendo al final de la jornada. Ni en el peor momento imaginé que, llegada la noche, estaría tirado en una habitación hedionda, bajo tortura y con la certeza plena de mi muerte a manos de alguien que ni remotamente sabía quién era. Menos iba a imaginar que los próximos tres años con cinco días los pasaría en prisión. No en una prisión cualquiera, sino en una cárcel de exterminio. En una cárcel federal, en la cárcel federal de Puente Grande.

Era 7 de mayo de 2008 y como siempre me di a la tarea de organizar mi cabeza y con ella la agenda, para ubicar el día con las notas de importancia que me permitieran ir componiendo la primera página, la contraportada y las centrales; metódicamente se trataba de la parte más difícil por resolver y la más demandante de aquel pequeño diario local llamado *El Tiempo*, en La Piedad, Michoacán.

El agotamiento por el trabajo era evidente, no tanto por los cierres de edición a media noche ni la cobertura informativa a destiempo, sino por la espiral conflictiva en la que estaba envuelto, luego de que el gobierno del municipio, bajo lineamientos y políticas de contentillo en materia de comunicación social, me había suspendido la publicidad oficial al considerar que la información

11

que manejaba en mi diario era a todas luces *atentatoria* —ese fue el término que me escupió el titular de Comunicación Social del gobierno municipal— en contra de la imagen del alcalde.

Casualmente, en aquella fecha la agenda informativa en la pequeña población del norte de Michoacán apuntaba para sacar *la de ocho* sin mayor problema: se había anunciado la visita de la esposa del presidente de la República al municipio, para la puesta en operación de no sé qué instalaciones gubernamentales en la localidad.

Alentado por el olfato periodístico, me dirigí al sitio donde se llevaría a cabo el acto. Sin esperarlo, se me impidió el paso al lugar, no por el Estado Mayor Presidencial, que ya estaba posicionado, sino por el director de Comunicación Social del gobierno municipal, quien sarcásticamente y con una risa burlona me indicó:

—No puedes ingresar... son ór-de-nes su-pe-rio-res —me deletreó en la cara.

Tras el berrinche y la consabida mentada de madre al funcionario municipal me retiré del lugar, en espera de buscar una nota que pudiera suplir en forma más amplia la que estaba destinada a ser la noticia del día en aquella pequeña localidad. No había caminado ni cincuenta metros de donde se me impidió el paso cuando sonó mi teléfono.

—¿Qué onda, pinche reportero, dónde andas? —me dijo del otro lado de la línea una voz que rápidamente reconocí—. Déjate caer la greña para acá —me señaló sin esperar la respuesta.

—¿Qué hay de nota? —pregunté casi por instinto.

—No mucho, pero vienen unas personas de Guanajuato y te van a pasar información de unos muertos que encontraron allá por Manuel Doblado.

—¿Cuándo fueron los muertos, comandante? —inquirí.

—Ahorita en la mañana. Están fresquecitos. Vente —insistió—, y sirve que seguimos platicando del reportaje que traes entre manos.

No lo dudé. Enfilé desde donde me hallaba para encontrarme con aquel comandante de la Policía Ministerial del estado de Guanajuato, quien ya sabía que estaba haciendo un reportaje sobre las nuevas rutas del narcotráfico, las cuales intentaban abrir los cárteles de la droga en esa parte del país.

En menos de 10 minutos crucé la línea que divide Michoacán para internarme en Guanajuato, con la esperanza de encontrarme con aquel policía, una de mis fuentes más confiables de esa región en los últimos dos años, quien me había prometido la nota de ocho columnas que habría de suplir el acto oficial del cual me excluyeron de manera formal.

Del lado de Guanajuato el comandante y su grupo de policías ya me esperaban. Lo vi y me estacioné a la orilla del camino. Nos saludamos como conocidos que éramos. Y fui al grano:

—¿Dónde se encuentran los muertos, comandante?

—Me vas a acompañar a la oficina —expresó con una voz que desconocí, como si estuviera hablando con un extraño—, allí te van a decir en dónde están los muertos que buscas.

No externé nada. La actitud del policía se me hizo ajena. En efecto, me había traicionado. En las instalaciones de la comandancia un grupo de encapuchados me sometió. Fui esposado de manos y pies y trasladado en una camioneta. No supe en dónde estuve las siguientes 48 horas. Y cualquier tipo de tortura que pude imaginar —y otros que ni siquiera suponía que existan— los viví durante ese lapso eterno de tiempo.

Cada vez que recuperaba la conciencia —cuando cesaba la tortura o me entregaban un acta de incriminación para firmarla—, mi mente buscaba la razón de aquel suplicio. ¿Cuál era la causa?, ¿por qué el Estado desató su cólera contra mí? Primero me mostraron un acta en la que supuestamente yo reconocía ser parte de una célula de contacto con Osiel Cárdenas Guillén.

Después de una eterna sesión a base de golpes, toques eléctricos y la consabida bolsa de plástico en la cabeza, me presentaron nuevos documentos de autoincriminación en los que aceptaba pertenecer a una célula delictiva, esta vez bajo la denominación de Los Zetas, aunque terminaron por señalarme como integrante de una agrupación delictiva originaria de Michoacán. No firmé. Nunca acepté las afirmaciones de mis captores.

No recuerdo cuántas veces perdí el conocimiento ni cuántas ocasiones pretendían que plasmara mi rúbrica en actas incriminatorias, que no firmé simplemente porque ya no podía mover la mano. Finalmente aparecí en una celda de separos del Centro de Readaptación Social (Cereso) de Puentecillas de la ciudad de Guanajuato, bajo el cargo dictado por el ministerio público del fuero común de aquella entidad, que me acusaba de delincuencia organizada y fomento al narcotráfico en la modalidad de colaboración.

Soy periodista desde 1988, cuando comencé a redactar noticias para un modesto diario de circulación local llamado *El Cruzado*, en la zona norte de Michoacán, a cuatrocientos kilómetros de la ciudad de México, en donde pasé de ser reportero a jefe de información y luego asumí la subdirección. Posteriormente colaboré como reportero en periódicos como *La Voz de Michoacán* y *La Jornada*, hasta llegar a la dirección del periódico local *El Tiempo* de La Piedad.

Desde este último diario, en el que también me desempeñaba como editor general, intensifiqué el periodismo crítico, fundamentado en hechos y voces populares; hice señalamientos que dolieron al gobierno federal y al local. La última publicación fuerte que realicé giraba en torno de una averiguación previa sobre pederastia que se había iniciado desde un despacho de la Procuraduría General de Justicia del Estado (PGJE) de Michoacán, en la que se incriminaba a distinguidos políticos locales.

Ahora estaba en el Cereso de Guanajuato, en medio de un proceso plagado de inconsistencias... Por fortuna, apenas a unas horas de no mantener contacto con la redacción del periódico, mi desaparición fue reportada a la corresponsalía de la agrupación Reporteros Sin Fronteras. Eso me salvó de aparecer ejecutado en algún camino rural de Guanajuato, decapitado, y con una leyenda incriminatoria para crear un falso positivo, tal como fue el signo del gobierno de Felipe Calderón.

Tras unas horas de mi reclusión, al juez federal que tomó mi caso le pareció suficiente el hecho de que el propio comandante, que por años había sido mi fuente informativa, me señalara como miembro de una célula criminal de Michoacán, y no dudó en otorgarme el auto de formal prisión.

A los tres días de tal resolución, el ministerio público federal adscrito al juzgado segundo de lo penal en Guanajuato solicitó al juzgador —a propuesta del gobierno de Guanajuato, a través de la Procuraduría de Justicia del Estado— que se me reubicara en un penal federal, dado el "nivel de peligrosidad" que yo representaba.

Apegado a derecho, el juez instruyó un estudio criminológico para determinar mi grado de peligrosidad, el cual fue realizado por una perito del Cereso de Puentecillas.

—Jesús Lemus —me llamó la especialista desde la puerta de la celda en la que permanecía, en el área de ingreso del Cereso—, acérquese, le voy a realizar unas preguntas.

—Dígame —contesté, a la vez que me acercaba a la celda.

—¿Cómo se llama? —preguntó sin verme siquiera a la cara.

—J. Jesús Lemus Barajas —respondí.

—¿Qué edad tiene?

—Cuarenta y un años cumplidos.

La entrevistadora guardó silencio. Hizo algunas anotaciones en una libreta de forma francesa. Se dio la media vuelta y se alejó.

15

Ése fue el "estudio criminológico" que me catalogó como sujeto de alta peligrosidad, candidato a una cárcel federal de exterminio.

El dictamen me lo comunicó el actuario del juzgado segundo de Guanajuato, en una notificación que se me hizo al filo de las 10 de la noche del 22 de mayo. Me llamó a comparecer ante el notificador y allí me dictó la primera de varias sentencias, de una venganza que no sabía exactamente de dónde provenía, pero que sin duda tenía todo el apoyo de las altas esferas del gobierno federal.

—Jesús Lemus —dijo el notificador—, por acuerdo del juzgado se ha determinado su traslado al penal federal de Puente Grande, acto que se deberá verificar en los próximos cinco días hábiles.

—¿Cuál es la razón de mi traslado? —pregunté desconcertado.

—La decisión fue tomada por el juez —me explicó con frases cortas—. Es con base en un estudio criminológico.

—¿Qué dice el estudio? —inquirí.

Sin verme a la cara, el actuario comenzó a hurgar en el legajo que llevaba. Se acomodó los lentes y desde el otro lado de la rejilla me comenzó a leer un texto lleno de tecnicismos que a él mismo lo cansaron y optó por abandonar la lectura, para explicarme:

—En resumidas cuentas —habló mientras desviaba su mirada hacia mis hombros—, el estudio dice que usted es una persona altamente peligrosa, que pone en riesgo la estabilidad del Cereso, toda vez que puede crear un arma letal a partir de cualquier instrumento cotidiano que se le proporcione. Ésta es la consideración que ha tomado el juez para trasladarlo a la cárcel federal de Puente Grande, en el estado de Jalisco.

El traslado de Guanajuato a Jalisco se verificó la mañana del 27 de mayo, bajo un operativo instrumentado por la entonces Agencia Federal de Investigaciones (AFI), con el apoyo de una unidad del Ejército mexicano. Desde el Cereso, esposado de pies y manos, cinco agentes fuertemente armados al frente y otros cinco elementos caminando detrás de mí, me condujeron hacia una camioneta Suburban que durante el trayecto hasta Puente Grande fue escoltada por tres camiones militares, pues al final de cuentas llevaban a un reo de "alta peligrosidad".

En Puente Grande permanecí preso tres años y cinco días, acusado de delitos graves, incomunicado, humillado y maltratado por el Estado mexicano, el cual se encargó de retrasar mi proceso judicial, pues para desahogar una sola audiencia que en cualquier juicio ordinario duraría de dos a tres semanas, en mi caso transcurrieron seis meses para ser atendido en el juzgado.

En agosto de 2010 recibí una noticia devastadora: mis abogados defensores habían sido asesinados, justo a la mitad del proceso penal; quedé en estado de indefensión más de ocho meses —debido también a la incomunicación que padecía—, hasta que pude contar con un abogado de oficio.

Durante mi estancia en la cárcel federal —donde permanecí aislado y desnudo en una celda en la que sólo podía ver la luz del sol a través una rendija—, me mantuvieron en pie el amor de mi esposa y el cariño de mi hija, además de mi pasión por escribir y narrar el diario acontecer de mi entorno.

En los días largos, inundados de la más fría soledad y de la más agobiante angustia, encontré el consuelo suficiente en el oficio de ser periodista: comencé a imaginar que preparaba un gran reportaje y me dediqué a registrar todo lo que pasaba en mi entorno. Mentalmente comencé a redactar notas informativas que poco a poco se fueron plasmando en cartas que sacaba a hurtadillas, tras las visitas que mi esposa y mi hija me hacían cada 15 días.

Los textos fueron transcritos en papel sanitario —era lo único que me permitían tener en mi celda— con una punta de carbón de un lápiz que alguien solidario me regaló en un cubículo de atención psicológica, mientras preparaba mi perfil psicocriminal exigido por el Centro Federal de Readaptación Social Número 2 de Occidente.

Durante los mil cien días de mi cautiverio nunca dejé de escribir; la pasión que siento por el periodismo me mantuvo vivo en esa cárcel de tortura: me levantaba (despertado por el frío) en horas de la madrugada y con la luz que se filtraba del pasillo hacia el interior de la celda; me tendía en una fría mesa de concreto a escribir la crónica de la noche y del día anterior; siempre había algo que narrar, desde las incursiones nocturnas de los guardias a las celdas para golpear a alguno de los otros presos que vivían en ese mismo pabellón, hasta los gritos de angustia y sufrimiento de los internos que a veces, como yo, eran presa de sus pesadillas en aquellas mansas noches que calaban cada hueso del cuerpo amortajado por la desesperación.

Esas gélidas noches y los penosos días de mi aislamiento en la cárcel federal incubaron las narraciones más apasionadas que he logrado a lo largo de mi vida profesional. En esos textos, hilvanados poco a poco tras amargos amaneceres detrás de los barrotes —que siempre dejaban en la boca un sabor a tristeza y sangre—, se describen hechos cotidianos simples de un hombre simple, llevado al extremo de su condición humana. Los relatos se transformaron en un compendio gracias a la tenacidad de mi esposa, quien siempre buscó la manera de archivarlos, con la esperanza de que un día vieran la luz pública no para develar una verdad, sino por el hecho de ir armando pacientemente un retrato de palabras.

CAPÍTULO 1

El Mochaorejas

Cuando me recluyeron en el Centro Federal de Readaptación Social Número 2 de Occidente, en Puente Grande, Jalisco, sabía que ésa era una cárcel especial, pero nunca imaginé que lo fuera tanto, como después descubrí tras conocer a cada uno de los que estaban allí, como yo, acusados de graves delitos, pendiendo sobre sus cabezas sentencias de 20 años hacia arriba.

El 27 de mayo de 2008 ingresé al Centro de Observación y Clasificación (COC) —como lo establece el protocolo de las cárceles federales—, con la recomendación de un juez federal de recibir una "reeducación y una terapia de readecuación de la conducta por espacio de seis meses", según me informaron al entrar, razón por la cual fui asignado al área de aislamiento por ese periodo.

Me trasladaron al pasillo tres, a la celda número 305, que para efectos prácticos de los oficiales era la número cinco de ese corredor, a sólo un aposento de distancia de las temidas celdas de castigo, también conocidas como las "acolchonadas". La cercanía con dichos espacios me dio una idea clara de la forma en que se trata a los internos de la cárcel federal que tienen una consigna especial de sus juzgadores o de los agentes del ministerio público.

Al primer día de mi ingreso, desde la cama de piedra en la que me mantenía recostado —al filo de las dos de la mañana—, pude darme cuenta de cómo torturaban a un interno, que a gritos suplicaba que dejaran de aplicarle toques con la chicharra. Literalmente aullaba de dolor y sus alaridos, sólo opacados por el ladrar de los perros, rebotaban en el eco del pasillo.

Tras casi dos horas de que entre unos cinco y ocho agentes de seguridad interna, todos ocultando sus rostros con pasamontañas, lo tundieron a golpes, el infortunado preso quedó privado por el martirio y sólo se alcanzaba a escuchar su respiración agitada entre sollozos y palabras balbuceantes, ininteligibles, pero que evidenciaban las formas y el trato inhumano que imperaba al interior de la cárcel.

Todos los que estábamos en ese pasillo obviamente nos hacíamos los dormidos, cuando en realidad sufríamos casi igual que el torturado en turno, con la severa advertencia de padecer la misma suerte si alguien osaba levantarse de la cama para dirigirse a la reja e intentar mirar lo acontecido.

A su retirada, los oficiales encapuchados salieron en tropel del lugar, con la consigna cumplida de abandonar medio muerto a aquel infortunado preso, y dejar tras de sí una estela de gas lacrimógeno que hizo imposible dormir lo que restaba de la noche, como si no hubiera bastado el temor sembrado al presenciar la saña con la que se golpea y se tortura a la menor provocación dentro de esa cárcel.

El lacerado —lo supe al siguiente día, al pase de lista— era Daniel Arizmendi López, quien ya se encontraba sentenciado a más de 390 años de prisión, por diversos delitos, entre ellos el de secuestro. Daniel Arizmendi fue llevado al área de segregación, según lo comentó con alguien que desde la celda 301 le preguntó cómo se encontraba. Ese *alguien* era Jesús Loya, un secuestrador de Sinaloa que también purgaba una sentencia de 25 años de prisión, pero que se hallaba segregado en el área del COC, al parecer porque padecía hepatitis.

Jesús Loya, en ese tiempo ya con 11 años tras las rejas, tenía más agudos los sentidos y pudo darse cuenta perfectamente de quién era el nuevo inquilino de ese pasillo, una vez que pasaron la lista a las seis de la mañana, por eso no se le hizo difícil indagar y ponerse a las órdenes —aunque sólo por cortesía— del vapuleado interno, quien no dejaba de toser por los golpes recibidos en el pecho y por el ambiente enrarecido que produjo el gas lacrimógeno, aún presente en el sitio por la falta de ventilación.

Yo escuché el nombre de Daniel Arizmendi López y lo asocié inmediatamente con el mote de *Mochaorejas*, alias que acuñaron los noticiarios televisivos la noche del 17 de agosto de 1998, cuando se informó que a las 19:00 de ese día, elementos de la Policía Judicial del Estado de México, en el municipio de Naucalpan, lograron detener a quien se le señalaba como líder de una temible banda de secuestradores.

A Daniel Arizmendi López lo detuvieron cuando salía de su domicilio; los noticieros aseguraron que no opuso resistencia y que junto a él fueron aprehendidos otros miembros de su banda. Durante un cateo en el domicilio se aseguraron 30 millones de pesos, 600 centenarios y más de 500 mil dólares estadounidenses. La noticia se difundió a través de una conferencia de prensa que encabezó Jorge Madrazo Cuéllar, entonces procurador general de la República. Arizmendi fue recluido en el penal de máxima seguridad del Altiplano, antes Almoloya de Juárez, y posteriormente enviado a la cárcel federal de Puente Grande, en Jalisco.

Después del pase de lista, a las seis de la mañana, a todos los presos se les ordena que deben bañarse: con agua helada si hace frío y con agua hirviendo si hace calor; enseguida se establece un estado de alerta entre ellos y se les obliga a permanecer de pie junto a la reja para que reciban la charola del desayuno. En esos momentos, y sólo en algunas ocasiones, se les permite entablar un breve diálogo entre sí.

En el área del COC de la cárcel federal de Puente Grande, por normatividad sólo se admite un interno en cada una de las celdas, las cuales miden dos metros de ancho por tres de largo; todas tienen una ventana que da hacia el patio. En el interior de cada celda hay una cama de piedra, un lavabo, una regadera, una mesa de concreto y un retrete. Ésa es toda la comodidad de la que se puede gozar. Están prohibidos los objetos personales, nadie puede tener un libro, una libreta o un lápiz. Lo único que se posee es el uniforme que uno porta, en el mejor de los casos; porque hay presos a los que se les priva de ese derecho y se les obliga a permanecer totalmente desnudos.

En el sector de observación y clasificación, de los cinco pasillos que lo conforman uno está reservado para aislar a los presos conflictivos, enfermos, o que llevan recomendación del juez —como fue mi caso—, para conducirlos al extremo de su condición humana; los mantienen aislados y privados de cualquier acto u objeto que implique confort. A ese pasillo se le llama "de los locos" o "de los encuerados", donde no se permite nada, ni siquiera uniforme o zapatos.

Mi celda se ubicaba a sólo dos de distancia de la del famoso secuestrador; únicamente la dividía el aposento de otro recluso que estaba en aislamiento, también recién ingresado al penal de Puente Grande, quien esperaba sus estudios de criminalística para ser asignado a la población. Se trataba de Alejandro Valencia García.

Cuando escuché en el pase de lista que el guardia gritaba el nombre de Arizmendi López y luego en contraste la tímida voz del interno respondiendo con su nombre de pila: "Daniel", algo se removió en mí que me impulsó a hacerle un par de preguntas, una vez que se retiraron los guardias y estábamos fuera del baño. Pero Jesús Loya se me adelantó y comenzó el diálogo.

—Ese mi Dany, ¿qué tal te cayó el baño? —se aventuró a expresar entre curioso y servicial—. ¡Apenas te debe de estar cayendo a toda madre el agua fría, para calmarte los dolores de la madriza de anoche!

—Ni creas, está a toda madre el agua, se me hace que está más calientita que allá en las [celdas] tapadas en donde vivo. ¿Tú quién eres?

—Estoy aquí en la celda uno, soy Jesús Loya, de Sinaloa, estaba en el módulo ocho de población pero me trajeron para acá, porque me aventé un trompo con un bato que se siente muy cabrón, y nos dio chance un oficial de tirarnos unas trompadas, pero el güey se rajó y nos llevaron al consejo, y dijo que a la mala me le aventé en el comedor, pero fue a la buena, fue derecho el tiro. Me dieron tres meses de aislamiento y aquí estoy pagándola... pero ya casi termino y me regreso a población.

—¿Y cuántos años te echaron? —preguntó Daniel Arizmendi como midiendo el terreno—, porque si estás en el módulo ocho ya tienes sentencia...

—Vengo por secuestro —respondió Jesús Loya—, pero tú eres el maestro de todos. Me dieron 25 años, pero ya les llevo pagados casi la mitad, ya me eché 11 años aquí y pienso que sólo les hago otros cinco más, a lo mucho, y me ando yendo con beneficios, porque vengo con la ley anterior, en donde todavía pagas con sólo 60 por ciento de la sentencia.

—¿Y en dónde le pegabas tú? —siguió investigando Daniel Arizmendi antes de soltar la respuesta a la pregunta que inicialmente le había hecho su interlocutor—, porque me imagino que has de haber trabajado recio para estar en esta puta cárcel...

—Yo le pegaba en la zona de Culiacán —explicó Jesús Loya—, sólo que la cagué en una sociedad que hice con unos putos de la policía ministerial; al principio sí nos estaba yendo a toda madre, porque le estábamos pegando a los empresarios, pero luego ellos [los policías ministeriales] me pusieron dos o tres jales buenos, pero eran hijos de políticos y allí fue en donde valió madre, porque ellos mismos me agarraron luego de pegarle al gobernador; secuestramos a su hermano, y fueron mis propios socios los que se me voltearon y terminaron por entregarme, por quedar bien con el puto gobernador, ya vez cómo son de mierdas los policías, se embarran hasta el cuello y luego buscan a otro pendejo que se las pague…

—Y por eso chillas —le saltó al paso de la conversación Arizmendi al sentir el lamento que se veía venir—. Aguántala, como machín que eres, o qué, ¿también eres inocente como todos los que están aquí?

—Pos la neta, yo sí me la comí y ahora la estoy pagando, y no estoy chillando, sólo te digo que caí por pendejo, por haber confiado en unos putos policías que son más cochinos que cualquiera de los que estamos aquí… pero, ¿a poco tú sí reconociste a la primera que mochaste todas esas orejas que dicen en las noticias?

—Pos a la primera no, pero sí me fui resignando a reconocer lo que hice —asevera Daniel Arizmendi en un tono de voz más apagado—; fui creyendo poco a poco lo que los noticieros dijeron de mí y casi terminé por aceptar todos los secuestros que me presentaron los policías que me interrogaron… porque me pusieron más secuestros de los que en realidad hice.

—Pero, entonces, ¿cuántos años traes encima? —va directo al tema Jesús Loya—, porque allá en el módulo ocho dicen que traes como dos mil años de sentencia…

—Puras mentiras. Traigo sólo 393 años por los secuestros que dizque me pudieron comprobar.

—¿Ya hace rato que te sentenciaron? —tercio yo intempestivamente en la plática, parado desde la reja de mi celda en la que me mantengo en alerta para esperar el desayuno.

—¿Y tú quién eres? —se alerta Arizmendi, denotando la desconfianza propia que les nace a los presos en este encierro—. ¿También vienes del módulo ocho?

—No, yo voy llegando a esta cárcel —trato de explicarle rápidamente mi situación—, soy periodista, me llamo Jesús Lemus y me mandaron aquí acusado de narcotráfico.

—Ya valiste madre —me dice Daniel Arizmendi—, a todos los que llegan a esta cárcel es para dejarlos bien encerrados, y si te trajeron para acá es porque te van a chingar bonito, porque de una cosa estamos seguros, que el gobierno en México no anda con chingaderas, y si quiere chingar a alguien lo chinga bien, y si a ti te están señalando por el delito de narcotráfico, lo más seguro es que te vas a mamar unos 20 o 35 años de cárcel, por lo bajito.

—Pero te pregunto, ¿hace mucho que te sentenciaron? —le insistí.

—Hace poco más de cinco años —comenzó a explicar sin limitación—. El 22 de agosto de 2003 me dieron 393 años por la suma de todos los delitos que me cuadraron, pero sólo voy a pagar 50 años, porque ésa es la pena máxima que se puede pagar en México.

—¿Y qué delitos fueron los que te pudieron cuadrar?

—Me dieron las sentencias máximas de secuestro, delincuencia organizada, posesión de armas de fuego y homicidio calificado. Y luego hasta me quisieron cuadrar un intento de homicidio en la cárcel de Almoloya, por eso me trajeron para acá.

—¿Ya agotaste todas las instancias de defensa?

—Sí, ya me amparé y me confirmaron las sentencias que me dieron en la apelación, ya no me queda otra salida que pagarles y pos hay que pagarles y tratar de llevar la vida lo mejor posible, porque no me quiero morir aquí.

—¿Tienes miedo a la muerte?

—¿Y a poco tú no? Todos le tememos a la muerte, aunque digamos que somos muy cabrones; yo le tengo miedo a morir, aunque hay veces que uno quisiera ya no despertar, sobre todo cuando abres los ojos y ves que lo único que te rodea son estas pinches paredes y esos pasillos largos y los barrotes amarillos que te están viendo todos los días.

—¿Estás arrepentido de lo que hiciste?

—La neta, sí eres periodista... sólo un periodista puede hacer esas pendejadas de preguntas. ¿Que si estoy arrepentido? Sí. Sí me arrepiento de haber hecho lo que hice, pero pos aquí ya poco sirve el arrepentimiento. Aquí ya no cuenta lo que uno piense o diga, aquí el arrepentimiento es sólo como una pomadita que se la pone uno todos los días, cuando le duele la cárcel en los huesos y en todo el cuerpo, y por eso necesita uno tener arrepentimiento para untárselo en el cuerpo cuando no soporta uno este encierro. Pero, ¿sabes qué es lo peor de todo el arrepentimiento que le surge a uno estando aquí encerrado? Lo peor es no tener a quién decirle que uno está arrepentido y que aunque pudiera ya no volvería a cometer el mismo error que se cometió y que lo trajo a uno hasta aquí.

—Ora sí te me pusiste filosófico, mi Dany —le dice en tono de burla Jesús Loya—, ya vez, sí hace bien platicar un ratito. Aquí aunque sea en estos minutos de la mañana, la pasamos suave, hablando todos los días, porque luego llega el cambio de guardia y no sabes ni qué puto guardia te va tocar, y hay cabrones que ni respirar te dejan.

—Sí, pos la neta sí se siente bien hablar un poco de lo que trae uno guardado en la cabeza —dice Daniel Arizmendi, más resignado a la plática—; yo pensé que acá en el COC estaba más cabrón que allá en las tapadas, pero está relax el ambiente...

—Y al rato hasta cantamos —afirma Jesús Loya—; si llega un guardia chido nos da chance de cantar un ratito ahí por el medio día, y hay una enfermera a la que le gusta que le cante desde aquí en donde estoy... se me hace que la tengo enamorada.

—Ya cálmate, ya te salió lo galán, pinche chaparro ojete —le grita desde su celda el preso de la estancia 302, de apellido Ramírez

Tienda, acusado de delincuencia organizada—. Se me hace que nunca has tenido novia, y ahora aquí vienes a dártelas de muy galán.

—Pos de neta —responde envalentonado Jesús Loya—, te apuesto lo que quieras a que *La Nana Fine* siente algo por mí; si no fuera así, no me diría que le cante canciones todos los días cuando ella está de guardia, aquí arriba, en el hospital.

Entre los presos de Puente Grande, como es imposible conocer los nombres de enfermeras, doctores, guardias, maestros y personal de apoyo, es común utilizar apodos para identificar a cada uno de los trabajadores con quienes tienen contacto y, en efecto, había una enfermera a la que se le denominaba *La Nana Fine*, porque se parecía bastante a la actriz norteamericana Fran Drescher, de la famosa serie noventera *La niñera*.

—¿Y cuál canción es la que más le gusta a *La Nana Fine*? —preguntó Daniel Arizmendi, entre curioso y mediador en la discusión que sostenían Jesús Loya y Ramírez Tienda.

—Le gusta "Aliado del tiempo" de Mariano Barba —ataja rápidamente Jesús Loya—; es que dice que le recuerda a un novio que nunca se animó a casarse con ella, aunque si ella me dice que sí nos casamos, me cae que de volada hago los trámites y le solicito a la trabajadora social que nos ayude para que me haga la visita conyugal…

—No quieres nada —dice jocoso Arizmendi.

—¿Y tú tienes visitas, Daniel? —vuelvo a intervenir ya más confiado en la plática—, o te siguen manteniendo totalmente aislado.

—Sí me visitan, pero estos cabrones se ponen bien duros con todos mis familiares. Le ponen un chingo de trabas a mi esposa, y a veces a quien solamente puedo ver es a mi papá. Tengo anotados para que me visiten a mis padres y otros familiares, pero siempre los devuelven de la puerta; siempre por alguna razón, por algún pretexto pendejo, me quedo sin visita, y la explicación es que la máquina de ingreso registró positivo de alcohol, que las puertas no se abren o que mis visitas no traen la ropa o calzado adecuado... son chingaderas de estos cabrones, pero aquí estamos y aquí hay que aguantarla.

—Y las visitas del abogado, ¿también te las hacen cansadas?

—No, allí no tanto, pero pos la verdad ya no tengo abogado. Se terminó el proceso y ya no se necesita, porque en el órgano desconcentrado, después de que estás sentenciado en firme, ya no aceptan que mandes abogados, tienen que ir a realizar cualquier trámite tus propios familiares, y yo de plano, pos no necesito abogado, ya para qué...

—Y entonces ya cualquier asunto referente a tu caso, ya no lo ves con abogados...

—¿No te estoy diciendo que no? Ya no se ocupa que mandes a nadie, ya si quieres y si le interesas a tu familia, es ella la que tiene que ver por ti, ya no se acepta que mandes a nadie más que no sea tu misma gente, porque eso lo ven los que se encargan de estas cárceles para saber qué tanto le interesas aún a tu familia.

—¿Y tú sí le interesas aún a tu familia?

—Sí. Sí les interesa, bendito sea Dios, aún les duelo a mis padres y a mi esposa y a toda mi familia, y eso es una de las cosas que me ha dado fuerza para no terminar por matarme aquí, aunque la verdad, en las condiciones en las que uno está, no hay forma de matarse uno mismo, a menos que sea ahogándote con la sopa de arroz tan fea que aquí nos dan —tras el comentario viene el festejo con una risotada.

—Jodido yo, que ya ni vieja tengo —acotó Jesús Loya—, dejó de venir y ya ni las cartas me contesta; mis dos hijos que venían a verme ya también han dejado de venir, hace como cinco años que ya no he vuelto a saber de ellos. Así es la cárcel, poco a poco se les va olvidando uno a su propia gente.

—La verdad es que sí —respondió Arizmendi—, porque cuando uno les da dinero a manos llenas, todo mundo te quiere, hasta tienes amigos en las más altas esferas del gobierno, ¿a poco no?

—¿Tú tenías amigos en el gobierno?

—A manos llenas, y si supieras con quién llegué a reunirme para ayudarles en sus campañas con algo de dinero, te ibas de nalgas, o nos mandan matar aquí mismo a todos los que estamos aquí.

—Pos suelta un nombre, ¿no?, por lo menos…

—¿Has oído hablar de Alberto Pliego Fuentes?, pos con gente como él nos íbamos a comer y a hacer negocios, sólo que luego les sale la ambición y comienzan a querer todas las utilidades, y pos es cuando les sale lo honesto y hacen uso del fuero policiaco… pero no hay gran diferencia entre los que estamos aquí encerrados y los que andan en la calle con la fachada de policías, a final de cuentas todos andamos tras el billete, sólo que unos lo hacemos sin el fuero policiaco y otros sí se escudan en que son gobierno.

Alberto Pliego Fuentes, también reconocido como el super-policía en el gobierno de Ernesto Zedillo, por haber participado en las detenciones de Daniel Arizmendi, en 1997, y cinco años antes en la de Andrés Caletri, falleció el 22 de febrero de 2007, estando en prisión, en el Centro Federal de Readaptación Social (Cefereso) de Almoloya, procesado por el delito de delincuencia organizada, vinculado con las actividades de narcotráfico de Juan José Esparragoza Moreno, *El Azul*, uno de los líderes del cártel de Juárez. A Pliego Fuentes se le relacionó con *El Azul* a partir de una averiguación previa de la Procuraduría General de la República (PGR), en la cual se estableció que el policía mexiquense brindaba protección al cártel de Juárez para sus actividades delictivas en Morelos, principalmente relacionadas con el secuestro y la ejecución de personas pertenecientes a grupos contrarios; por ello se le giró orden de aprehensión en 2005, siendo activo policiaco, y se le recluyó en la cárcel de Almoloya, en donde falleció a causa de cáncer.

—Aunque la verdad yo no me trago que el Beto se haya muerto de cáncer como dijeron en las noticias —confesó Arizmendi en el soliloquio producto de la reflexión y de la teoría de la conspiración—, yo pienso más bien que se lo echaron, porque amenazó con hablar y quiso echar de cabeza a muchos de los jefes políticos que también se beneficiaban con lo que él andaba haciendo al ayudar a los del cártel de Juárez. Porque ni modo que él se haya comido todo el pastel, pos claro que no, eso lo sabemos todos... Detrás de un policía corrupto hay siempre gente de traje que se beneficia, pero esos son los que tienen el poder y el control de los hilos, y por eso a ellos nunca les pasa nada y si están en riesgo por lo que puedan hablar sus subalternos, pos está bien fácil: la gente se muere aquí adentro, y está bien fácil ponerle que tenía cáncer en el acta de defunción...

Luego viene un silencio, un acto de introspección, un masticar de palabras que salta como para digerir poco a poco lo que expresa Daniel Arizmendi, un acto como para tratar de entender si el razonamiento allí expuesto es producto del rencor o de la necesidad de hablar sólo por hablar, un momento como para entender si lo que se asevera —mientras estamos a la espera de la charola del desayuno— tiene lógica o es sólo una plática más de presos que tratan de matar el tiempo y de aprovechar el único momento de diálogo que se permite en el día, en esta parte de la cárcel federal de Puente Grande.

El planteamiento impacta e incomoda a los propios presos que estamos en el pabellón del COC; el desayuno tarda, el silencio es incómodo y por eso alguien salta desde una de las celdas de la entrada, es la voz de Juan Sánchez Limón, acusado también de secuestro y aislado en esa parte del penal por sus problemas de convivencia en el módulo de población.

—¿Y finalmente por qué te madrearon tan gacho, Arizmendi?, ¿qué hiciste?, ¿te cogiste a la madre de alguno de los guardias… para que te hayan dado como te dieron anoche…?

—No —responde un Arizmendi más tranquilo, sin la exaltación del diálogo anterior—, lo que pasa es que me le puse al pedo al puto comandante chaparro que ya me trae de encargo; es que es la tercera vez que en su guardia no me llevan de comer, y le reclamé, le dije que se estaba pasando, que abusaba de su condición, y pos que me mienta la madre, y que me caliento, y le puse dedo con el comandante de compañía, y pos ya sabrás que se me pone perro, fue a cantarme un tiro a mi celda y le dije que se metiera… pero el cabrón mejor me sacó y aquí ando, pasando las de Caín por culpa de ese culero… me dicen que vengo castigado por dos meses, así que voy a estar un rato por aquí.

En la cárcel federal de Puente Grande, el máximo órgano corrector de las infracciones de los presos al reglamento interno es el Consejo Técnico Interdisciplinario, que es presidido por el director de la institución y lo integran todos los directores del área médica, trabajo social, educativa, psicología, jurídica y criminalística.

Es este consejo el que determina si el reglamento interno de disciplina de los presos es violentado por alguno de ellos, y el que impone las sanciones correctivas para que no lo infrinja de nuevo. Dicha reglamentación nunca se da a conocer a los reclusos y nadie sabe si existe, porque la mayoría de las sanciones que se aplican en Puente Grande son a discreción del consejo.

Las penalizaciones van desde la interrupción del contacto telefónico con la familia, que corresponde a una llamada de 10 minutos cada siete días, o la suspensión de la visita familiar, que es a razón de un encuentro de cuatro horas cada 13 días, o el aislamiento total del interno. Incluso se llega a determinar la incomunicación del reo en una celda donde permanece completamente desnudo, con terapia de aleccionamiento que consiste en golpizas a deshoras de la noche, paseos al patio para ser bañado con chorros de agua a presión, o la estancia prolongada en dicho patio durante horas de la noche o de la madrugada, de rodillas, con los brazos en cruz y sin nada de ropa.

En el interior de la cárcel de Puente Grande todo causa infracción al reglamento interno de conducta de los presos: hablar, reír, cantar, no comer, comer mucho, caminar sin bajar la cabeza, no llevar las manos atrás, enfermarse, limpiar la celda en la que se vive, no limpiar la celda… todo es infracción, y por todo cualquier preso puede ser presentado ante el Consejo Técnico Interdisciplinario para ser sancionado. El que un preso reciba o no un castigo, por la falta más mínima, siempre depende del guardia que vigila.

Cuando un presidiario comparece ante el citado consejo, la humillación es extrema: hay que presentarse con la cabeza agachada, con la vista al piso, con las manos atrás, en actitud sumisa; allí cualquier miembro del consejo se siente magistrado e interpreta a su criterio un reglamento prácticamente inexistente, con la única finalidad de someter al inculpado a castigos corporales que solicita cualquier custodio.

Por eso aquella noche trasladaron a Arizmendi a golpes al área del COC; casi lo mataron a toletazos en la espalda, en medio de una jauría de guardias y perros que hacían más extrema su situación de angustia. Lo aislaron en una de las celdas acolchonadas, sujeto con cadenas de pies y manos, desnudo, expuesto a la miseria de la cárcel.

Llevamos casi una hora parados, en alerta, frente a las rejas de las celdas, y aún no aparece el carrito con las charolas del desayuno. En la entrada del pasillo un guardia ordena que coloquemos las manos en los genitales porque una enfermera realizará observaciones médicas. En ese pasillo no soy el único recluso que está desnudo, nadie tiene derecho a portar ropa. La medida es parte de la terapia de reeducación y de la atención que debemos recibir del personal de Puente Grande, según considera el juez de la causa.

La enfermera comienza a revisar a cada uno de los internos; pide que abran la boca y saquen la lengua, que den una vuelta completa y que digan si sienten algún dolor físico extremo en cualquier zona del cuerpo. La observación médica se realiza a más de un metro de distancia. Ella hace anotaciones y sigue avanzando. De regreso, entrega una pastilla en la mano a cada uno y ordena que la traguen con agua de la llave. El guardia y la enfermera salen del pasillo. No acaban de cerrar la puerta metálica del corredor cuando se escucha una voz; es la de Jesús Loya.

—¡Eh!, esos nuevos, la pastilla que nos acaban de dar es para tenernos tranquilos, es para que no se alteren y no estén gritando, es para que agarren a toda madre el avión y se duerman un rato después de que desayunen; esa pastilla no la dan en población, sólo la aplican a los que estamos en aislamiento, para aguantar esta chingadera… algo de bueno tiene esta cárcel, que te dan la droga gratis, a domicilio y en la boca.

Apenas termina Jesús su comentario y todo el pasillo festeja con una carcajada; las risas y la exaltación obligan al guardia que se ubica en el diamante de control a gritar por el altavoz que nos callemos y sigamos en alerta esperando el desayuno. Ya ha transcurrido casi una hora de permanecer de pie frente a la reja, cuando se escucha la voz de Daniel Arizmendi que lanza la pregunta:

—Órale, esos de la entrada, ¿quiénes son? Identifíquense… están muy callados, cabrones; no tengan miedo, estamos entre hombres…

—Aquí anda Juan Sánchez Limón —respondió una voz al principio del pasillo—, *El Porras*, del módulo dos; me trajeron que por peligroso, porque le partí la madre a un cabrón que se pasó de hocicón allí en módulo. Por chiva, porque le dijo al guardia que yo me había subido unas tortillas del comedor a la celda, y pos le gané el brinco y lo mandé al hospital quebrado de las costillas.

Después se oyó la voz de Jesús Loya:

—Aquí ando yo, valedor, el mero Jesús Loya, de Sinaloa. Azote de los cabrones y bendición de los amigos, para lo que gustes y mandes, mi querido Dany; tú eres el maestro y yo sólo quiero saber unas cuantas cositas del negocio...

—Ya, ya, sin tanta pinche lambisconería, cabrón —lo atajó en corto Arizmendi—, sólo quiero saber en dónde estoy pisando... pero parece que hay puro secuestrador aquí, como que éste es el pasillo de los chidos, ¿que no?

—No, acaban de traer también a estos dos compitas que están en la cinco y en la seis —dijo Jesús Loya—, parece que uno viene de Michoacán y el otro viene de Guadalajara... Órale, tocayo, preséntese...

—Ya me presenté —dije yo, entre nervioso y tratando de escucharme seguro—, pero aquí ando yo, Jesús Lemus, de Michoacán, periodista; me trajeron acusado de delincuencia organizada y de fomentar el narcotráfico. Lo que pasa es que me bronqueé con el presidente municipal de mi pueblo y con el diputado federal de allí mismo, y resulta que son amigos personales del presidente Felipe Calderón, y pos aquí ando bailando feo.

—Ya ni la chinga ese güey del presidente —dijo Sánchez Limón—, se está llevando parejo a todos, le vale madre todo. Va a terminar por llenar las cárceles para decir que sí combatió al narco cuando en realidad está trabajando con la gente del *Chapo* y sólo está al servicio de ese cabrón. La neta, pinche presidente ojete, muy persignado y bien que le encanta el dinero como a todos. Porque les voy a decir una cosa, que de allí de Guanajuato, de donde me trajeron, yo estaba bien parado pagando mis cuotas al gobernador Juan Manuel Oliva, para que me dejaran trabajar chido, sólo que luego, como dice el Dany, ellos quieren toda la utilidad del negocio y cuando uno se niega a darles más es cuando les sale lo honesto y se ponen la cachucha de autoridad y ley, y te mandan refundir a la cárcel, antes de que les salpique toda la mierda que ellos mismos fomentan.

—¿A poco le dabas cuota al gobernador de Guanajuato? —le pregunté directamente

—A güevo, le tenía que entrar. Me mandaban a dos putos ministeriales para que apoquinara. Yo le enviaba su cuota mensual de 300 mil pesos, pero si el procurador necesitaba algo extra en el mes, me lo mandaba pedir, casi siempre me sacaba dinero para los actos del gobernador, en donde se entregaba ayuda a la gente de los ranchos que iba a pedir cemento y láminas o cosas para ayudarse en la siembra, y yo, como muchos compas de todo el estado, le entrábamos con tal de que nos dejaran trabajar.

—¿Y quién era el procurador que te pedía dinero?

—No, pos de nombre no me lo sé, pero llegué a juntarme con él en varias reuniones, en esas que hacen cada mes para juntar dinero para el Yunque, porque todos los que están en el gobierno de Guanajuato son del Yunque, y allí me llegó a decir que el dinero que le mandaba la gente [todos los que se dedican al narcotráfico en Guanajuato] era para obra social que hacía el gobernador Oliva.

—¿Y a poco te la creías que el dinero le llegaba al gobernador? —le preguntó Arizmendi—. A mí también así me decían, que lo que yo le daba de cuota a los comandantes de la policía federal iba directo al procurador y al presidente, y mira, a la mera hora mandé pedir favores y ni siquiera escucharon a la gente que fue a hablar en mi nombre; es más, ni siquiera los recibieron…

—¿Trataste de pedir favor cuando caíste, para evitar la cárcel? —le pregunté.

—¿Quién no busca un favor cuando cae en la cárcel? Y más cuando te estás jugando la vida, que no hablamos de una sentencia de 10 o 20 años, sino de cientos de años. ¿A poco crees que no busqué favores de los que me pedían dinero cuando yo tenía a manos llenas? Por supuesto que los busqué y mandé pedir favores, pero claro que nadie me iba a conocer, porque conocerme sería tanto como hacerse mi cómplice... Eso lo entendí desde el momento en que comencé a trabajar, aunque la verdad nunca pensé que fuera a necesitar de esos favores que se me negaron aun sin siquiera escucharlos.

El diálogo que comienza a sentirse más animoso y que ahora fluye con mayor facilidad es interrumpido por la puerta metálica que se abre a la par de un grito militarizado, el cual ordena que estemos en postura de "atención" (en la cárcel es el equivalente al "firmes" de los militares o de las escuelas al momento de hacer honores a la bandera).

El silencio generado en el pasillo tras la orden de "atención" es cortado por el ruido de las charolas de plástico que el cocinero —acompañado de un oficial de vigilancia— entrega en cada una de las celdas. El desayuno, que llegó con más de una hora de retraso, está formado a base de nopales con frijoles, tres tortillas y un vaso de café que apesta a orina.

Una vez concluida la entrega del almuerzo, el guardia indica que tenemos 10 minutos para deglutir los alimentos y regresar las charolas ya lavadas. Estamos a finales de mayo pero en esas celdas el frío cala los huesos, las manos están entumidas y yo prefiero comer de pie; la cama de concreto —desnuda y áspera— está congelada como para soportarla mientras engullo dos tortillas con algo de nopales. A los frijoles no les entro porque están echados a perder.

Después de colocar las charolas lavadas al carrito de la cocina se ordena "silencio" en el pasillo y no se permite siquiera el más breve diálogo. La próxima vez en la que podrá escucharse alguna voz en ese pasillo será al pase de lista de las tres de la tarde; mientras tanto cada quien debe mantenerse ocupado con sus pensamientos en el mutismo de su respectiva celda, porque al que se sorprenda hablando le reservan un paseo por el patio a mitad de la madrugada, en donde lo bañarán con agua helada, lo dejarán tres horas hincado con los brazos en cruz y un perro ladrándole a cinco centímetros de su cara.

En el interior de cada celda de los que estamos en el pasillo tres del área del COC en Puente Grande, no hay nada con qué matar el tiempo, no se permite tener nada, por lo que la única opción es tratar de dormir un poco, cuando está calentando el ambiente. El sueño comienza a pegar fuerte, seguramente es por el efecto de la pastilla, o tal vez por el baño con agua helada o quizá por el alimento que deja un estado de saciedad ligera.

Otra alternativa para contrarrestar el tedio es ver cómo corren las cucarachas desde la coladera del baño hasta la puerta de la celda; o contar los barrotes de arriba abajo o de un lado a otro; o enumerar las veces que parpadea en un minuto la lámpara del pasillo principal; o intentar seguir con el oído los pasos que en zapatos de tacón deambulan por la parte superior de las celdas, en donde dicen que se ubica el área de hospitalización.

Jesús Loya está animado, asegura que hoy *La Nana Fine* hará guardia en la enfermería y decide arriesgarse. Quiere ir a verla y por eso comienza a entonar la canción "Aliado del tiempo" de Mariano Barba. El oficial en turno le grita desde la entrada del pasillo que se calle la boca, que lo van a sancionar si no obedece, pero Jesús —que le gusta que le digan Chapo— se envalentona más y sube el volumen de su voz.

Tras una segunda advertencia no atendida, el custodio amenaza con partirle el hocico al chaparro, pero éste no hace caso y continúa cantando, ahora más fuerte. También los gritos del guardia aumentan de tono. Ninguno de los dos cede. Parece que el chaparro ha ganado y sigue con su melodía, pero aún no termina un estribillo cuando se escucha que se abren la puerta del pasillo principal y posteriormente la celda de Jesús Loya; asimismo son perceptibles los pasos marciales de por lo menos cinco oficiales que ingresan en el aposento del recluso y le propinan severa golpiza.

Los lamentos de Jesús Loya son sofocados por los golpes de toletes en el estómago. La paliza dura menos de tres minutos. De pronto, silencio. Un silencio que se rompe cuando un oficial solicita la presencia del servicio médico, mientras el resto de los guardias sale del pasillo con sigilo, jadeando por el esfuerzo que representó el sometimiento del interno.

Llega el servicio médico, un doctor y *La Nana Fine*. Se puede escuchar lo que el chaparro, entre un mar de quejidos, dice a la enfermera:

—¿Le gustó la canción?

Ella no responde, al menos no se escucha que emita una sola palabra. El médico informa que deben suturarle una ceja y que lo trasladarán al hospital para unas placas de tórax, pues su respiración se ha tornado dificultosa debido a algunas costillas rotas, según el diagnóstico previo.

—¿Sí le gustó la canción? —reitera Jesús Loya a la enfermera—. Yo se la canté con mucho cariño, y si por eso me quebraron el hocico, bien valió la pena con tal de verla de cerquita y que le haya gustado —agrega entre quejidos, mientras más personal médico ingresa al pasillo para ayudar a trasladar en camilla al preso enamorado.

—¡Ánimo, compas! —dijo el chaparro Loya entre lamentos mientras era conducido al área de hospitalización—. ¿A poco ustedes nunca han hecho pendejadas por una mujer? No se agüiten, al rato vengo…

—Pinche chaparro, me cae que está loco —murmura desde su celda Sánchez Limón, mientras una voz hermética ordena silencio en todo el pasillo. Como recordatorio de que ellos —los guardias— tienen el control de la cárcel, ingresan en el pasillo dos uniformados con máscaras antigases colocadas, lo que evidencia la dosis de gas lacrimógeno que nos van a propinar, en represalia por la desobediencia de Jesús Loya.

Daniel Arizmendi estuvo en la celda de aislamiento durante tres días; al cuarto día, como a las seis de la tarde, se lo llevaron de manera muy pacífica. Nunca más lo volví a ver, aunque su nombre era mencionado con un sentimiento de reverencia entre los internos de población, en el área del módulo uno, a donde fue asignado posteriormente.

Por tres días estuve recluido en el mismo pasillo en donde estuvo Daniel Arizmendi, lo tuve a la mano y hablé con él. Es cierto que cuando esta conversación se dio ya habían pasado varios años desde su detención, cuando fue noticia nacional y se le catalogó como un despiadado homicida y secuestrador, pero nunca, desde que lo vi llegar al pasillo tres y hasta que fue trasladado dio muestra alguna de ser el criminal que señalaron los medios.

Lo que sí puedo asegurar es que las veces que dialogué con Arizmendi, aun cuando no fue cara a cara, no percibí en él alguna señal de vanagloria desafiante, rabia o complacencia, ni siquiera un dejo de eufemismo al relatar sus actos, por sentirse el actor principal en torno a la historia que se convirtió en espectáculo mediático envolvente durante meses en todo el país.

Nunca escuché que alguno de los que estábamos en aquel pasillo se dirigiera a Arizmendi como *El Mochaorejas*; esto resultaría displicente de acuerdo con el código ético no escrito de los presos, sería tanto como señalar tácitamente la culpabilidad del reo. Pese a que estaba ya sentenciado, no es válido en la conducta de los reclusos dar a alguien por culpable y por eso mejor todos nos dirigíamos a él como Dany, Daniel o Arizmendi, en el caso de mayor distanciamiento.

Cuando charlé con él, Arizmendi tendría 50 años por cumplir. Con un timbre de voz disminuido, opacado por el encierro, ya no quiso hablar de la entrevista que divulgaron en el ámbito nacional algunos medios de comunicación, en el cual se veía a un Daniel arrepentido y con miedo absoluto a perder las orejas o sufrir mutilaciones en cualquier parte del cuerpo. No quiso remover las escenas de polarización en donde se mostraba a un hombre sumiso en contraposición con el delincuente que mantuvo en vilo a la sociedad mexicana por casi cinco años, en donde se le reconocía como el más violento y sanguinario de los delincuentes.

A sus 50 años, Daniel Arizmendi, el ex policía judicial de Morelos, con 21 secuestros acreditados y tres asesinatos reconocidos, se sabe inmerso en un proceso de arrepentimiento, una fase que él mismo ve como necesaria para hacer más llevadera la cárcel; pero también está consciente de que de nada sirve la compunción, mucho menos para sus víctimas, las cuales prefiere no mencionar.

Un día antes de que se fuera del pasillo tres le pregunté:

—¿De quién sí esperas el perdón por lo que has hecho?

—De nadie. Ni de Dios, porque Dios está para perdonar y no necesitamos pedírselo.

—¿Tú crees en Dios?

—Sí, creo sinceramente en Él y sé que me ha ayudado para no morir en esta condición en la que estoy, y tengo la seguridad de que me va a seguir ayudando.

Daniel Arizmendi está confinado en una celda del complejo penitenciario federal de Puente Grande, en el área de tratamientos especiales, a donde se envía a los reos más peligrosos y problemáticos, a los que por política de seguridad nacional no se les puede mantener en contacto con el grueso de la población carcelaria.

Todos los días le asignan actividades en su celda. Le permiten tener dos libros que su familia provee cada seis meses —si no infringe el reglamento de conducta interna—; puede solicitar a la biblioteca un libro a la semana; cada tercer día toma clases de dibujo y tiene asignado un maestro para actividades académicas. Lo dejan salir a un pequeño patio de apenas 20 metros cuadrados para que se ejercite los fines de semana; le conceden botar un balón por espacio de una hora los domingos por la mañana y una hora los sábados por la tarde. No tiene actividades religiosas pero le autorizan tener una imagen de la Virgen de Guadalupe en su estancia. Una vez al mes un profesor de actividades académicas acude a su celda para jugar ajedrez o dominó.

Cuando se lo llevaron del pasillo tres del COC pude ver que —al pasar frente a mi celda— aquel preso envuelto en uniforme beige no correspondía en nada a la imagen que la televisión difundió al día siguiente de su detención. El que caminaba rodeado de tres guardias de seguridad interna era un Daniel Arizmendi bajito, muy delgado y encorvado, con el pelo casi a rape, totalmente rasurado, de frente amplia, de entradas profundas, orejón, de tez pálida y pómulos marcados.

CAPÍTULO 2

Los narcosatánicos

Un día, en la repetición invariable de la rutina de todos los días en la cárcel —como para que a uno no se le olvide dónde está—, hablé con Juan Sánchez Limón mientras esperábamos el desayuno, en posición de "atención", desnudos frente a la celda, ya bañados.

—Entonces qué, Sánchez Limón, cuéntame lo de las cuotas que te pedían en Guanajuato para dejarte trabajar…

—Ya vas a empezar a chingar tan temprano, pinche reportero…

—¿A quién le hacías llegar el dinero?

—Al procurador de Guanajuato, y él decía que todo se lo mandaba al gobernador. Puntualitos, cada día 10 o segundo sábado del mes, lo que llegara primero, dos policías ministeriales se presentaban en mi casa de León, con la encomienda de recoger 300 mil pesos, que era la renta mensual.

—¿Y ese dinero se lo entregaban al gobernador?

—Sí, y si se necesitaba más apoyo en el transcurso del mes le volvía a entrar con lo que me pidieran. Por lo general les daba otros 100 mil pesos para gastos imprevistos, según me mandaba pedir el procurador.

—¿Y dices que llegaste a ir a reuniones del Yunque?

—Sí, en una ocasión, durante una colecta en una casa de Guanajuato, me invitaron. Acudí con unos amigos para presentarlos al procurador; me dijo que allí nos veíamos y que llevara a mis compas para que aportaran a la causa del Yunque, porque se estaba haciendo una colecta entre empresarios de todo el estado, para ayudar a los de las casas de huérfanos que trabajan en todo Guanajuato.

—¿Y cuánto diste esa vez?

—Tan sólo de entrada había que dar 20 mil pesos, y ya adentro lo que uno quisiera aportar… mis amigos y yo dimos 200 mil pesos para ayudar a los niños huérfanos, y allí fue donde nos dijeron que el grupo de amigos se llamaba el Yunque y que se dedicaban a hacer trabajo social apoyando a la Iglesia católica en sus labores de caridad.

En realidad el grupo político del Yunque surgió en la zona limítrofe de Michoacán y Guanajuato, en lo que fue el bastión de resistencia de la Guerra Cristera, y se fortaleció a mediados de la década de los setenta, cuando la Iglesia católica buscó popularizar su lucha contra el avance del comunismo, apoyando a las familias de algunos veteranos que participaron en la también denominada Cristiada.

Actualmente, el Yunque tiene dos sedes importantes: una en Michoacán, ubicada en La Piedad, y otra en Guanajuato, en el área suburbana de León, donde sus integrantes se reúnen con frecuencia para adoptar acciones tendientes a fortalecer la presencia de la actividad política de la Iglesia católica a través del Partido Acción Nacional (PAN).

A los encuentros de ese grupo político y religioso hermanado con el PAN, en La Piedad, Michoacán, comenzó a acudir Felipe Calderón Hinojosa, aun antes de ser candidato a la presidencia de la República, por gestiones de Jorge Serrano Limón, quien pudo contactarse con los hijos de los cristeros del norte de Michoacán a través de su agrupación Provida, de la que fueron promotores activos Gabriel Zárate Peña e Irene Villaseñor Peña, quienes recibieron la encomienda de fortalecer la alianza Yunque-PAN mediante la actuación social de Provida.

Los artífices de la consolidación de esa estructura política fueron Jorge Serrano Limón y Luis Felipe Bravo Mena, cuya labor consistió en posicionar a jóvenes simpatizantes de la ultraderecha, que a la postre serían la semilla del gobierno panista en la zona norte y su misión era llegar a la cúpula del poder nacional; entre ellos destacaron Elia del Socorro Rizo Ayala, Hugo Anaya Ávila, Bertha Ligia López y Rigoberto Ortiz Sierra, apadrinados por Luisa María y Juan Luis Calderón Hinojosa.

—La primera vez que aporté dinero al Yunque —dijo Sánchez Limón— lo envié a un domicilio de León, a una casa que está en el bulevar Adolfo López Mateos, en la esquina que lleva a la plaza principal. Esa ocasión entregamos 120 mil pesos y fue la primera de muchas veces que nos pusimos guapos para que nos dejaran trabajar en la plaza de Guanajuato, con el apoyo del procurador de justicia.

—¿Pero nunca le mandaste dinero al Yunque de La Piedad?

—Yo no, pero los compas de Michoacán, claro que hacían lo mismo. También se ponían a mano para que los dejaran trabajar; a ellos los visitaba un capitán del Ejército, encargado de la policía municipal de La Piedad.

La plática de celda a celda es interrumpida por una voz que desde el pasillo ordena que nos retiremos de la puerta, que ahora se ha suspendido el desayuno, que por hoy no habrá alimentos, que demos por terminada la espera. Posteriormente se apaga la luz del pasillo y todo se queda en silencio, sólo se oye el zumbido intermitente de los balastros viejos que hacen parpadear las lámparas y que a lo lejos invitan a escuchar las voces que llegan desde los patios de la población carcelaria, en donde ya comienzan a botar balones y a abrir puertas magnéticas para iniciar las actividades del día.

Es mediodía, o tal vez ya entrada la tarde. Aquí se pierde la noción del tiempo, entre el dormitar a que incita la resolana que se cuela por las ventanas sin vidrios y el silencio arrullador infestado de ruidos esporádicos, que irrumpen desde otras celdas en forma de tosidos o ronquidos.

La tranquilidad sepulcral del pasillo tres del Centro de Observación y Clasificación (COC) se interrumpe de manera violenta cuando otro preso ingresa a una de las celdas de castigo que está hasta el fondo del corredor. El tratamiento que le brindan los encapuchados no es distinto al que le aplicaron a Daniel Arizmendi, sólo que en esta ocasión el preso sí se defiende y mienta madres a diestra y siniestra, como si con ello quisiera revirar los toletazos que le asestan en la espalda.

El nuevo inquilino, tras la recepción de ánimo que le brinda Jesús Loya, quien ya está de regreso en su celda luego de pasar un día en el hospital a donde fue a ver a su *Nana Fine*, revela que es Álvaro Darío de León Valdés, mejor conocido como *El Duby*, sobreviviente de la secta de los narcosatánicos.

El Duby ha estado preso desde hace más de 16 años; se encuentra sentenciado y vive en el módulo ocho de la cárcel federal de Puente Grande. El 14 de mayo de 1989 el juez 58 de lo penal en el Distrito Federal lo condenó a 28 años de prisión por los delitos de homicidio, asociación delictuosa, encubrimiento, narcotráfico y lesiones. Pero más allá del dolor que le puede causar una larga condena, su tormento es la esquizofrenia con la que tiene que lidiar todos los días; su peor suplicio —según sus propias palabras— es estar sujeto a los caprichos de su mente, a los vaivenes de su condición emocional que se desata a la menor provocación lo azota en el interior de su celda manteniéndolo postrado en un rincón la mayor parte del tiempo.

—En los mejores días —explica— las pastillas hacen su trabajo y me mantienen tranquilo, con ganas de pintar, platicar o de escuchar música en la radio, pero en los peores momentos se me mete el diablo.

—¿Crees de verdad en el Diablo? —le pregunto sin pensarlo.

—Cómo no voy a creer en el Diablo si todos los días lo veo, si siempre está aquí, si diario se acuesta conmigo en la cama y me susurra en los oídos. Su voz se oye toda la noche. Hay ocasiones que me hace reír, pero la mayoría de las veces me da mucho miedo, me hace llorar, me hace arrepentirme de todo lo que me ha tocado vivir…

—¿De verdad ves al Diablo?

—Todos los días… pero lo escucho más seguido. Lo veo sólo en las noches, cuando me acuesto, cuando ya quiero poner en blanco la mente para descansar, y es cuando se me presenta, cuando se me aparece. Se parece mucho a un perro negro, con saliva en la boca y con los ojos rojos, humeantes; como que me quiere decir algo y es cuando comienza a hablarme de todo y me cuenta los días que llevo aquí; me cuenta los días que me faltan y lo que voy hacer ahora que salga.

—¿Y cuántos días dice que faltan para que te vayas de aquí?

—Como más de 3 mil 200 días [más de ocho años], pero no voy a salir, dice que voy a morir antes.

—¿Te vas a matar?

—No. Él me va a llevar, porque sabe que le tengo miedo y porque ya me arrepentí de lo que hice para estar aquí, de todo lo que pasó para que yo llegara aquí…

—¿Estás arrepentido?

—Sí, me siento arrepentido y a veces le pido a Dios que me ayude…

—¿A Dios o al Diablo?

—A Dios. Y es cuando el Diablo me habla y dice que me va a llevar por estar arrepentido, y que si no me arrepiento, me va a mantener vivo para siempre.

—Oye, *Duby*, ¿es cierto todo lo que dicen de ti? —tercia Jesús Loya, entre curioso y burlón—, ¿sí mataste al estudiante americano?

Por su estado esquizofrénico, y por ser uno de los internos con más tiempo en la cárcel de Puente Grande, *El Duby* es uno de los personajes acerca del cual todos hablan a diario. Tal vez eso se deba a la forma en que asesinó al estudiante Mark Kilroy —que a veces se comenta en un marco lleno de fantasía—, cuando en una parranda se convirtió en el cordero del sacrificio de la banda de los narcosatánicos.

—No, yo sólo maté a Jesús Constanzo, porque él me lo pidió. Me lo ordenó cuando llegó la policía judicial a la casa en donde nos agarraron. Él me dio la metralleta para que lo acribillara, pero yo sabía que sólo estaría muerto un rato y después reviviría, porque así me lo dijo él mismo; eso nos lo enseñó en los rituales.

Adolfo Jesús Constanzo tenía 27 años de edad, era el líder de la banda de narcosatánicos que operaba en el rancho Santa Elena, en Matamoros, Tamaulipas. Se dedicaban a transportar mariguana a Estados Unidos por esa frontera, y alternaban su actividad delictiva con la práctica del culto de la santería cubana conocida como Palo Mayombe.

—Jesús Constanzo —narra *El Duby*— nos enseñó que uno puede ser invisible a los enemigos, y las balas rebotan en el cuerpo; puede uno estar muerto por un rato y después revivir si cumple cabalmente con los ritos de adoración al Diablo.

—¿Y cómo son esos ritos?

—Son muchos, pero el más importante es la comunión; es tomar la sangre de los que van al sacrificio por su propia voluntad, no porque los lleven a la fuerza, sino que van contentos de ofrecer su vida al Ser Superior; los que van al sacrificio sabiendo que con eso vivirán para toda la eternidad…

—¿Pero cómo es el ritual de la comunión? —se desespera Jesús Loya.

—Primero hay que colocar la parte emotiva del hombre en un cazo. Se le extrae el cerebro, los testículos, el pene y la sangre. Y a eso se le agregan algunos aceites que previamente el sacerdote preparó en presencia del Ser Supremo; se le añade algún animal que viva en tierra y aire o en agua y tierra, como serpientes, tortugas o aves de rapiña, pero su color debe ser negro. Después la pócima se bebe y uno se vuelve inmortal…

—Pero tú mataste a Jesús Constanzo… Entonces no es inmortal…

—Todos piensan que lo maté, pero él está vivo, porque yo vi cómo abría los ojos después de que le disparé y me entregué a la policía… todos pensaban que estaba muerto, pero él se rio de todos y a todos los ha engañado.

Cuando percibí la seguridad de sus afirmaciones comprendí por qué a aquella área le llamaban "el pasillo de los locos": algunos ya estaban totalmente desquiciados y otros nos manteníamos esforzadamente en la delgada línea que divide la cordura y la alucinación.

La banda de los narcosatánicos se vino abajo el 9 de abril de 1989, cuando aprehenden a David Serna Valdez justo en los momentos en que transportaba una carga de mariguana hacia Estados Unidos, a bordo de su camioneta *pick up*. La policía lo detuvo a la altura del kilómetro 39 de la carretera Matamoros-Reynosa.

Tras dos días de interrogatorio, el detenido acepta que es miembro de una banda de narcotraficantes que también practican la santería y realizan ritos con cuerpos humanos. Con dicha confesión inician las investigaciones que concluyen con el allanamiento a las instalaciones del rancho Santa Elena.

—En el rancho —dice *El Duby*— se encontraron dos toneladas de mariguana y todos los utensilios del rito, pero lo que más llamó la atención de la policía fue un caldero en donde estaba una cabeza humana, con sangre seca, unos machetes y varios animales destazados. También se encontró una fosa con 12 cuerpos a los que se les había extraído el corazón y la sangre utilizada en ritos de salvación.

"Todos los que estaban en la fosa que encontró la policía eran parte de la misma banda. Fueron sacrificados en ritos que ellos mismos pidieron para estar en un plano más elevado —explica frenético *El Duby*—. A ninguno se le mató [*sic*]. Todos se entregaron voluntariamente al ritual y ahora ya son inmortales."

La explicación emotiva del *Duby* —siempre justificando los actos cometidos, aunque a ratos externa que se arrepiente de ellos— refleja a un preso ajeno a la realidad de la cárcel, distante de estas paredes, omiso a las órdenes de los guardias, distinto en el sentir del resto de los internos.

—¿Es cierto que usabas los huesos de los sacrificados para hacerte invisible?

—Sí, para ser invisible necesitabas ponerte, como amuleto, un hueso de algunos de los que se entregaban como víctimas de reconciliación en el sacrificio, y ya no te hacías visible a los ojos de tus enemigos… Yo pasé varias veces a Estados Unidos con mi camioneta, sin que me detectaran ni en la aduana, sólo con el amuleto.

—¿Y por qué no te hiciste invisible el día que te detuvieron? —le grita desde su celda Ramírez Limón, quien no lo deja de tachar de loco.

—Usted cállese, compa, que a usted no hay nadie quien lo pele. Yo estoy platicando con estos camaradas, y mi pedo es cosa que a usted no le importa…

Apenas *El Duby* defiende su derecho a una plática sin intromisiones no deseadas cuando de manera inesperada Ramírez Limón lo reta a que se haga invisible y se meta a su celda para darse unas trompadas.

—Mire, compa —respondió *El Duby*—, le voy a decir una cosa y que le quede bien claro: hoy por la noche usted estará torciéndose de un dolor de panza y le saldrá por la boca una rana que va a tener en cada una de sus manos uno de sus riñones… y usted se va a morir del dolor.

La sentencia fue suficiente para que Ramírez Limón se quedara callado. Obviamente no pasó nada esa noche, ni nadie se murió de dolor de panza ni tampoco salieron ranas de la boca de nadie con riñones en las manos, pero fue una clara muestra de la forma en la que *El Duby* hace valer su supremacía entre los reos de esta cárcel.

Al *Duby* lo transfirieron al pasillo tres del COC por un ataque de locura que sufrió esa tarde, luego de que la enfermera del módulo ocho se negó a suministrarle el medicamento que tiene asignado de manera rutinaria y controlada para el manejo de su esquizofrenia. Y es que el personal médico de la cárcel federal de Puente Grande también se divierte observando cómo pierden el control los presos que requieren fármacos prescritos por un psiquiatra externo, que ingresa para dar consulta en casos en los que así lo determina un juez.

En constantes ocasiones, las enfermeras —desquiciadas y morbosas— suspenden arbitrariamente el medicamento bajo el más mínimo pretexto, tan sólo por escudriñar el grado de agresividad que manifiestan los internos. Eso propicia una respuesta más agresiva del personal de guardia, que de manera inmediata asila al preso y lo recluye en celdas de castigo.

Ése fue el caso del *Duby*, según lo explicó:

La enfermera le negó la pastilla de Rivotril que le correspondía para la comida; argumentó que la había olvidado en el hospital, pero a cambio le ofreció un analgésico. La omisión irritó tanto a este preso, que su reacción fue arremeter contra otros reclusos que esperaban el medicamento en la misma fila. Así, aquella tarde del mes de junio de 2008 *El Duby* fue conducido al pasillo tres, a una de las celdas de castigo.

Encerrado en ese aposento, Álvaro Darío de León Valdez se olvida de pronto de la plática que sostiene, de las mentadas de madre de Ramírez Limón, de todo en su entorno, y comienza a tararear una canción imposible de identificar. A pregunta expresa, señala que se trata de un salmo que encontró en la Biblia y que él musicalizó para que se escuchara mejor.

—¿A poco no se oye más a toda madre con música? —pregunta acercándose a la celda.

—Se escucha a toda dar… Pero es un salmo a Dios —le alcanzo a decir desde la puerta de mi celda en donde me mantengo al tanto de la plática.

—Pos claro, carnalito. Los salmos son cantos a Dios, son cantos para agradar a la grandeza de Dios.

—Oye, pero tú ya te habías fugado una vez de la cárcel de Santa Martha Acatitla, ¿no? —le pregunto para retomar la charla más allá del confuso concepto de adoración que manifiesta—. ¿Cuánto tiempo duraste fugado?

—Sí, ya me había fugado y la había hecho chido, pero una vieja me puso dedo; una ruca que conocí por un compa, pero era novia de un policía y me torcieron.

—¿Te acuerdas qué día llegaste a la cárcel por primera vez?

—Chale —suelta una risita burlona—, si estoy loco, no idiota. Cómo no me voy a acordar de mis fechas, si es lo único que uno tiene aquí. Tú porque vas llegando, pero deja que tengas cinco años y verás cómo lo único que te queda son las fechas que miras pasar en el calendario y los recuerdos de lo que hiciste para estar aquí.

El Duby ingresó el 11 de junio de 1991 a la penitenciaría de Santa Martha, trasladado del Reclusorio Oriente, de donde fue separado por incitar la violencia entre varios internos que lo buscaban para que les hiciera limpias y sanaciones. Lo querían entronizar como líder de la secta de la Santa Muerte, la cual se gestaba en el interior de ese presidio.

Pero el 16 de enero de 1992, según cuenta, se fugó de Santa Martha Acatitla, al lado del secuestrador Andrés Caletri, con quien —aseguró la prensa nacional en aquel momento— cometió diversos actos ilícitos, entre los que se encuentran múltiples asaltos a sucursales bancarias, e incluso se le asocia con el asesinato de un policía.

—A mí me volvieron a torcer —dice en un monólogo sin mayor emoción que el eco del pasillo en donde se escucha su siseante voz— el mediodía del 9 de septiembre de 1992, después de haber estado con Raquel, la muchacha que era mi novia, justo cuando salíamos de un hotel y nos dirigíamos a comprar cerveza. Después de permanecer en el Reclusorio Sur unas semanas, el juez dijo que yo era un tipo de mucho peligro y me mandó para la cárcel de Almoloya, en donde me aventé nueve años, y ya luego me trasladaron para acá, a Puente Grande, en donde ya llevo siete años.

La voz que siempre grita desde el pasillo ordena ahora que todos nos mantengamos atentos a las puertas de las celdas; un guardia nos entrega uniforme y calzado y nos indica que nos vistamos rápido. Apenas sale el custodio del lugar cuando de nueva cuenta se abre la reja de acceso principal al corredor.

Casi entrada la noche, a este pasillo arriba una comitiva médica que comienza a revisar a cada interno; hay gente con bata blanca, enfermeras, y personas con traje y corbata. Los médicos son amables y realizan la auscultación de manera decente, piden las cosas por favor. Es claro que no se trata de personal de la institución, sino de una comisión de revisión que llegó desde el exterior.

Jesús Loya, que tiene colmillo en estos asuntos de la cárcel, comienza a hablar en voz alta para dirigirse a los visitantes; se queja de que no nos han dado de comer, y que si ellos son de alguna comisión de derechos humanos, que atiendan esa cuestión, porque hay días en que a nuestras celdas no llega alimento alguno. Uno de los de traje toma nota. Hay caras largas entre otros. La visita relámpago termina como llegó: en forma intempestiva.

Tras la partida de los especialistas, casi de manera simultánea, al pasillo tres ingresa un carrito de comida con las charolas marcadas para cada preso; hasta la celda número cinco en la que estoy gritan mi número: el 1568. Extiendo mi mano para recibir una bandeja repleta de arroz blanco, con un pedazo de milanesa encima, a la par que el cocinero expresa: "Que les haga provecho, porque al rato lo van a sudar".

La sentencia no fue en vano: después de la lista de las nueve de la noche, cuando el frío que penetra por las ventanas chimuelas ya cala, se oye el tropel de custodios que entra y ordena a gritos: "¡Todos de pie!" Una docena de guardias encapuchados, con perros y toletes, con el bramido incesante, se sitúa en el pasillo y nos indica que salgamos de nuestras celdas.

—¡Muévanse, cabrones! —se oyen voces y risas—. ¿Querían comer bien y a sus horas? Ahorita los vamos a pasear.

A empujones nos condujeron al patio; allí conocí al *Duby*. Lo vi justo a mi lado, nos sacaron de nuestras respectivas celdas casi al mismo tiempo. Tiene los pelos parados, la frente muy amplia y los ojos de niño asustado. Mide cerca de 1.80 metros; el poco cabello que le queda está entre cano y rubio, y se nota que le dedica un buen rato al ejercicio físico en su aposento.

Somos seis los que estamos en el patio; nos colocan contra la pared, como si se tratara de un fusilamiento. Los perros no dejan de ladrar, están adiestrados para amedrentar a todo lo que porte este uniforme de preso; nuestros zapatos amarillos los ponen nerviosos y los alteran sobremanera. Los guardias acercan a los cánidos a menos de cinco centímetros de cada uno de nosotros. Nos hincan.

La saliva de los animales, hedionda y caliente, se introduce en la nariz. Cada ladrido es un escupitajo en la cara. De pronto siento cómo un chorro de agua helada, a presión, pega en mi pecho y me estampa contra la pared, al igual que a los otros reclusos. Ahora todos luchamos por mantenernos de pie. Una, dos, tres, cuatro son las mangueras con las que nos acribillan en el paredón.

Los guardias siguen irritados por la denuncia de Jesús Loya acerca de la privación de alimentos. Cesa el agua y ahora llega una lluvia de macanazos que rebotan en espalda, manos, piernas, cualquier parte del cuerpo que se atraviese en la trayectoria del enfurecido brazo ejecutor de la ley. Ninguno de los presos se atreve a encarar a sus encapuchados agresores.

Después de media hora, que pareció medio siglo, la ira de los custodios quedó saciada; ahora nos ordenan que nos pongamos de pie. Como podemos, intentamos incorporarnos. El cuerpo ya no se siente, sólo en la boca permanece un rastro de sensibilidad, un sabor a fierro por la sangre, que lo mismo emana de las encías que desciende de la nariz, mezclada con el agua fría que aún escurre por el rostro.

Nos ordenan regresar a las celdas, escoltados por perros, toletes y capuchas, todos jadeantes tras la faena. Ya en nuestros aposentos, nos indican permanecer con las ropas empapadas, bajo la amenaza de que quien sea sorprendido en contraorden recibirá una nueva dosis de aleccionamiento y disciplina. La cámara que me vigila desde el ángulo superior izquierdo de la celda, me invita a que haga caso a la advertencia.

El silencio de la noche se rompe sólo de vez en cuando por los quejidos y el tiritar que ocasiona el entorno gélido. Casi al amanecer, cuando —esa vez— las ropas casi se secaban, se escucha la orden de quedarse desnudos y entregar uniforme y calzado. Otro día en esta cárcel de locos.

Y es el loco de la celda 307, *El Duby*, quien se sacude la pereza con un "Buenos días, compañeros, espero que hayan pasado bien la noche, cortesía del gobierno de Felipe Calderón", lo cual ocasiona en mi interior una inequívoca mentada de madre que de alguna manera me hace sentir bien.

La rutinaria voz de "atención" me coloca frente a la puerta, a la espera de que llegue el desayuno, porque se antoja tomar algo que a uno lo haga entrar en calor. Que caliente aunque sea las yemas de los dedos.

Para variar, el desayuno llega como dos horas tarde, frío. En la charola hay huevo batido con indicios de jamón, dos tortillas y una pera. No incluye el anhelado café y me conformo con bajar los alimentos con agua de la llave, que apesta a una mezcla extraña ente cloro y lama.

—Oye, *Duby*, ¿dónde conociste a Jesús Constanzo? —pregunto en voz muy baja, porque no está permitido el diálogo entre presos después del desayuno. A quien se sorprenda hablando, la sanción es suspenderle la comida, pero vale la pena el riesgo para matar el aburrimiento de este encierro.

Jesús Constanzo fue ubicado como líder de la banda de los narcosatánicos, y su asesinato se le atribuye al *Duby*, en hechos ocurridos el día de su detención; por tal delito purga sentencia en Puente Grande.

El Duby me contesta de igual forma, con voz muy baja, seseante, para que no se escuche en el diamante donde se halla el guardia que vigila los cinco pasillos que conforman el COC.

—Lo conocí en el Distrito Federal. Constanzo se dedicaba a realizar limpias y yo trabajaba de chofer con un señor que lo visitaba. Me tocaba llevarlo de regreso a su casa cada vez que visitaba a mi patrón para hacerle las limpias, y allí fue donde comencé a hablar con él.

—¿Él te invitó a unirte o tú te uniste a él por gusto?

—Un día después de que lo llevé desde la colonia Doctores a su casa, me dijo que tenía que hacer unos movimientos el fin de semana, que por qué no le echaba la mano y le servía de chofer el sábado y el domingo, los días que yo descansaba. Y acepté, me fleté de chofer con él y me fue bien. Me pagó bien los dos días de trabajo. Lo llevé a Querétaro, Toluca y Pachuca en esos dos días, y me dio una buena lana; me dijo que le gustaba cómo manejaba, que me quedara, y me quedé a trabajar como su chofer.

—¿Pero cómo te metiste al rollo de la santería?

—La verdad ni sé. Poco a poco me fui convirtiendo en su ayudante en las limpias. Yo era quien le arrimaba las cosas con las que hacía los rituales, le ayudaba a vestirse. Yo lo apoyaba en crear el ambiente propicio para que realizara su trabajo. Un día dijo que me iba iniciar y me hizo una ceremonia con más gente que acudió a su casa, y bebí sangre. Creo que esa vez fue cuando me inicié.

—¿Y tuviste que beber sangre humana? —pregunto incrédulo, tratando de hurgar más en aquel laberinto de ideas en el cual nadie sabía dónde terminaba la fantasía y dónde comenzaba la realidad, su realidad.

—Sí, la sangre de un muchacho que llegó a la ceremonia y que luego entró en trance y dijo que deseaba ofrecerse para salvarse eternamente; me ofreció su sangre para salvarme también a mí.

—¿En dónde fue el rito?

—Lo hicimos en Querétaro, en una hacienda que se localiza cerca de Guanajuato, en la casa de un amigo de Constanzo, a donde acudimos unas 15 personas, pero yo era el iniciado principal.

—¿Te acuerdas cómo fue la ceremonia?

—Estábamos en una sala grande —se transportó a la escena—; en medio estoy yo vestido de blanco. Todos cantan a mi alrededor; se oye la voz de Constanzo transformada, dando instrucciones para que la víctima de reconciliación sea llevada a una parte de la sala, en donde lo desnudan y le untan aceites para purificarlo… —hace un silencio, como para recordar o acomodar las ideas—. Se acerca la sacerdotisa y le abre el pecho, la víctima apenas toma una bocanada de aire y se retuerce en un rictus de dolor que se olvida cuando Satanás se posesiona de Constanzo. Ahora él le saca el corazón y me lo pone en la boca; lo como. Algo me invade y hace que todo se vea distinto. Mi cuerpo flota y me siento más ligero que nunca. Se me olvidan los problemas, ya no soy yo, sino que soy yo renovado, el yo que buscan todos y que muy pocos alcanzan.

—¿Después de esa ceremonia volviste a comer el corazón de alguien?

—Cada vez que había posibilidad. Era una necesidad; la única forma de estar en comunión con el Poderoso. Ésa era la única forma de estar vivo.

—¿Sólo comiste el corazón?

—También comí cerebros, testículos, sangre y carne de diversas partes del cuerpo, principalmente de hombres jóvenes, que nos hacían inmunes a las balas.

—¿También los hacían invisibles?

—No, para hacerse invisible hay que comer un gato negro completo, dejar solo los huesos, y tiene que ser en una ceremonia en donde el Poderoso se posesione del maestro que lleva a cabo la ceremonia, sólo así se obtiene la gracia de la invisibilidad.

—¿Comiste gato negro?

—Constanzo nunca me dio la oportunidad, ése era un beneficio que sólo les otorgaba a algunos de sus más allegados. Era principalmente una ceremonia para gente que se acercaba buscando alguna limpia o protección. Era más bien una ceremonia para gente de fuera de nuestro grupo. Yo hice mi propia ceremonia para hacerme invisible cuando lo necesitara.

—¿Cómo es que también traficaban con mariguana y seguían con los ritos satánicos?

—Lo que pasa es que una vez que se extendió la fama de Constanzo y sus trabajos de protección y de invisibilidad a las balas, muchas personas comenzaron a buscarlo, vinieron desde Tamaulipas para llevarlo con un capo muy poderoso de esa región para que le hiciera un trabajo.

—¿Quién era?

—No sé, nunca supe el nombre. Pero el caso es que fuimos a Matamoros y allí estuvimos como tres meses en una finca de un señor que se dedicaba al tráfico de droga hacia Estados Unidos. Nos trató muy bien, nos atendió a cuerpo de rey; no faltó nada durante los días que estuvimos en un pueblito cerca de Matamoros, cerca de unas lagunas, allá por el aeropuerto. Y después de que trabajamos con ese señor y toda su gente para darles protección y trabajaran mejor, fue que indicó que ya nos podíamos ir; le pagó muy bien a Constanzo y le dio dos toneladas de mariguana.

—Órale, qué suertudo —alcanza a expresar en voz baja Jesús Loya, quien también está atento a la plática.

—¿Qué hicieron con la mariguana?

—Pos ni modo que fumarla… Constanzo decidió que la venderíamos a unos conocidos en Estados Unidos. Buscó quién ayudara a transportarla y comenzó a enviarla para *El Gabacho*. Después los pedidos fueron más constantes y luego dividíamos el tiempo entre hacer limpias con los narcos de Matamoros y comprar mariguana para venderla en Estados Unidos.

—¿Les costaba mucho trabajo conseguir la droga?

—No, nada, porque mucha gente a la que se le hacía el trabajo de limpia o de rituales de protección no pagaba con dinero, sino que Constanzo buscaba la forma de que lo hiciera con mariguana, que era más negocio porque al colocarla en Estados Unidos el precio se triplicaba, y eso no tardaba ni tres días.

—Cuando mataste a Constanzo, ¿dudaste en dispararle?

—No, en ningún momento dudaba cuando él me daba una orden. Cuando me dijo que lo matara, me aseguró que él iba a seguir vivo luego de que se fueran los policías, por eso le disparé con la metralleta que él mismo me dio.

—¿Sí sabes que él está muerto?

—Todos dice que sí, y hasta por eso me echaron estos años de sentencia, pero yo tengo mis dudas, porque a veces me habla en el sueño y me dice que no tarda en venir a sacarme de aquí, pero para eso necesito estar quietecito y no hacer mucho ruido —asegura, a la vez que baja más la voz hasta que sus palabras se convierten en un susurro que se va diluyendo en el silencio del pasillo.

CAPÍTULO 3

La sangre del *Chapo*

Otra vez amanece en el pasillo tres del Centro de Observación y Clasificación (COC) de Puente Grande; hace dos días transfirieron al *Duby* a otro punto porque al parecer ya estaba más controlado. Y sí se le notaba, ya no quería hablar de su historia, ahora sólo comentaba asuntos de política y deseaba que Jesús Loya le cantara una canción, pero este último se reservaba para cuando su *Nana Fine* llegara de nueva cuenta a la guardia del hospital; anhelaba ir a verla aunque eso le costara algunas costillas fracturadas.

Como a las tres de la mañana —cuando el frío extiende su manto helado—, se escuchan los gritos de unos custodios; hay tropezones y quejidos de alguien que conducen al pasillo tres. Se oye la apertura automática de una puerta metálica que operan desde el diamante de vigilancia; se abre asimismo la celda 307, la de castigo, que se ubica al final del corredor.

Frente a mi aposento pasa un grupo de guardias encapuchados, como pateando un balón. La jauría de perros se concentra y se disputa la presa que rueda por el suelo; la escena se torna más humillante: un muchacho de no más de 20 años, con una pierna enyesada, con el miedo en el rostro y su mirada implorando clemencia, se escurre por el piso intentando escapar de las manos que lo flagelan, de las mandíbulas caninas que lo acechan.

Lo tiran como un despojo dentro de la celda, con la amenaza abierta de que al menor gemido de dolor, le aplicarán, una vez más, la misma dosis de aleccionamiento. Ya ni pensar en presentar una queja ante la Comisión Nacional de Derechos Humanos.

El reo jadeante de la celda 307, que deseperado contiene los lamentos mordiéndose las manos, se llama —luego me enteré— Pedro Guadalupe Gutiérrez Reyna, originario de Sinaloa, quien mantiene parentesco directo con Joaquín Guzmán Loera, el famoso *Chapo*. Es la sangre del *Chapo* tras las rejas.

La razón del aislamiento de Guadalupe Gutiérrez en esta parte negra del penal de Puente Grande es precisamente esa relación familiar con Guzmán Loera, cuyo nombre está prohibido mencionar aquí, tal vez por la vergüenza que sienten los cuerpos de seguridad a los que se les fugó, o por respeto de algunos oficiales de guardia a quienes el propio *Chapo* mantuvo como empleados durante los años en que gobernó esta penitenciaría, antes de decidir salir por la puerta principal, vestido de agente federal.

Pedro Guadalupe Gutiérrez Reyna ingresó a Puente Grande el 31 de julio de 2008, junto con su primo hermano Alfonso Gutiérrez Loera, quien además es primo hermano de Joaquín Guzmán Loera, circunstancia que en automático lo convirtió en un interno con "ficha roja", al que la dirección del centro carcelario no dudó en dar las atenciones necesarias, para demostrar que El Chapo ya no mandaba en este sitio.

Junto con Pedro Guadalupe también ingresaron —como parte del mismo proceso penal— Benjamín García López, *El Chiqui*, y Alfredo López Morales, *El Bóxer*, a quienes se les trató de manera individual como "un preso más", sin más atenciones de las que ya gozaban los primos del *Chapo*; a estos últimos se les mantuvo en constante hostigamiento durante el tiempo que moraron en el mismísimo pasillo tres.

Pese a estar advertidos de no mentar el nombre del *Chapo* en este penal, el guardia en turno fue el primero en externar, a voz batiente en el rellano del pasillo, que el interno que se hallaba en aislamiento era primo del famoso capo, y que por lo tanto se sancionaría con el mismo tratamiento a quien cruzara palabra con él. Nada más motivante para un grupo de presos ávidos de platicar y matar el tiempo, en los largos y duros días de estancia en el COC.

El primero en saltar al ruedo, como siempre, fue Jesús Loya.

—Ese compayito del fondo, ¿a poco sí es usted primo hermano del *Chapo*?

—Pos según estos cabrones, sí —contestó con desgano Lupillo.

—No, pero aquí cuenta lo que usted nos diga; si usted dice que no, es que no.

—Pos en realidad soy primo de un primo del *Chapo*, más bien. Me detuvieron junto con un primo que sí es primo hermano carnal del señor.

—¡Órale! —exclamó con sorpresa infantil Jesús Loya—. ¿Y usted sí conoce al señor don *Chapo*?

—Una o dos veces lo vi, pero ya hace mucho; fue en una fiesta. Crucé un saludo con el don y eso fue todo. No tengo ninguna relación…

—Y más vale que a estos cabrones les digas que no lo conoces —le aconsejó Juan Sánchez Limón, quien no había vuelto a hablar desde que lo amenazó *El Duby*—, porque si allí te agarran te andan abriendo un proceso hasta por haber saludado al hombre.

—Es neta —resaltó Lupillo Gutiérrez—, eso de que lo vi hace ya muchos años, ya ni me acuerdo en dónde, creo que fue en una ocasión en la que el don andaba por Culiacán.

—¿Pero entonces sí lo has visto en persona? —le pregunté ya con más confianza, notando que con la plática, a mitad de la madrugada, se disipaba un poco el frío y daba confianza al muchacho que estaba muerto de miedo.

—Sí, te digo, lo he visto algunas veces, pero no he tenido trato con él como para decir que lo conozco. Lo he visto como mucha gente que lo conoce en todo Sinaloa.

—¿Es cierto que *El Chapo* vive como rey, allá en Sinaloa? —preguntó curioso Jesús Loya.

—No, todo es cuento de las noticias —explicó Lupillo—. El señor vive normal, como la gente ordinaria; anda solo en la calle. A veces lo acompaña alguno de sus muy allegados, que usa como chofer, y la gente que lo conoce lo ve, lo saluda y se sigue de paso, y quienes no lo conocen, pos también se siguen de frente.

—Yo era su trabajador cuando *El Chapo* andaba en sus comienzos —confiesa Jesús Loya a Lupillo—. Le ayudaba a organizar a la gente que estaba en la parte alta de Durango para bajar la mercancía que llegaba a Tijuana, por la carretera de Sonora. En ese tiempo lo conocí bien, se portaba a todo dar.

—Sí, el señor tiene mucha gente que le trabaja, que le ayuda en sus asuntos —contesta Lupillo, como evadiendo la plática con el preso de la celda 302.

—Yo le ayudaba en los asuntos personales…

—¡Que te calles, cabrón!, está diciendo el amigo —le reclama Sánchez Limón, que sigue atento la plática en plena madrugada—. ¿No entiendes que no nos interesa tu historia?

La exaltación de Sánchez Limón y Jesús Loya hace que el guardia entre al pasillo para intentar sorprender a quienes dialogan, lo cual nos obliga a todos a correr al fondo de nuestras respectivas celdas, para acurrucarnos en la fría cama de concreto que a esa hora se torna más agresiva, como si mordiera la espalda.

—¡Guarden silencio, hijos de la chingada! ¿No entienden que son horas de dormir? —brama el centinela, mientras recorre cada celda con tolete en mano que, violento, roza los barrotes.

En menos de dos días el COC de Puente Grande se llenó de gente que arribaba con procesos penales en los que se les vinculaba de manera directa con el cártel de Sinaloa; todos los que ingresaron al pasillo tres durante las 48 horas posteriores a la entrada de Pedro Guadalupe Gutiérrez Reyna, llegaron con acusaciones de testigos protegidos del gobierno federal, que los delataban como lugartenientes del *Chapo*. Evidentemente esta situación causaba risa, pues cada vez que un nuevo recluso ingresaba a dicha área, el guardia en turno nos filtraba que ahí dejaba "otra fichita" cómplice del capo.

—Estos pendejos —externaba Sánchez Limón, en alusión a los guardias del pasillo tres— piensan que uno es güey. A todo mundo lo clasifican como lugarteniente, cuando en realidad el lugarteniente es el segundo al mando de la organización. Yo no creo que *El Chapo* tenga tantos lugartenientes que tomen decisiones en su ausencia.

—Es que si no dicen así, ¿entonces qué escriben los periodistas? —respondió Lupillo—, ya no le van a creer al presidente que va ganando la guerra contra el narco.

Durante el mediodía en que Lupillo ingresó al COC, ya por la tarde también fue recluido en otros pasillos —principalmente en el cuatro, que está contiguo al tres— un notable número de "lugartenientes" del *Chapo* Guzmán, lo cual generó que las medidas de control y seguridad se extremaran. Los guardias encapuchados comenzaron a restringir hasta el movimiento dentro de cada celda en todos los corredores de esa zona del penal.

Para hacer más caótico el COC, en el pasillo cuatro fueron recluidos —según la versión de un custodio fanfarrón que lleva y trae información entre los presos— nueve sujetos, todos incriminados dentro de las averiguaciones previas por su probable responsabilidad en la comisión de delitos de delincuencia organizada, en la modalidad de acopio de armas de fuego, posesión de cartuchos y portación de armamento de uso exclusivo del Ejército, Armada y Fuerza Aérea, según se supo después.

Apenas dos días después de ese acontecimiento en el COC, se implementó un operativo que a mitad de la noche nos despertó: decenas de oficiales encapuchados irrumpieron para sacar a todos los reclusos señalados como gente cercana al *Chapo* Guzmán, con el fin de distribuirlos por otras áreas del penal para evitar que interactuaran en una misma zona.

A Lupillo no lo removieron debido a una instrucción médica ganada en un amparo, la cual obligaba a las autoridades penitenciarias a darle atención médica oportuna, tras la lesión que presentaba en su pierna derecha, producida por un impacto de bala durante la refriega que lo enfrentó con la policía federal preventiva el día de su captura.

—¿En dónde te detuvieron, Lupillo? —pregunto yo, como dando los buenos días, horas después de que concluyera el operativo de reubicación de los señalados reos.

—Me agarraron en Culiacán; estaba bien a gusto con mi novia, cuando llegó la policía y comenzó a balearnos. Por poco nos matan estos cabrones —dice entre risueño y bostezando—, me atraparon junto con mi primo cuando salíamos de una fiesta; nos balacearon. También a él le dieron con una granada, pero sólo le quedaron las esquirlas. Yo fui el que resultó más dañado por el enfrentamiento.

—¿Cuántos policías *bajaron* ustedes?

—No, a ninguno —y suelta una risita—; nosotros no disparamos, sólo ellos se nos dejaron venir a bala limpia. Nosotros sólo corrimos para ponernos a salvo.

A Lupillo y sus coacusados los detuvieron las fuerzas federales que el gobierno calderonista desplegó en Sinaloa, a mediados de 2008, dentro del operativo conjunto Sierra Madre, con la intención de capturar a Joaquín Guzmán Loera.

—Pobre del señor —expresó Lupillo en voz baja, refiriéndose al *Chapo* Guzmán—, en menos de cuatro días los del gobierno le asestaron dos golpes fuertes: primero le mataron a su hijo Édgar y luego aprehenden a su primo *El Canelo*…

—¿Detuvieron a otro de sus primos? —preguntó Jesús Loya, por demás intrigado.

—Pos no estamos hablando del *Güero*, mi primo, Alfonso Gutiérrez Loera. Póngase abusado, compa; escuche bien lo que platicamos —le soltó Lupillo a manera de broma.

La detención de Alfonso Gutiérrez Loera y Pedro Guadalupe Gutiérrez Reyna ocurrió en el marco de la movilización interestatal que a mediados de 2008 instrumentó el gobierno federal, al desplegar a más de 6 mil 800 soldados de artillería que literalmente mantuvieron sitiados los estados de Sinaloa, Tamaulipas, Chihuahua y Michoacán, a la caza del famoso narcotraficante.

La cacería inició —explicó Lupillo— cuando una información que se filtró indicaba que Joaquín Guzmán Loera se escondía, bajo una identidad secreta, en alguna casa de una zona serrana y de difícil acceso para policías y militares, ubicada entre Michoacán y Colima.

—¿Es cierto que *El Chapo* se cambió de nombre y de rostro? —le pregunto, suponiendo que Lupillo mantiene cercanía con el jefe del cártel de Sinaloa.

Suelta una risita que poco a poco se va convirtiendo en carcajada. Se sorprende por la ingenuidad de mi cuestionamiento.

—¿Cómo me pregunta eso? —responde en tono serio—. ¿Usted cree que le voy a decir que sí se cambió de nombre y en dónde vive?

—Eso se afirmaba allá afuera, hace apenas dos meses —replico como justificando mi ignorancia en el tema.

—No, *El Chapo* es cabrón; no se ha cambiado de nombre y sigue utilizando el mismo. La gente que lo ve en la calle lo conoce, pero como todos lo quieren por eso no le preocupa que lo delaten, porque todo mundo lo respeta. Hasta las personas que dicen que lo andan buscando, lo cuidan.

—¿El Ejército le da protección al *Chapo*?

—No me crea mucho de lo que hablamos aquí, pero si no fuera así, ¿por qué aún no logran detenerlo? El gobierno cuando quiere ir por alguien simplemente va y lo detiene. Lo que pasa es que el don tiene relaciones y nunca le van hacer nada… al tiempo vamos.

Al primo del *Chapo* Guzmán, junto con Lupillo, los detuvieron en la calle Alberto Román, número 3679, colonia Adolfo Ruiz Cortines, de Culiacán, después de un enfrentamiento en el que ambos resultaron lesionados. A pesar de ello, tras ingresar a la cárcel federal de Puente Grande, en ningún momento recibieron atención médica especializada, debido a la consigna de ser gente muy cercana al *Chapo*.

Después de 15 días en el pasillo tres, Alfonso Gutiérrez Loera fue transferido al pasillo 2-B del módulo uno de procesados, en donde le asignaron la celda 149, en tanto que a Lupillo Gutiérrez lo mantuvieron en aislamiento por espacio de 10 meses. En ese periodo soportó el interrogatorio de agentes de la DEA y de la Policía Federal, quienes a mitad de la noche lo sacaban de su celda con el argumento de que lo trasladarían al área de hospitalización para una revisión médica por las heridas de bala que tenía en el pie derecho.

Los recorridos nocturnos en la cárcel federal de Puente Grande para someter a los internos a interrogatorios no oficiales son frecuentes. Todos los días al anochecer, guardias encapuchados entran al COC para extraer reclusos bajo la argucia de conducirlos a los servicios médicos, cuando en realidad se dirigen a un interrogatorio que con frecuencia llevan a cabo agentes de la DEA.

CAPÍTULO 4

Los caníbales

Es la mitad de la noche. Unos pasos se escuchan en el pasillo y rompen el duermevela en que me mantengo. Desde la puerta de mi celda, gritan mi número de preso, el 1568. De inmediato viene la instrucción: "Alístese, que va a salir al área médica". Me entregan el uniforme a través de las rejas y me conducen al sitio.

En el servicio médico me atiende una doctora, creo que es la misma que me recibió al ingresar en este penal y amenazó con dejarme dormido para siempre si a ella se le antojaba. La actitud de ahora no es distinta. Arremete cuando le digo que no necesito atención médica, que me siento bien físicamente, tal vez con algunos dolores producto de la golpiza de bienvenida, pero nada que amerite visitar esta zona de salud de la institución.

Como si no estuviera yo presente, algo se dice ella entre dientes y continúa garabateando algunas hojas. Permanezco sentado en una silla frente a su escritorio y dos guardias me vigilan a menos de un metro de distancia. Ordena que me recueste en el diván y que me baje el pantalón. Se dirige a un gabinete y extrae una jeringa ya preparada. Es en vano que pregunte qué es lo que me va a inyectar, ella no me escucha y sólo se limita a advertir que si no me dejo, los custodios me sujetarán y me aplicarán una terapia de reeducación.

69

—Es lo más común en este centro —me contó Jesús Loya desde el primer día en que me puso al tanto de cómo funcionaban las cosas aquí—, ni siquiera te dicen qué tipo de medicamento te suministrarán. A uno lo ven menos que a un animal en el área médica —explica—, no te dicen qué tienes si te llevan a consulta, y menos te informan qué te están dando para curarte. Por eso la gente se les muere aquí.

Me contó la vez que se les murió Paquito, un señor de más de 60 años.

—Llegó a esta cárcel acusado por el homicidio de un policía federal, resultado de un enfrentamiento que se llevó a cabo en Tamaulipas. El policía caído en el enfrentamiento con la banda a la que pertenecía Paquito era primo o tenía al menos parentesco con un comandante de compañía de los que se encargan del orden y la seguridad al interior del penal. A Paquito —continuó en voz baja— lo sacaron de su celda un día por la mañana, sin motivo aparente, para llevarlo al área médica a una revisión de rutina, según le dijeron, y en el consultorio le dieron tres pastillas —eso lo supo Jesús Loya por el propio Paquito cuando regresó.

Ya por la tarde no se le escuchó ni respondió a los llamados de Jesús para platicar en voz baja. El cuerpo de Paquito fue sacado durante la noche, no sin antes obligar a los internos de ese pasillo a tenderse en el piso para que no pudieran ver los movimientos de los guardias.

La desconfianza en la actitud de la doctora es evidente y ella lo sabe, por eso se torna más violenta en su manera de hablar y amenaza con enviarme al área de tratamientos especiales, en donde la atención es más agresiva y ruda, de acuerdo con su propia versión. Después de la inyección, transcurridos dos minutos, me obliga a permanecer acostado. Me siento relajado y sin ningún tipo de angustias. Ahora percibo a la doctora con una actitud diferente, se dirige a mí por mi nombre y me dice que todo va a estar bien.

Me pregunta cómo estoy y si tengo algo que me aflija. Me siento en confianza y le comento que me preocupan mucho mis seres queridos, que tal vez no sepan en dónde me encuentro; ella me tranquiliza, me explica que mi familia conoce mi ubicación, pues una trabajadora social se encargó de visitarla para informarle.

La doctora pide que me siente y me mantenga tranquilo. Al consultorio entran tres personas e indican a los guardias que se retiren. Son tres hombres vestidos de traje y algo se dicen entre sí. Uno de ellos se para frente a mí y pregunta mi nombre, cómo me han tratado y si me han dado de comer. Recuerdo la amenaza de terapia de reeducación y mi respuesta es inmediata:

—Me han tratado bien y sí me han dado de comer, señor.

La vista comienza a distorsionarse, mi campo visual se alarga y se ondula como si los objetos y las personas fueran elásticos. Los sonidos son más claros y agudos. Puedo escuchar hasta la respiración de las tres personas que están conmigo en el cubículo médico.

Otro de los tres hombres que permanecen ahí se acerca a mí para preguntarme nombres de personas; menciona políticos y empresarios de Michoacán. Me pregunta si tengo alguna relación con ellos, que si comercian o trafican drogas. Me pregunta qué vínculos mantengo con varios individuos cuyas fotos me muestran. Me pregunta nombres, domicilios... Mis respuestas son certeras:

—No los conozco. No sé si se dedican a ilícitos. Nunca he visto esos rostros más allá de la foto que me muestran.

La frustración es evidente en mis dos interrogadores. El tercero se mantiene a distancia pero no deja de observarme. Algo se dicen entre sí. El primero se sienta a mi lado y pregunta por mi supuesta participación dentro de la estructura del cártel:

—¿Cuánto dinero recibía usted? ¿En qué ayudaba dentro de la organización? ¿Cuál es la estructura de mando del grupo? ¿Desde dónde operan el trasiego de droga?

Mi respuesta es la misma:

—No sé, no soy parte de esa organización, no conozco a nadie.

De la frustración pasan al enojo, pero lo dirigen hacia el tercero que está sólo observando.

—Éste no sabe nada —le gritan en la cara y salen a toda prisa del consultorio.

Ahí quedé solo con la doctora, quien me revisa las pupilas y casi me mata con la luz directa en los ojos. Me pregunta si tengo sueño y contesto que no. Dice que me dará una pastilla para inducir el sueño. Me la entrega junto con un cono de papel con agua y la trago. Los dos guardias regresan y me ordenan que me ponga de pie.

De nueva cuenta camino por los pasillos del Centro de Observación y Clasificación (COC), de regreso a mi celda. En dos ocasiones me voy de lado y choco contra la pared, los guardias me sostienen para no caer.

Una serie de gritos me despiertan para el pase de lista que ocurre siempre a las seis de la mañana. Me cuesta trabajo incorporarme. Me veo desnudo sobre la cama de concreto y difícilmente puedo articular las letras de mi nombre que es la contraseña con la que debo contestar en la lista cuando se mencionan mis apellidos.

El dolor de cabeza es intenso. Todo da vueltas. La boca reseca apenas puede pronunciar algunas palabras a manera de saludo a Jesús Loya y a Juan Sánchez Limón, quienes ya están preguntando cómo me siento.

Jesús Loya me suelta su teoría de la muerte de Paquito y dice que lo mismo me pueden hacer a mí. Yo dudo si fue real la inyección que me pusieron y si la entrevista de anoche de verdad se llevó a cabo. Dudo si los recuerdos que me llegan de lo que pasó en el área médica sean ciertos, pero la realidad la evidencian el pinchazo de la aguja en la nalga izquierda y dos hematomas hinchados que tengo en la cara, producto de la caída, al regresar a mi celda luego del interrogatorio.

El recorrido nocturno de Lupillo no es diferente al que yo viví. Lo sé por lo que luego me platicó. Se escucha que llega con tropezones por el pasillo casi a las cuatro de la mañana, en tanto que los dos custodios que lo trasladan se portan mínimamente humanos para evitar que se caiga por lo sedado.

Al pase de lista no despierta y eso provoca la ira de los oficiales que recuentan los presos en ese pasillo, por eso abren su celda y lo levantan a patadas, a la vez que le recuerdan la instrucción de que a las seis de la mañana debe estar despierto. Por los gemidos que externa Lupillo apenas si manifiesta que está entendiendo lo que le indican, aunque no puede articular una sola palabra.

Después del pase de lista, mientras esperamos la llegada del menguado desayuno, le escucho decir mi nombre. Ahora es él quien pregunta.

—Compa Lemus, ¿quién me trajo?

—No te acuerdas de nada, ¿verdad? —le anticipo, dejándole ver que ese camino que le tocó ya lo recorrimos algunos de los que estamos allí.

—La verdad no me acuerdo de nada. Traigo un dolor de cabeza como si estuviera crudo, me duele el estómago…

—Te llevaron a un interrogatorio y te pusieron una inyección para que les contaras todo lo que sabes…

—Pos no me acuerdo de nada.

—Así llega uno, bien pendejo, luego de esa visita; y espérate, que no es la última, sino solamente la primera —le dice desde su celda Sánchez Limón—. Te van a llevar por lo menos a dos visitas más en los próximos cinco días… tú aguanta.

Sánchez Limón sabía de cierto lo que le decía a Lupillo, pues él tuvo que enfrentarse al menos en cinco ocasiones a los agentes de la DEA (*Drug Enforcement Administration*, por sus siglas en inglés) que trabajan dentro de la cárcel de Puente Grande, para conocer a fondo la estructura de Los Zetas.

Sánchez Limón fue detenido en 2007 en Guanajuato, en medio de un enfrentamiento entre miembros del Ejército y el grupo que lideraba y que operaba en la zona de León-Irapuato; a pesar de que pagaba protección a la policía ministerial de aquella entidad, fue aprehendido cuando transportaba media tonelada de cocaína, escoltado por dicha corporación policial, la cual, al verse descubierta por el Ejército, fue la primera en disparar a la gente que protegía.

Juan Sánchez Limón era jefe del cártel de Los Zetas en Guanajuato, San Luis Potosí, Aguascalientes, Zacatecas y Jalisco; formaba parte del comando superior que acudía a reuniones de trabajo con Heriberto Lazcano, a quien conoció cuando los dos iniciaban su trayectoria castrense en el Colegio Militar.

—¿Entonces tú eras GAFE [Grupo Aeromóvil de Fuerzas Especiales] y allí fue donde conociste a Lazcano?

—Sí, lo conocí cuando íbamos al Colegio Militar y luego lo perdí de vista, pero me contactó cuando ya era yo teniente. Me encontraba asignado en Durango cuando me llegó la invitación del *Lazca* para sumarme al grupo que estaba organizando, por iniciativa de Osiel [Cárdenas Guillén].

—¿Y te animaste sin pensarlo dos veces?

—Así como va; no tienes mucho que pensarlo. En el *eje* [ejército] ganaba 8 mil pesos al mes, y cuando *El Lazca* me invitó me ofreció 10 mil pesos a la semana… ¿qué le piensas?

—¿Desertaste?

—No, güey, le pedí permiso al Estado Mayor —dice en tono irónico, soltando una risita entre dientes—. Claro que deserté, ya no hay vuelta de hoja cuando te decides a un jale de esos, y *El*

Lazca me lo advirtió, me lo dijo claro: se trataba de una tarea de vida o muerte. Yo pensé que era una guerrilla, pero cuando me explicó que era narcotráfico, me dio risa.

—¿En dónde te entrevistaste con *El Lazca*?

—Después de que me invitó a través de un amigo mutuo, me citó en un hotel de Laredo; allí estuvimos comiendo y en menos de lo que te lo platico me estaba dando instrucciones para estar dentro del cuerpo de guardias de Osiel Cárdenas Guillén, en el cual me compartió la responsabilidad al lado de mi compita *El Hummer* [Jaime González Durán].

—¿Tú eras el encargado de la seguridad de Osiel Cárdenas?

—Eso fue sólo al principio, cuando aún Los Zetas éramos únicamente el ejército del cártel del Golfo...

—Pero *El Lazca* era jefe de seguridad de Osiel, ¿no?

—No, él nunca fue jefe de seguridad de Osiel, siempre estuvo a su lado como consejero, como el hombre de sus confianzas, como el responsable de hacer trabajos especiales para el patrón, pero no fue nunca su soldado, en ese papel estábamos otros.

—¿De qué trabajos se encargaba *El Lazca*?

—De los de más confianza, de los que sólo una persona con la capacidad que tiene *El Lazca* puede hacer.

—¿Ejecuciones?

—No, más bien encargos de negociaciones, de dinero, de contactos de hablar con la gente del Ejército y del gobierno para poder trabajar bien en la región.

—¿Era como un negociador?

—Más bien... sí, como alguien que llega con toda la autoridad del patrón para hacer acuerdos de dinero y de trabajo.

—¿Cómo era *El Lazca* en el trato con ustedes, su gente?

—Es un tipo a toda madre. No anda con chingaderas, es estricto pero benevolente. Muy inteligente, tiene una memoria fotográfica, no se le olvida nada y nunca deja a nadie sin darle una respuesta al favor que le pide. Él sabrá cómo le hace pero siempre apoya a su gente. Yo nunca he visto que deje abajo a alguien que le pide un favor. Por eso la gente lo quiere y lo respeta un chingo. Por eso nunca lo van a agarrar, porque la gente lo cuida y primero cae muerto uno que poner al comandante.

—¿Es cierto lo que cuentan de él, que posee un rancho en Laredo, en donde tiene leones y tigres y allí arroja vivos a sus enemigos?

—Ay, pinche periodista, tú y tus mamadas —dice en medio de una risita que apaga de inmediato para no hacer enojar al guardia del diamante, que ya dos veces nos ha gritado que guardemos silencio—, todo es imaginación de la gente, no pueden ver a un hombre que crece dentro de la sociedad porque luego lo hacen mito. Al rato van a decir que se come vivos a los niños.

—¿No es cierto entonces lo que se cuenta del *Lazca*?

—Sé que tiene un rancho con un zoológico, pero no he sabido que aviente a sus enemigos a los leones; a esos más bien los ejecuta en forma rápida. A sus enemigos más bien se los come él.

—Los tortura mucho…

—No, se los come. Lo que es comer. Tragar pues, para que me entiendas.

—¿Come carne humana *El Lazca*? —pregunto dudando a todas luces de la veracidad del comentario.

—Lo he visto.

—¿Tú has estado en reuniones donde *El Lazca* ingiera proteína humana?

—He estado en reuniones en las que luego de enjuiciar a alguien y sentenciarlo a la pena de muerte, antes de ejecutarlo le ordena que se bañe a conciencia, incluso que se rasure todo el cuerpo, y lo deja que se *desestrese* por unas dos o tres horas; hasta les daba una botella de whisky para que se relajen mejor. Después ordena su muerte en forma rápida, para que no haya segregación de adrenalina y la carne no se ponga amarga ni dura.

—¿Y a poco tú también has comido carne humana? —le pregunto acosándolo un poco.

—Sí —contesta enfático, sintiendo mi incredulidad—, cuando he estado en reuniones con *El Lazca*; como en tres ocasiones comí carne humana.

—¿Cómo preparan la carne para comerla?

—He visto que al *Lazca* le gusta comerla en tamales y cocida en limón, en tostadas, como si fuera carne tártara.

—¿Qué parte del cuerpo es la que se come? —pregunto asombrado por el curso que ha tomado mi interrogatorio.

—Sólo la nalga y el chamorro; de allí se sacan los bistecs para preparar la comida. Una vez estuvimos en una reunión en la que juntó a toda la gente; fue en una posada que se hizo en Ciudad Victoria, y esa vez se mandó hacer pozole y tamales. Los que colaboraron con la carne fueron tres centroamericanos que se pasaron de listos. A mí me tocó ver cómo los prepararon para ponerlos en el pozole y en los tamales.

—¿Todos los que estaban en la reunión le entraron a la comida de carne humana?

—Todos sabían que era carne humana y yo no vi a nadie que le hiciera el feo al pozole ni a los tamales; incluso los militares que llegaron a la reunión, invitados por *El Lazca*, le entraron con mucho apetito.

—¿Hubo militares en esa posada?

—Sí, casi siempre que había festejo con toda la gente del cártel llegaban autoridades del Ejército con las que se estaba en negociación o con las que se tenían acuerdos para trabajar. Por lo general siempre había un general o por lo menos nos mandaban un coronel para que diera los premios a los muchachos que mejor se desempeñaban.

—¿A poco daban reconocimientos en esas fiestas?

—En la fiesta de fin de año siempre se daban incentivos y regalos a la gente que mejor había desempeñado su función.

—¿Qué tipo de incentivos?

—Se daba desde un reloj, una cartera, hasta una pistola o algo de dinero, dependiendo de los trabajos que la persona llevó a cabo. Pero cada año, a cada uno de los jefes de plaza regional se les entregaba una medalla de oro, con una zeta en el centro. Es una medalla que se hace en un centenario, y que tiene 19 diamantes dentro de las estrellas que rodean a la zeta, en alusión a cada uno de los 20 *zetas* que están en la estructura de mando del cártel.

—¿Entonces Los Zetas funcionan como una empresa normal, en donde se protege y se incentiva a los trabajadores de base?

—Mejor que cualquier empresa —ataja emocionado—; somos una organización eficiente, puntual y exacta en los encargos que se nos hacen: desde el trasiego de drogas hasta la eliminación de los contrarios.

—¿Por qué son mejor que una empresa normal?

—Porque en una empresa común no te dejan crecer, te tienen muerto de hambre y los salarios están pa' la chingada. Acá la cosa es distinta. Cada uno de los *zetas* tiene un sueldo seguro, vacaciones cada tres meses, servicio médico de primera para él y su familia, préstamos y seguro de vida por dos millones de pesos, más una pensión para la familia y los hijos, cuando se muere en combate o toca cárcel.

—¿A ti te pagan mientras estás en la cárcel?

—Me pagan, le dan una pensión a mi familia y me pagan el abogado. El cártel se hace responsable de mis gastos familiares hasta que salga de la prisión.

—¿En todos los cárteles son así las prestaciones para la gente que trabaja con ellos?

—¡No! ¡Qué te pasa! Hay cárteles muy méndigos, como el del *Chapo* Guzmán, en donde sólo los jefes de plaza tienen prestaciones buenas, porque al resto de la gente la tienen siempre con hambre, dándoles de comer una sopa Maruchan al día o unos tacos de cabeza en la noche. *El Chapo* paga a cada jefe de plaza sólo dos mil pesos a la semana y por eso los batos tienen que sobrevivir y se dedican a la extorsión, al robo y al secuestro. Nosotros no hacemos eso.

—¿Entonces la disposición de un buen trato a la gente que trabaja en el cártel de Los Zetas viene desde *El Lazca*?

—Claro, siempre ha sido él quien ha visto por la raza de abajo; él como buen soldado no deja sola a la gente que está en la primera línea de combate y que se parte la madre por hacer bien el trabajo.

—¿Desde cuándo conoces al *Lazca*?

—Ya hace rato que tengo de tratarlo. Casi siempre estuve en la misma compañía en la que él estuvo durante los siete años que permanecimos en el Ejército. Según me contó él se dio de alta ahí a los 17 años de edad [5 de junio de 1991] y se dio de baja a los 24 años con el rango de teniente de infantería [27 de marzo de 1998].

—¿*El Lazca* fue fundador de Los Zetas?

—A mí, como a muchos de los que estábamos en el mando de la organización, me invitó a trabajar para formar parte del ejército del cártel del Golfo, pero dicen dentro del cártel que *El Lazca* fue invitado inicialmente a esa organización por Arturo Guzmán Decena, al que se le conocía como *Z-1*, que era el jefe de escoltas de Osiel Cárdenas Guillén.

—¿Entonces el jefe de Los Zetas era Arturo Guzmán Decena?

—No, fíjate lo que te estoy diciendo: el que invitó al *Lazca* a formar parte de Los Zetas fue Arturo Guzmán Decena, pero en cuanto Lazcano llegó con Osiel Cárdenas, luego de ver su capacidad dio la orden de formar un grupo de soldados a su mando de élite para las tareas especiales, que eran desde cuidar al patrón hasta hacer trabajos de ejecución de enemigos del cártel. El que siempre ha tenido el control de Los Zetas es Lazcano.

—Entonces el mero chingón es Lazcano, porque la Procuraduría General de la República (PGR) dice en los periódicos que el Lazcano está a las órdenes de Miguel Treviño, el *Z-40*…

—Pos la PGR dirá misa, pero la realidad es que el mero chido de Los Zetas es el Lazcano, porque él está por encima del *Z-40* [Miguel Treviño], del *Hummer* [Jaime González Durán] y del *Cachetes* [Daniel Pérez Rojas], que vienen siendo así como su estado mayor, y debajo de ellos está toda la gente, todos los jefes de plaza y encargados de cada región.

—Oye, cuéntame bien lo de la fiesta en donde dieron de comer tamales y pozole de gente…

—¡Eres morboso, pinche reportero! —suelta en tono de complicidad, y a la vez que baja la voz aún más, comienza el relato:

Fue en la primer semana de diciembre del año pasado [2007], yo estaba asignado a Zacatecas y el jefe *Lazca* me había dicho que me pusiera trucha, que se andaban queriendo meter a mi región los de La Familia Michoacana, que aplicara toda la estrategia para no dejar que se pusiera ni una sola tiendita en mi territorio, y a eso me di a la tarea.

Yo había atorado a dos batos que se hicieron pasar por migrantes que iban de paso, según eso desde Chiapas, pero los atoré con un puño de cocaína, y de inmediato los reporté con *El Lazca* para pedir instrucción sobre lo que procedía. Reporté el hecho sólo porque estos batos me los entregó la policía municipal, porque todas las policías municipales de Zacatecas tenían la instrucción de Lazcano de entregar al comandante *zeta* más cercano a toda la gente que ellos detuvieran, siempre y cuando trajeran droga, a fin de proceder con el interrogatorio y observar qué grupo se estaba infiltrando en el territorio.

Cuando le comenté al *Lazca* que tenía a unos compas con tres kilos de coca, que iban de paso y que pretendían llevar la droga hacia el norte, me dijo que de volada me reportara en Laredo, con esa gente, para continuar con las investigaciones.

Yo no sabía que en Veracruz se había perdido casi media tonelada de cocaína que nos bajó la Policía Federal de un camión de carga. El caso es que llevé a los dos detenidos y en Laredo me di cuenta de que en Veracruz torcieron también a otros tres guatemaltecos con cinco kilos de cocaína, de la misma cocaína que nos habían bajado los policías federales. *El Lazca* ordenó que se hiciera el estudio de titulación de la droga para ver la pureza y saber exactamente si pertenecía al mismo lote que habíamos perdido, y resultó positivo, era una cocaína de pureza absoluta que nos trajeron desde Colombia para mandarla a Estados Unidos.

Cuando *El Lazca* vio que se trataba de la misma droga que nos robaron en Veracruz, les dijo a los cinco guatemaltecos que los iba a dejar en libertad, pero con la condición de que se regresaran a su tierra y dijeran el nombre de la persona que les dio la coca para venderla. Ellos, luego de la calentada que les pusimos, estuvieron contentos y hasta el nombre del perro que los mandó dijeron.

Yo que lo conozco de muchos años, no había visto tan benevolente al *Lazca*, lo sentí hasta con un rasgo de debilidad cuando les mandó traer ropa nueva y les dijo que se bañaran bien y que los quería rasurados de todo el cuerpo, desde la cabeza a los tobillos. Mientras los guatemaltecos se bañaban les mandó traer unas botellas de whisky y se las dio para que comenzaran a tomarlas. De pronto los detenidos, de ser presos y acusados de robo, estaban siendo atendidos como patrones, como amigos, como si de verdad *El Lazca* quisiera agradecer su presencia en ese lugar.

Los que estábamos allí presentes no entendíamos de qué se trataba aquella posición del comandante, pero como siempre, respetamos la superioridad y no cuestionamos sus actos. Estábamos a unos días de las fiestas de Navidad y 24 horas antes se intruyó que se reuniera toda la gente de los estados del norte para celebrar una posada, por eso se había ordenado pozole y tamales para todos los que acudieron a la reunión de esa noche.

Pasaron tres horas desde que los guatemaltecos se metieron a bañar y se empinaron sus botellas de whisky; permanecían sentados en un cenador del patio de la casa cuando escuché al *Lazca* dar la orden, en voz baja, a su lugarteniente, un capitán del Ejército que se había sumado con él desde hacía dos años:

—Ejecúteme a esos cabrones, sin dilación, un balazo en la cabeza y rápido…

Más tardó en dar la orden el comandante que en escucharse cinco balazos de una pistola nueve milímetros, a la vez que los cuerpos de los centroamericanos caían uno a uno; inmediatamente la voz del comandante dio otra instrucción:

—Díganle a Pepe que allí está la carne, que se venga rápido para que saque el bistec y que alcance a prepararlo para la gente que viene en la noche. Hoy todos vamos a comer sabroso —dijo *El Lazca* con tono festivo.

En cuanto llegó el Pepe, un cabo de la Marina que le sirve de cocinero al *Lazca*, vi cómo con un hacha —en el patio de la casa en donde estaban tirados los cuerpos— comenzó a descuartizarlos, cortándoles con facilidad las piernas desde la cintura, las que cargó en una carretilla y se las llevó. Eran cinco pares de piernas las que se llevó a la cocina en donde estaban preparando los tamales y el pozole.

Ya en la cocina vi cómo el cocinero sacaba los bisteces de la nalga y de la pantorrilla de cada una de las piernas que tenía a su alcance, quitándoles la grasa amarillenta que hace que se vea fea la carne… Era una carne limpia, roja pero no tanto que diera asco; era menos roja que la carne de res y más blanca que la carne de cerdo.

Después, los trozos de carne de los guatemaltecos se fueron colocando en ollas que estaban en la lumbre, en donde el olor no era distinto al de la res, pero con un tono más dulce. De allí se pusieron las debidas porciones en las ollas de pozole que estaba hirviendo y también se fue mezclando la carne con la masa que fueron envolviendo en hojas de maíz.

Después de cuatro horas de que se ordenó la ejecución de los cinco centroamericanos, todos estábamos en la fiesta comiendo carne humana en tamales o en pozole. Antes de comenzar, el comandante dijo a la gente que estaba presente en la reunión [unos 85 pistoleros] que lo que iban a comer no todos los días lo tenían a la mano, y que se trataba de carne humana. Todos los tomaron a broma, y comenzó el festín. Yo no vi a nadie que no comiera por el solo hecho de saber que se trataba de carne de un semejante, todos comimos. Yo inicialmente me comí un tamal con algo de recelo, pero luego pedí dos más, porque la carne tenía un sabor especial, sabía a carne de pollo; casi le daba el sabor parecido a la carne de rana.

—¿Has vuelto a probar la carne humana después de esa ocasión?

—No, no creo, sólo que aquí nos den eso de comer, porque a los 15 días de esa fiesta fue cuando me detuvieron los soldados en Guanajuato.

—¿Crees que Lazcano esté loco por ordenar actos como ése?

—No, el comandante no está loco; es algo excéntrico y muy inteligente, pero no está loco, es la persona más inteligente que he conocido. Ya ves que como cuatro meses antes de esa fiesta se baleó con el Ejército y salió limpio sin rasguño; hasta puso a dudar al gobierno si lo habían matado, todo porque les dejó un cuerpo parecido al que estuvieron cuidando los soldados varios días como si de verdad fuera el de Heriberto Lazcano.

Según reportes del Ejercito mexicano, Heriberto Lazcano fue dado por muerto el 5 de septiembre de 2007 durante un enfrentamiento con militares en Tamaulipas, pero dicha información fue rectificada cinco días después, una vez que se realizaron análisis de ADN y se demostró que se trataba de un pistolero con características físicas similares a las del jefe de Los Zetas.

—¿Entonces no lo mataron en la balacera de septiembre de 2007?

—Pos creo que no, porque yo estuve en la fiesta de diciembre de ese mismo año, cuando nos invitó a cenar pozole y tamales de carne humana.

—¿Heriberto Lazcano usa dobles como parte de su seguridad?

—La verdad no sé si use o no dobles, pero lo que sí te puedo decir es que en la escolta del comandante siempre hay gente que guarda un cierto perfil físico muy parecido al del jefe, y pienso que uno de sus escoltas que se parecen a él fue el que cayó muerto en la balacera de septiembre [2007] en Tamaulipas, en donde lo dieron por muerto. ¿Pero cuándo van a matar a mi comandante, si tienen una escolta de 40 *zetas* que están siempre a las vivas?

—De la escolta del *Lazca*, ¿todos son ex militares?

—Claro, son los que se les conoce como los "zetas nuevos", un grupo selecto integrado por los *kaibiles*, ex militares guatemaltecos con entrenamiento especial, que recibieron adiestramiento del ejército de Israel. El grupo de escoltas del comandante Lazcano porta las mejores armas, granadas, chalecos antibalas y cascos. Aquí también están algunos desertores del cuerpo de élite de la Secretaría de la Defensa Nacional [Sedena] que formaron parte del Grupo Aeromóvil de Fuerzas Especiales [GAFE], con entrenamiento especial. Casi todos los que están dentro del cuerpo de escoltas del comandante Lazcano recibieron cursos especiales, la mayoría de ellos en la Escuela de las Américas, en donde el ejército de Estados Unidos entrena a los boinas verdes del Ejército mexicano.

—¿Todos en el cártel de Los Zetas tienen preparación militar?

—No, no todos son ex militares, sólo la gente que tiene mando dentro del cártel. También hay gente civil que se contrata para hacer otros trabajos, como los *halcones*, que ocupan el nivel más bajo de la estructura, pero que son muy importantes al convertirse en "ojos y orejas" para informar de todo lo que pasa en la ciudad. Un *halcón* avisa desde quién llega a la central de autobuses, a una gasolinera, a un restaurante, al aeropuerto, hasta quién anda robando o asaltando a la gente; también avisa de los operativos que realizan las autoridades en cada una de las plazas que tenemos bajo control. Los *halcones* no son ex militares, es gente común, a veces jóvenes, a veces ancianos, mujeres y hasta niños. Los que tampoco son de origen militar son los *cobras*; ellos son los encargados de transportar, producir y comercializar la droga, aunque andan armados. Casi siempre pasan como agentes de las policías ministeriales, no son desertores de ningún ejército; a ellos se les capacita dentro del cártel, una vez que se les va ascendiendo desde el nivel de *halcones*.

CAPÍTULO 5

El santo de los Arellano

A veces, en el interior de esta cárcel, especialmente en el Centro de Observación y Clasificación (COC), se requiere una motivación especial para seguir viviendo todos los días, y parte de esa motivación la ofrecen los propios guardias de seguridad, quienes con sus abusos y sus excesos, al amparo de su posición de mando, orillan a los presos a sólo mantenerse vivos para un día poder matar a alguno de ellos.

La primera ocasión que escuché hablar de la posibilidad de liquidar a un custodio, pensé que Jesús Loya exageraba, pero cuando me tocó salir al patio, a media madrugada, desnudo, para ser golpeado por dos custodios que me colocaron de rodillas con los brazos en cruz y echaron sobre mi cuerpo un congelante chorro de agua que con su fuerte presión me hizo rodar por el áspero suelo, lo primero que se me vino a la mente fue el deseo de aniquilar a mis golpeadores.

Y eso por poco lo logra Martín Santos, uno de los reos que llegaron al COC a mediados de agosto de 2008. Él pertenecía a un grupo al que se le imputaban diversas actividades relacionadas con el narcotráfico en la zona de Baja California Norte y que mantenía vínculos con el cártel de los hermanos Arellano Félix. En primera instancia, a Martín Santos se le mencionaba como jefe del cártel en Tijuana, y entre otros ilícitos se le atribuía la participación en una serie de actos de confrontación con *El Chapo* Guzmán, para disputarle el control de las plazas de Sinaloa y Sonora.

La posición jerárquica de Martín Santos le mereció un trato especial desde que ingresó a la cárcel federal de Puente Grande, específicamente desde que fue transferido al COC. En esta área no es difícil identificar quiénes llegan señalados como líderes dentro de sus respectivos procesos penales, pues sobre ellos recae el mayor acoso y el abuso de los guardias de seguridad.

En la noche del 17 de agosto —lo recuerdo porque ese día recibí la primera carta dentro del penal de Puente Grande, apenas había pasado la cena—, por el acceso que conduce al COC se escucharon pasos acelerados y voces alteradas que mentaban madres; se trataba de los guardias cuya encomienda era maltratar a tres o cuatro reos —fácilmente distinguibles por su rictus de dolor— a los que arrastraban, golpeaban y azotaban en las paredes o en el suelo.

La situación puso en alerta a los que estábamos en aquel pasillo; sosteníamos la respiración para escuchar con mayor claridad lo que no podíamos ver, pero que imaginábamos a fuerza de haberlo vivido. Poco a poco, a medida que cada preso lacerado fue asignado a su respectiva celda, se fueron dispersando los lamentos.

A la celda uno del pasillo tres condujeron a Martín Santos, quien frente a la reja fue golpeado con toletes. Un oficial lo sostenía del cuello con una cadena, y casi a punto de asfixiarlo le gritaba que repitiera su nombre y los delitos por los que era procesado. Por la confusión originada y la falta de oxígeno —más que por los golpes—, el detenido no atinaba a responder.

La paliza de esa noche duró más de tres horas, sólo interrumpida por los breves lapsos en que el recluso perdía el conocimiento. (A veces pienso que la pérdida de conciencia en esas circunstancias es una estrategia de sobrevivencia, y en otras ocasiones, obedece a una reacción natural de la psique para escaparse de la realidad a la que está siendo sometida.)

La flagelación de Martín Santos comenzó poco después de la cena, como a las 8:30 de la noche, y concluyó casi entrada la madrugada, en una ceremonia de bienvenida a la cárcel federal que los propios guardias de seguridad celebraban exclamando —como nos lo habían indicado a cada uno de los que ya estábamos adentro— que aquella era la noche del infierno.

El cuerpo del desarticulado preso fue rodado, inconsciente, al interior de su aposento, cuando los guardias se cansaron de aporrearlo y humillarlo. Incluso un médico de la institución asistió la golpiza; su labor consistía en reanimar al detenido y corroborar que no fingiera desmayos, o que en realidad sí experimentaba desvanecimientos naturales. Cuando se trataba de una simulación, lo indicaba a los oficiales y, en consecuencia, éstos arreciaban el tormento.

Al filo de las cuatro de la mañana, tras haberse retirado los custodios del pasillo, resultaba inevitable escuchar los lamentos del cautivo. Jesús Loya, una vez más, desde la reja de su propia celda, preguntó al nuevo inquilino sobre su procedencia:

—Ese compita de la uno, ¿cómo se encuentra? Le pusieron buena chinga anoche.

Tras un largo silencio apenas se pudo escuchar la voz desde el fondo de la celda.

—Aquí ando… Estoy bien… aunque muy adolorido… pero ando vivo… estos cabrones casi me matan… Yo pensé que no había nadie en este pasillo… como no escuché una sola voz mientras me madreaban…

—No, pos aquí habemos raza, pero ni modo de defenderte, compa…

—¿Y aquí qué onda?, ¿cada cuándo son las madrizas como ésta?

—Sólo es la bienvenida... al rato te les olvidas mientras no te metas en pedos con los guardias.

—Pos ojalá, porque otra madriza así ya no la aguanto... Estos pinches guardias están más cabrones que los policías federales; aquellos siquiera me dejaban descansar, pero estos cabrones ni aire me dejaban tomar.

—¿Usted de dónde viene, compa?

—Soy de Mexicali.

—¿Con qué grupo lo relacionan?

—Con los *Aretes* [Arellano Félix].

—¿Y como qué ha hecho con los *Aretes* para que le hayan puesto la madriza que le pusieron?, porque uno no se gana una chinga de ese tamaño sólo por meras sospechas de algo...

—Es que me troné a tres comandantes de la federal que ya me tenían hasta la madre, que se estaban dedicando a secuestrar a nuestra gente en Tijuana y que nos estaban extorsionando, sin darnos la posibilidad de trabajar a lo de nosotros, al envío de droga hacia Estados Unidos. Y pos llegué con recomendación de parte del juez que conoce mi caso, por eso el recibimiento.

—Ese compa, ¿usted también es militar? —pregunté como siempre, metiéndome en pláticas que no eran mías, pero que por estar en el perímetro de mi pasillo, me pertenecían—, porque bien que les aguantó los chingadazos a los guardias.

—Estuve un tiempo en el Ejército, pero ya luego me gustó más el dinero y me relacioné con la gente que estaba al mando de todo en Tijuana, la que controlaba la zona. Fui teniente por dos años, hasta que me enviaron de comandante y me gustó más el dinero que se gana en este otro lado.

—¡Aguas!, compita, porque ese cabrón es reportero; se me hace que está infiltrado para ver qué nos puede sacar —advirtió Jesús

Loya—. Yo que tú me cuidaba de lo que digas, no sea que mañana vaya a salir con que se volvió testigo.

—No pasa nada —respondió con serenidad, y con quejidos, Martín Santos—, si ustedes han visto cómo madrean a todos los que estamos aquí, no creo que por muy chingón que seas aguantes unas madrizas como éstas sólo por estar infiltrado.

—Eso sí, tienes razón —se convenció a sí mismo Jesús Loya.

Ya con el aval de confianza manifiesto, retomé la plática con más preguntas:

—¿Qué es de lo que te acusan? —tiré mi pregunta más básica, como buscando tantear el suelo en espera de que resultara un buen conversador y que no tuviera que forzar mucho la plática.

—Me quieren echar la muerte de cinco policías federales que cayeron allá en Mexicali.

—¿Tú qué dices?

—Ésos no son míos. Yo a ellos ni los ubico, pero me quieren enredar por los dichos de un testigo protegido que afirma que me conoce y que trabajó conmigo, pero no le coinciden las fechas, pues cuando él señala que yo ya estaba trabajando para los *Aretes*, apenas estaba saliendo del Colegio Militar. Todavía ni quién pensara que yo estaría al frente del comando de Tijuana.

—¿Cómo mataron a esos cinco policías que te quieren echar?

—No sé. Cuando me estaban dando una calentada en la Policía Federal, escuché que a los cinco policías los secuestraron en un rondín, los torturaron cinco días y al sexto día aparecieron encajuelados. Ése no es mi estilo, yo voy directo a la ejecución, para qué hacer sufrir a la víctima cuando ya tiene la sentencia. Ya con eso va a pagar lo que haya hecho.

Durante los tres días siguientes a la plática no se volvió a escuchar la voz de Martín Santos, no obstante que en el pase de lista se seguía mencionando su nombre, pero nadie contestaba. Apenas concluida esa acción, varios de los que estábamos en aquel pasillo intentábamos establecer contacto con el interno de la celda uno (de castigo), pero no tuvimos respuesta.

La última vez que oímos a Martín Santos fue cuando a la puerta de su celda llegó una enfermera a indicarle que tomara la pastilla que le prescribía el médico, aunque claramente sospechamos de la dudosa medicina, pues en ningún momento, desde su arribo al pasillo, algún galeno lo había visitado, ni Martín se había manifestado enfermo como para solicitar el suministro del fármaco.

Aún permanecían vigentes en el pensamiento los gritos de escándalo con los que llegó al pasillo el joven gatillero de los Arellano Félix, cuando recibía la paliza de un grupo de siete encapuchados vestidos de negro, cuando sonó la voz del guardia, en su rutina de vigilancia cada media hora, alertando el código verde para solicitar la presencia del personal médico.

A su arribo, Martín Santos se defendió, ya en el interior del pasillo, de la tunda que le propinaban los guardias que lo recibieron y que, como a todos los que llegamos a esa cárcel, abusaron de su condición en fuerza y número.

Ésa fue la única ocasión en que vi cómo un solo interno daba cuenta de tres guardias, a los que hizo rodar hacia el fondo del pasillo, a pesar de estar atado con esas cadenas largas que sujetan pies, cadera y manos. Los guardias caían a giros como bolos de boliche frente a mi celda, a la vez que se reincorporaban para regresar de rebote como muñecos de trapo.

En un momento determinado, Martín tomó a uno de los custodios con las propias cadenas que lo amarraban, e hizo retroceder a los demás integrantes de la furiosa jauría que lo atacaba, con la amenaza de romperle el cuello a su compañero, quien lloraba de manera corbarde al sentir que esa circunstancia podría significar el último instante de su vida.

De inmediato, el COC se fue inundando de uniformados que se mantenían a la expectativa (era fácil percibirlo por el rumor de sus voces y las pisadas agitadas con las que arribaban al lugar).

Un comandante de compañía fue designado para negociar con el violento reo, a fin de que no matara al agente de seguridad interna, que disminuido no cesaba de lloriquear y suplicar por su vida, de bufar por la presión que sobre su cuello y con las cadenas imprimía el presidiario.

El negociador ofreció todas las garantías de seguridad al interno para frustrar un asesinato en el COC, incluso se comprometió a no reportar el incidente a la superioridad del penal, con la finalidad de evitar inminentes sanciones y castigos en su contra.

—¡Martín, libere al oficial de seguridad! —le gritaba el comandante desde la puerta del pasillo—, desista de sus intenciones y retroceda dos pasos. Colóquese frente a la pared y ponga las manos en la cabeza…

—¡No, esto es para que no se pasen de cabrones! —respondió Martín Santos con una voz que la entrecortaba el coraje y la agitación del momento.

—¡Retroceda y libere al oficial de seguridad! —insistía el comandante.

—¡Ahorita me van a tener que matar, porque a este cabrón no se los suelto vivo, y con esto me pago la madriza que me pusieron!

Después de esas palabras se escuchó un disparo seco, como un zumbido. Fue una bala de goma directa a los testículos.

No se oyó una sola voz, únicamente se percibió un costal fofo cayendo al suelo. Los guardias levantaron el cuerpo (así lo delataba el tintinar de las cadenas que colgaban de las extremidades de Martín Santos). La humanidad inerte del detenido fue arrojada en el interior de su celda, donde le despojaron sus ataduras y recibió como remate varios puntapiés de los oficiales que le retiraron las esposas.

Martín Santos no pudo incorporarse de nuevo debido a los dolores que sentía en la cabeza y a la insensibilidad que experimentaba de la cintura a los pies. Pese a que la obligación de todo preso es pasar la lista de pie, a cinco centímetros de la celda, con las manos por atrás y la mirada siempre al frente, a él se le permitió hacerlo tendido en el suelo.

Después de ese primer pase de lista en su celda, supimos que estaba en condiciones deplorables, más allá del maltrato físico sufrido que le impedía respirar con normalidad y le producía interminables malestares. Después —él mismo contó— el dolor fue desapareciendo pero él se mantuvo tirado en el piso, sin sensibilidad en los pies.

—Sí, compita, estos cabrones ya me desmadraron —expresó como hablando con nadie y con todos a la vez—, no siento las piernas y tengo un ardor en la espalda que me está quemando.

—Deberías gritarle a la enfermera que venga para que le avise al médico —le recomendó Jesús Loya—, no vaya a ser que te hayan dado un mal golpe y tengas luego alguna consecuencia que hasta te impida caminar.

El aludido no respondió y todos supusimos que ésa era la mejor forma de externar que estaba bien y que podía tolerar serenamente el dolor reminiscente de la golpiza.

En esa condición se mantuvo Martín Santos por espacio de tres días, en los cuales nunca recibió la visita del médico, a pesar de que durante el pase de lista permanecía en el suelo y respondía con una voz cada vez más apagada.

Por más que lo buscamos de nuevo, tras la diaria solicitud de presencia, principalmente mientras esperábamos el desayuno —para platicar y que nos contara más de sus correrías y sus andanzas—, Martín Santos ya no respondió. Sólo dio señales de vida hasta que la enfermera le llevó una pastilla que nunca solicitó, y que presumiblemente se tragó en presencia de los dos oficiales de seguridad que la escoltaban.

Le suministraron la pastilla poco antes del pase de lista de las nueve de la noche, pero después de eso, el guardia del rondín nocturno, que pasaba cada 45 minutos, a la tercera ronda activó el código verde, es decir, casi a la media noche. Al lugar arribaron tres oficiales de alto rango, que en voz baja ordenaron retirar el cuerpo de aquel preso que se había colgado de la celda, según se escuchó decir. Por supuesto que nadie preguntó nada y nadie explicó nada.

Al día siguiente, tras la comidilla de los sucesos, de estar atando cabos y deduciendo las posibles causas de la muerte de aquel infortunado recluso, llegó una instrucción para todos: que nos alistáramos para la reubicación de celda. Nunca entendí por qué razón pedían "alistarse" para ese motivo en el COC, si uno siempre estaba listo para ser reubicado, si no teníamos nada que arreglar y siempre estábamos encuerados.

CAPÍTULO 6

La leyenda de Puente Grande

Me reubicaron en el pasillo uno, en la celda 108, que para efectos prácticos era la número ocho. A los compañeros del pasillo tres no supe a dónde los transfirieron, pero ninguno de los que estábamos en ese corredor quedamos juntos; tal vez eso pretendía disolver cualquier intento nuestro de sacar conclusiones sobre lo que había sucedido con Martín Santos, quien no alcanzó a platicarnos la historia de su detención ni los actos que lo trajeron a este lugar.

Mi nueva celda no era nada distinta de la que habité antes, acaso más sucia, con más ratas y más empolvada, pero idéntica a la anterior. No me sentí extraño, sobre todo porque desde el momento en que llegué, alguien desde su aposento me dio la bienvenida al "infierno".

Yo era el nuevo del pasillo y, como tal, me llovieron las preguntas referentes a mi procedencia, mi proceso, mis acusaciones, mis amigos, y la versión personal de los hechos que estaba afrontando.

—Y de seguro eres inocente… como todos los que llegan aquí, que primero andan de cabrones y después se lamentan y aseguran que no han hecho nada —inquirió alguien desde el fondo de su celda, alguien que dijo llamarse Noé Hernández.

La voz aguardentosa y bronca del preso que vivía en la celda número uno del pasillo uno siempre me ponía alerta. A pesar de saber que no existía la posibilidad de tener contacto visual, siempre había algo repulsivo en su plática, algo que me hacía medir mis palabras.

—¿No has oído hablar de mí? —en una ocasión me preguntó—. Soy *El Chacal de Pachuca*. También me dicen *El Gato*.

—No, nunca he oído hablar de ti —respondí casi por compromiso.

—Yo soy Noé Hernández, y estoy preso porque violé y maté a dos niñas. Y de vez en cuando aquí me dan chance los policías de salir a pasear por los pasillos y hasta me permiten entrar en las celdas de los recién llegados que no se portan bien. Así que pórtate bien si no quieres que te haga una visita nocturna.

En el pasillo donde fui reubicado, que funcionaba como una extensión del área de hospitales, únicamente permanecían presos que recibían tratamiento médico especializado, la mayoría con trastornos emocionales y psiquiátricos graves; no en vano, entre el personal médico, esa área es conocida como "el pasillo de los locos".

De todos los que vivíamos ahí, el más loco era Noé Hernández, quien se pasaba las noches completas, en ocasiones, gritando y hablando solo. Siempre mencionando nombres, lugares y fechas; a veces cantando a grito abierto y en otras llorando desconsoladamente, reclamando que le devolvieran su cuchara o implorando que prendieran la luz.

Cuando yo lo conocí, Noé Hernández ya tenía 12 años de vivir en aislamiento total, sin ver a nadie que no fuera la enfermera que se paraba frente a su celda para suministrarle por las noches una pastilla que le ayudaba a dormir y a mantenerse en estado sociable consigo mismo. Hacía años que dejó de recibir la visita de sus padres, y a pesar de que siempre esperaba que una de sus novias de la primaria llegara a verlo, nunca se cumplía esa ilusión, por eso su malestar con los guardias y las enfermeras, según me lo confió en una ocasión.

—Mira, Lemus, aquí la gente es bien cabrona: a mí me corren a todas las novias que me vienen a ver y no quieren que tenga contacto con la gente de afuera, porque sé un chingo de cosas de las que pasan aquí y que el gobierno no quiere que se sepan. Por eso me corren a mis visitas, no dejan que me vengan a ver las muchachas que me escriben y que les pido que me visiten. Los guardias y las enfermeras son bien cabrones. Ten mucho cuidado con ellos.

Ésa fue la primera vez que medí la capacidad de alucinación de Noé Hernández, aunque también le reconocí estados de lucidez, principalmente cuando tomaba el medicamento por las noches y se sentía con ganas de hablar, porque recitaba de memoria a Octavio Paz y se sabía de corrido el cuento del Principito. En una ocasión me dictó de memoria los primeros 20 salmos bíblicos, con puntos y comas, y los repetía a voluntad. Y de novelas se sabía de corrido pasajes enteros de varias, principalmente las de Ken Follet, que eran su premio cada vez que se portaba bien. El departamento de psicología se las entregaba para que pudiera leerlas en su celda, y él las aprendía de memoria para seguir "leyéndolas" cuando se las retiraban. Así me lo confió.

En el pasillo uno, aunque se encuentra dentro del Centro de Observación y Clasificación (COC), las reglas de comportamiento son más relajadas, no tan extremas como en el pasillo tres. Aquí se permite hablar durante todo el día, incluso algunos internos usan uniforme y el suministro de alimentos se mantiene a discreción. No obstante, yo era el único al que se le seguía manteniendo sin ninguna pertenencia y privado del derecho a portar la vestimenta. Vivía completamente desnudo dentro de mi celda de tres por dos metros de ancho.

—Oye, Lemus —una vez me preguntó Noé—, ¿tú sabes componer corridos?

—Así como componer, no tanto, pero pienso que no es difícil ir arreglando las coplas para que vayan rimando las palabras.

—¿Sabes o no sabes? No me salgas con tantas chingaderas...

—Bueno, sí. Sí sé componer corridos.

—Entonces quiero que me compongas uno... porque yo no voy a ser menos en esta pinche cárcel. Si hasta *El Comandante* Mateo tiene corrido, ¿por qué yo no voy a tener uno que hable de mí?

—¿A poco todos tienen corrido en esta cárcel? —le pregunté.

—Sí, todos los que vivimos en esta cárcel, que somos la selección nacional de la delincuencia, tenemos un corrido que habla de nuestras hazañas en la calle; es lo que a veces nos mantiene vivos y con algo de esperanza; es lo que nos ayuda a vivir en esta soledad.

—¿Cuantos corridos te sabes?

—Me sé los de todos mis compitas, de todos los amigos del módulo ocho y del siete en donde vivía antes de que me mandaran a aislamiento. Me sé el corrido de Caro Quintero, Mario Aburto, Aguilar Treviño, *El Comandante* Mateo, el de *La Cobra de Sinaloa*, el de Vera Palestina, Martín Morales, el de *La Ranita* que mató al cardenal, el del *Chapo* Guzmán, del *Güero* Palma... me sé todos los corridos de los compas chidos.

—¿Tu conociste al *Chapo* Guzmán?

—Sí... qué chinga le puso al gobierno ahora que se escapó; puso a todos de culo pa'rriba.

—¿Tú vivías en el mismo módulo que *El Chapo*?

—No, pero *El Chapo* se paseaba por todos lados de la cárcel. Él vivía en el módulo cinco, pero tenía amigos que visitaba en el módulo ocho y a veces venía a platicar con *El Güero* Palma que estaba en el mismo módulo que yo, por eso lo conocí.

—¿Qué tal se portaba con la población?

—Se portaba bien chido, siempre andaba preguntando qué necesitaba uno y si no le hacía falta nada a la familia. En ese tiempo aún me visitaban mis papás y él les mandaba dinero para que vinieran a verme. Les ponía un giro desde aquí, de Guadalajara, y mis jefitos lo recibían en Pachuca, y era como podían venir a verme. También me regaló una televisión y unos tenis para hacer deporte. Los lentes que traigo, él me los mando traer con sus abogados.

—¿Es cierto que traía una escolta más grande que la del presidente?

—No, nunca andaba con escolta. A veces lo acompañaban uno o dos de su módulo, pero no traía escoltas de guardaespaldas. Todos lo queríamos y lo respetábamos, porque era la mera autoridad en esta cárcel; tanto, que hasta el director se le cuadraba. Los guardias de los pasillos que hoy miras muy bravos y bien valientes, cuando estaba aquí el *Chapito* andaban haciéndole los mandados al patrón. Todos los días llegaba el comandante de compañía a la celda del *Chapo* o en donde estuviera haciendo ejercicio para preguntarle qué era lo que quería comer.

—¿A poco *El Chapo* ordenaba la comida?

—Sí, le pedían opinión para hacer la comida del día. Yo lo llegué a escuchar porque algunas veces yo hacía ejercicio cerca de él o le llevaba la anotación cuando jugaba volibol, porque era bueno para el voli.

—¿Y él decidía qué quería de comer?

—Te estoy diciendo que sí, ordenaba lo que se le antojaba, con eso se ganaba a toda la población. Había veces que le decía al comandante de compañía que no hicieran de comer aquí… Les daba descanso a las cocineras, y entonces mandaba traer de fuera. Se hacían unos méndigos pachangones en el patio, porque cuando mandaba traer de fuera siempre pedía borrego o carnitas, y aquí en el patio se ponían los cazos y las ollas de carne, y todo mundo contento. Casi siempre que mandaba traer de fuera la comida también contrataba un conjunto musical, y él con sus muy allegados, principalmente con *El Güero* Palma, se ponía a tomar whisky en una orilla del patio. Entonces allí sí ponía a su gente a que lo cuidaran, que no se les fuera a arrimar nadie, porque estaban hablando cosas de señores.

"Cuando mandaba traer la carne, también era seguro que trajera cerveza, pero sólo nos dejaba que tomáramos una o dos por persona, porque no quería que se le saliera de control todo el desmadre, que a final de cuentas eso era lo único que le pedía el director: que no se perdiera el control de la reunión.

"En una ocasión, me acuerdo, mandó traer la comida de Guadalajara. Fue para un Día del Padre que lo vinieron a visitar sus hijos y mucha gente de Sinaloa, y trajo cuatro grupos musicales, los puso en los patios de los módulos ocho, cinco, uno y tres, y a cada uno de los cuales, les mandó cervezas a llenar, pero no les puso límites, y en el módulo uno terminaron bien pedos, echando putazos. Por esa razón le llamaron la atención al director desde México, y luego de eso *El Chapo* nos castigó y nos suspendió las fiestas. En ese tiempo hasta nos ordenaba dormirnos más pronto, ya a las siete de la tarde nadie hablaba.

"Cuando estaba *El Chapo* todo era más chido, nos prestaba el celular para hablar a la casa, para alguna necesidad, o simplemente para saber cómo estaba la familia. Hacíamos fila en el patio para utilizar su teléfono. Yo hice tres llamadas en el tiempo en que nos prestaba el celular. Lo único que nos pedía era que no nos colgáramos para que alcanzaran a llamar los demás compas que le pedían el favor. Yo no recuerdo que alguna vez haya negado un favor a alguien que se le acercó, y lo mismo apoyaba para comprar unas medicinas para alguien de la familia, que le ayudaba a tener visita íntima a los presos más abandonados."

—¿Cómo les ayudaba a tener visita íntima?

—Él hablaba con la jefa del departamento de psicología y le pedía que presentara al consejo [Técnico Interdisciplinario] una propuesta que dijera que el interno tal o cual necesitaba visita conyugal. Y ya con esa propuesta le permitían que una amiga visitara al recluso, y esa mujer la pagaba *El Chapo*.

—¿A ti te ayudó con eso?

—No.

—¿Por qué?

—Nunca se lo pedí… porque me daba vergüenza, porque yo no soy bien visto en el penal, porque soy el único violador y homicida que está aquí. Y aunque nunca me dijo nada el *Chapito*, yo sentía que no me aceptaba bien, y que más bien me ayudaba a lo que le pedía por pura lástima. Todos aquí, antes y después del *Chapo*, me querían matar, por eso luego de que se fue, me cambiaron a aislamiento total, para que no me hicieran nada, porque muchos sí me querían dar piso.

—¿*El Chapo* no dejaba que te golpearan los otros presos?

—No lo permitía, nunca dejó que me pegaran. Incluso una vez que me quería madrear un capitán del Ejército que recién llegó al módulo ocho, después de que me pegó unas cachetadas y amenazaba con violarme, *El Chapo* lo mandó traer y frente a mí le dijo que no quería saber de que me volviera a pegar, porque si me golpeaba iba hacer que se lo llevaran de la cárcel a las Islas Marías. Y le dijo algo que sólo una vez escuché y que no se me olvida: "Esta cárcel es mía y aquí las reglas las pongo yo, y no quiero que nadie altere el orden". Después de esa entrevista, el capitancito ese del Ejército no me volvió a molestar.

—Entonces eras como su consentido, como que te cuidaba…

—No, tampoco. Una vez que quise contarle cómo violé y maté, él me dijo que mejor no deseaba saber, porque también tenía niños chiquitos. Nunca más intenté contarle y pienso que él tampoco quiso saber mucho de mí.

—¿Y de los demás sí sabía sus historias?

—Sí, de todos se sabía bien el corrido. A todos los que lo rodeaban o estaban cerca de las personas que se juntaban con él, les sabía bien de dónde venían y cómo se hallaba su situación. Si alguien de la cárcel conocía bien la historia de los demás, mejor que en el archivo, era el mismo *Chapo*.

"Y tenía una memoria que no se le olvidaba nada. Una vez que le contabas algo se le quedaba grabado y no había forma de que lo hicieran menso. Es muy listo el pinche *Chapo*, no en vano es el mero jefe de jefes. ¿Sabías que la canción "El jefe de jefes", de los Tigres del Norte, es la preferida del *Chapo*? Siempre que venían los grupos a cantar aquí, a la cárcel, esa era la rola que más tocaban, porque esa era la que más pedía el patrón.

"Qué a toda madre funcionaban las cosas cuando estaba *El Chapo* aquí. No había abusos de los putos oficiales, todos se portaban bien, se cuadraban con el señor y le preguntaban antes de ponerse a golpear a cualquiera de los internos. Todo estaba bien organizado, las peticiones de los internos eran atendidas rápidamente y no se andaban pasando de la raya los de trabajo social ni de psicología, ya ves que ahora para autorizarte un estímulo a la buena conducta tienen que pasar por lo menos seis meses. Antes eran las cosas muy distintas: *El Chapo* ordenaba y todos obedecían.

"Y cómo no iban a obedecer los méndigos oficiales, si *El Chapo* los tenía bien pagados; dicen que les daba en aquel tiempo más de cinco mil pesos por cada mandado que le hacían. Por eso todos se formaban para ver si no se le ofrecía algo al jefe. Así como te lo cuento: el patio del módulo tres, que era donde se la pasaba, se llenaba de oficiales, pero no porque estuvieran cuidando o vigilando a los internos, sino porque se arrimaban para ver qué se le ofrecía al *Chapo* y hacerle algún mandando a la calle, para ganarse cinco mil pesos."

—¿Cuántos oficiales llegaste a ver en el patio en donde estaba *El Chapo*?

—Fácilmente llegué a contar unos 45 tepocates que se arrimaban a ver qué se le podía ofrecer al *Chapo*. Y para todos había.

Cuando *El Chapo* estaba de buenas mandaba pedir cosas para los presos, y él pagaba. Les mandaba pedir desde sobres, timbres para cartas, libretas, lapiceros, calcetines, playeras, calzoncillos, uniformes nuevos… todo lo que quisiéramos quienes nos arrimábamos a pedirle algún favor.

—¿Qué encargaba *El Chapo* para él, para su gusto?

—Él siempre pedía chicles o chocolates antes del mediodía, y en ocasiones algo de comer para que se lo llevaran a su celda. Le gustaba pedir carne seca para comerla cuando estaba solo, viendo televisión o leyendo algún libro. Él me recomendó alguno una vez que esperábamos consulta psicológica. Mientras hacíamos tiempo a que saliera otro interno del consultorio, se puso a platicar conmigo; no me dijo muchas cosas, sólo me preguntó que cuánto llevaba yo aquí y que cuánto me habían dado de sentencia. Cuando le dije que me dieron 35 años por cada homicidio, me dijo que tenía buen rato para leer y me recomendó que me pusiera a estudiar para que aprovechara el tiempo en esta cárcel. Me acuerdo de que me dijo: "No seas tonto, remedia tu vida, para que Dios te perdone lo que has hecho, trata de leer mucho. Te recomiendo un libro que se llama *El hombre que susurraba al oído de los caballos*, es una historia que te va a gustar"… Eso fue todo lo que hablamos estando a la espera de la consulta psicológica.

"Después comencé a solicitar ese libro en la biblioteca pero siempre estaba ocupado, y luego un día llegó la maestra de la biblioteca y me dijo: 'Noé, aquí le mandan este libro, me pidieron que se lo entregara. Es un libro muy bonito que le manda el señor Guzmán'. Después me arrimé a decirle al *Chapito* que estaba muy agradecido, y sólo le dio risa cuando se lo agradecí, no externó una sola palabra. Todavía tengo ese libro aquí, entre mis cosas, y me lo sé de memoria; si quieres te lo platico para que veas que es una historia bien bonita."

—¿Entonces *El Chapo* recibía consulta médica como todos?

—No, sólo iba a psicología. Pero al médico nunca iba, o si llegaba a ir no se tomaba el medicamento que le recetaban aquí. Toda la medicina que se tomaba era la que le traían sus doctores. Aunque se tratara de una gripita o de algún dolor de cabeza, él no se formaba en la fila del médico. Recibía el medicamento de fuera, se lo entregaban los guardias.

"A veces llegaban médicos de fuera para hacerle revisión completa y ver que estuviera bien de salud, lo visitaban doctores que él tenía registrados aquí. Porque a todos los señores de esta cárcel los venían a visitar médicos de fuera, gente de sus confianzas. Y a veces hasta algunos de los que andábamos cerca de él alcanzábamos el beneficio de una consulta de calidad, porque él mismo les decía a los médicos que revisaran a otros presos. Uno de ellos me revisó la vista y me hizo estudios para darme estos lentes que traigo puestos, porque yo ya no veía nada. El *Chapito* fue el que me pagó la consulta y los anteojos, que a los 15 días me los trajeron hasta la puerta de mi celda.

—¿*El Chapo* no se tomaba el medicamento que le recetaban aquí?

—No, nunca; él sólo se tomaba lo que recetaban sus doctores, y siempre tenía su medicina en la celda. Cuando ya se componía de su malestar o de sus dolencias, y aún le quedaba medicina, la regalaba entre los otros presos que también sentían síntomas parecidos a los que él tenía, pero sólo para no desperdiciarla, porque si él veía que alguien andaba mal o le notaba que estuviera enfermo, de volada mandaba para que lo revisara el doctor y le trajeran el medicamento de la calle.

"Una vez le ayudó a un compita que usaba silla de ruedas; era del módulo dos. Tenían que cargarlo y ayudarle para bajarlo al patio y a todas las actividades que hacíamos en el comedor. Creo que ese compita pertenecía al grupo de Carrillo Fuentes; los de la PGR lo dejaron paralítico cuando estaban calentándolo. Una vez que llegaron los médicos que revisaban cada mes al *Chapo*, ese compita se le arrimó al jefe y le pidió ayuda para que lo revisaran sus médicos; le dijeron que no estaba paralítico de por vida, que aún tenía la posibilidad de componerse. Le realizaron unos estudios y le aseguraron que con una operación volvería a caminar; *El Chapo* hizo todo lo necesario y pagó para que la operación se llevara a cabo fuera de esta cárcel, y el compita llegó caminando a los 15 días. Ya sabrás cómo estaba la raza en población, bien contenta.

"Yo supe que el *Chapito* ayudó a muchos con operaciones, no sólo de ellos, sino de sus familias. Pagaba contento los partos de las esposas o las hijas de los que estaban aquí, porque decía siempre que "un niño más era otro soldado para la patria". Fácilmente conocí a unos 20 presos a los que el patrón les mandó para pagar el nacimiento de sus hijos o de sus nietos.

"Otra forma en que *El Chapo* ayudaba a los hijos de los presos era pagándoles una beca para que no dejaran de estudiar, para que siguieran yendo a la escuela a pesar de tener a su padre en la cárcel. A todos los niños de los que se lo pedían les mandaba cada mes una beca que sirviera para comprar libros, uniformes o zapatos; fácilmente unos 300 presos de los más pobres de esta cárcel recibían seguido la ayuda económica para que los chiquillos no dejaran de estudiar, no le hacía que los presos estuvieran procesados por ser parte de otros cárteles, pues siempre decía que allá afuera eran cosas de negocios, pero aquí todos éramos como hermanos, que debíamos ayudarnos unos a otros.

—¿Tú le pediste ayuda para algún hijo tuyo?

—Yo no tengo hijos, pero una vez le dije que si no le mandaba para una beca a los hijos de mi hermano, y me dijo que sí. Y cumplió. Les estuvo llegando un dinero cada mes a la casa de mi carnal. Les enviaba 500 pesos para cada uno de mis sobrinos.

Luego, cuando *El Chapo* se cansó de la cárcel y decidió irse, ya no les siguió llegando la ayuda, pero estoy muy agradecido por el tiempo en que lo hizo.

—¿También ayudaba a los guardias de la cárcel?

—Sí, a todos: oficiales, doctores, enfermeras, cocineras, maestros, psicólogas… a todos los que trabajaban aquí. No era raro ver al *Chapo* en el patio atendiendo a los trabajadores de la cárcel, diciéndoles que hablaran con sus abogados, allá afuera, para que les ayudaran en lo que estaban solicitando, que era desde dinero hasta recomendaciones para algún trabajo.

"Normalmente *El Chapo* caminaba en el patio del módulo tres, y mientras caminaba, allí comenzaba a recibir a los oficiales que le preguntaban qué era lo que quería que se hiciera de comer; también recibía a los oficiales que le preguntaban si no se le ofrecía que trajeran algo de la calle; recibía a los trabajadores que se le acercaban para pedirle algún favor y en ocasiones hasta a los directivos de la cárcel, cuando tenían que tratar algún asunto que tuviera que ver con la seguridad de los presos, principalmente. También se le informaba al *Chapo* cuando se ordenaba desde la ciudad de México algún traslado."

—¿*El Chapo* ordenaba los traslados?

—No sé si los ordenaba, pero nadie se iba de aquí si *El Chapo* no estaba de acuerdo, o lo mismo: nadie entraba a esta cárcel si él no quería. Recuerdo una vez una bronca en el módulo ocho, donde yo estaba en ese tiempo; fue un pleito grande porque hasta hubo puntas y hubo heridos, y la dirección del Centro federal de Readaptación Social (Cefereso) ordenó una reclasificación de todos los que participaron. Acordó además que a la mayoría los tendrían que cambiar de penal, para que no se hiciera un pleito mayor. Cuando comenzó a correr el rumor de que se reubicaría a varios de los internos, a causa de esa bronca, la mayoría de ellos habló con *El Chapo* para que interviniera. Y así fue: *El Chapo* pidió a la dirección que no realizara movimientos de reclusos, pero antes les arrancó a éstos (en una reunión que se dio en el patio del módulo tres) el compromiso de que no habría más pleitos, y hasta hizo que varios de los que se habían peleado se dieran la mano y prometieran que se la llevarían más tranquilos.

—¿Todavía quedan aquí presos que participaron en aquella riña-compromiso?

—Sí, la mayoría de los que están en el módulo ocho de sentenciados. Cualquiera de ellos te puede contar cómo comenzó a reinar la paz en este penal conforme *El Chapo* iba teniendo el control y se colocaba como el preso más importante de todos los que estamos aquí.

—¿Desde cuándo *El Chapo* comenzó a colocarse como jefe de todos los internos?

—Desde que me acuerdo, *El Chapo* tuvo el control, sólo que primero era muy discreto con las órdenes que daba, pero ya después le valió y comenzó a ejercer el poder dentro de la cárcel; todos lo sabíamos, tanto los presos como los propios guardias. Una vez le metió un santo regañadón al director, porque nos dejó tres días sin agua, y *El Chapo* ordenó que trajeran el agua con pipas para el servicio de todos los presos. Creo que se había fundido algo de la bomba del pozo, pero el patrón estaba bien encabronado porque no tenía agua para bañarse y fue por eso que mandó traer al director. Y allí, en el patio, delante de todos, le puso una regañada que ya casi lloraba el pobre pendejo del director.

"Mira, hoy ves a todos los guardias muy rectos según ellos, muy cabrones, muy gritones y pegándote a su antojo, pero cuando *El Chapo* estaba al frente de esta cárcel, ni las orejas levantaban, porque para eso tenían que pedirle permiso. Y eso era con todos, no sólo con los guardias, sino con todo el personal que trabaja aquí, desde los maestros de deportes, de la escuela o de la biblioteca, hasta las enfermeras, los doctores y las cocineras.

"No se diga con las cocineras, esas pinches viejas eran bien lambisconas, porque sabían que se llevaban un buen billete atendiendo bien al señor, cuando no mandaba traer comida de fuera y pedía que le prepararan algo aquí."

—Del menú que tienen en la cárcel, ¿qué le gustaba comer al *Chapo*?

—Le gustaba mucho el caldo de res, con mucha verdura, pero principalmente con elote cocido. Cuando daban de comer eso, las cocineras se peleaban por atender el módulo tres, donde se hallaba, porque sabían que el jefe disfrutaba esa comida y todas se querían parar los cuellos, hasta le llevaban la charola a la mesa, con una ración doble de elote. *El Chapo* les agradecía, y pagaba un dinero extra a la cocinera que le tocaba que le sirviera.

Los momentos de lucidez de Noé eran muy escasos, la mayor parte del tiempo se la pasaba hablando incoherencias, siempre amenazando con matar a todos los que estábamos en esa sección. Cuando llegaba la claridad a su mente, las pláticas con él eran un deleite para todos en ese pabellón, porque sabía contar muy bien y con muchos detalles. Aunque no era refinado al hablar, Noé tenía la cualidad de contar sus relatos de manera magistral, los sazonaba minuciosamente con sonidos y aromas. Ésa era su característica más peculiar, explicar antes que nada a qué olía el ambiente y qué murmullos poblaban el horizonte de sus recuerdos. En sus interlocutores provocaba la sensación de estar presente en cada escena que describía, aunque fuera como un lejano espectador que se posa sobre los hombros de los protagonistas de sus narraciones, que muchas veces se desarrollaron hasta entrada la madrugada.

Después, a más de dos meses de dialogar con Noé, comprendí la razón por la que enfatizaba los sonidos y olores de sus historias:

estaba a menos de un punto de volverse ciego. No alcanzaba a ver a lo lejos y sólo podía distinguir algo a menos de 50 centímetros de su cara. Cuando le pregunté la razón de su debilidad visual me contestó muy a su estilo:

—Es Dios, estoy pagando lo que hice.

En medio de aquella fétida mezcla de aromas que se combinaban en el pasillo uno del COC, siempre salía a relucir la agudeza olfativa de Noé, quien era capaz de distinguir, a decenas de metros de distancia, en qué consistía la comida y de qué sabor era el agua que acompañaba invariablemente el menú. También por su olfato se sabía en el pasillo uno si se aproximaba el guardia en los rondines nocturnos, o sabíamos con dos o tres minutos de anticipación la llegada de un contingente que revisaría celdas y reclusos en esa sección de la cárcel.

Yo, al igual que todos en ese corredor, en los meses de julio y agosto de 2008, no alcanzaba a distinguir nada, más allá del hedor a drenaje que parecía intensificarse en las noches y dejaba un sabor similar en la garganta a fuerza de haberlo respirado durante las 24 horas del día; sin embargo, Noé era capaz de alertarnos de algún oficial desde que se aproximaba al área del diamante de vigilancia, a unos cinco metros de distancia de la puerta del pasillo. Los percibía, según explicó, por el aroma del champú, el desodorante o la crema que usaban.

Había ocasiones en las que a Noé no le suministraban el medicamento que necesitaba para controlar sus estados de angustia; en esos días todos debíamos batallar con él, no sólo escuchando sus amenazas de muerte, sino porque debíamos soportar las interminables rondas de canciones norteñas y de corridos que —producto de su imaginación y de su improvisada autoría— comenzaba a entonar a grito abierto; según él, desde el palenque de Puebla.

CAPÍTULO 7

Los ojos del *Lazca*

Fue a principios de agosto de 2008 cuando llegó al pasillo un nuevo interno: Valeriano Sotelo Reyna. Venía proveniente de Tamaulipas y fue asignado al pasillo uno porque se trataba de un interno especial: se enfrentó a balazos con todo un batallón del Ejército, dejando a cinco soldados muertos y cerca de una docena de lesionados. De su lado cayeron los cinco pistoleros que lo acompañaban.

La reyerta tuvo lugar en el municipio de Río Bravo, a comienzos de aquel año, según lo narró durante una de esas pláticas con las que matábamos el tiempo. En la misma refriega estuvo a punto de caer Heriberto Lazcano, pero pudo salvarse porque le cubrieron bien la salida, pues Valeriano era coordinador de la escolta del jefe de Los Zetas.

—Oye, Vale, ¿entonces se les peló *El Lazca*...?

—No lo van a poder agarrar, ése es mucho cabrón pa' esos pendejos que le siguen los pasos.

—¿Pero sí estuvo en el enfrentamiento ese que tú platicas?

—Allí mero estaba mi comandante, pero nos avisaron a tiempo que iban por él y le alcanzamos a sacar raja a la leña.

—¿Cuántos escoltas tiene *El Lazca*?

—Un chingo. Sólo en mi grupo éramos 15.

—¿Pero no todos cayeron durante el enfrentamiento con el Ejército?

—No, sólo cayeron cinco de nuestra parte, pero del lado de los federales sí les hicimos mella, cayeron un chingo; aunque en las noticias digan que sólo fueron como 10 heridos, la verdad es que les matamos fácilmente unos 10 soldados. Tan sólo yo bajé a cinco guachos. Mi compita *El Jimmy* les alcanzó a bajar dos antes de que le dieran y *El Macetón* les tumbó otros tres también antes de que le dieran. Le pegamos a un camión con una bazuca, ¿te imaginas a cuántos le dimos?

Cuando Valeriano llegó al pasillo uno, era de madrugada, y llamó la atención que su recibimiento fue "aterciopelado", pues los gritos eran mínimos y los empujones solamente de trámite, como queriendo cumplir con las formas, pero en realidad se notaba que había un trato preferencial.

Yo estaba en la celda número ocho, la última del pasillo, durante el arribo de este recluso. En ese momento tuvimos que quedarnos quietos y callados porque Noé detectó que los guardias se aproximaban, y aun cuando los percibió por el olor de sus uniformes, todos en ese pabellón alcanzamos a escuchar pasos y gritos que provenían desde el diamante de vigilancia, a unos metros de la entrada.

Desde mi aposento, ubicado a unos 30 metros de distancia de la puerta principal, pude atisbar entre las rejas y observé cómo dos oficiales, que iban delante del grupo de unos 10 guardias, prácticamente trasladaban en vilo a un interno con la cabeza vendada; arrastraba los pies como un muñeco de trapo.

El tipo no hacía movimiento alguno, sólo recibía inerte los empujones y los gritos que le propinaban los custodios, más por atemorizar a los que ya estábamos allí que por darle un escarmiento de bienvenida al que recién ingresaba a esa zona de la cárcel, que es la primera que deben pisar, por normatividad, todos los internos del Centro Federal de Readaptación Social (Cefereso).

El nuevo recluso no fue empujado al interior de su celda como yo sabía que se estilaba con todos, simplemente fue encerrado en ella sin violencia. Ese fue el único gesto de humanidad que vi en esa cárcel a lo largo de los tres años en que estuve allí. Era fácil suponer que se trataba de un delincuente con mucho poder, y que por eso recibía trato preferencial, como en los tiempos en que *El Chapo* gobernó esta cárcel federal y mantuvo bajo su control a todos los elementos de seguridad y a toda la población carcelaria.

Esa madrugada fue similar a todas las madrugadas que viví en ese pasillo, no pasó nada extraordinario, como no fuera que llegaran por mí y por otros presos bajo tratamiento especial, para sacarnos a "caminar" al patio. Dicha caminata consistía en mantenernos desnudos y bañarnos a chorro de agua helada hasta que los pies se entumecían y no soportaban el peso; siempre terminábamos rodando por el suelo.

Cuando el guardia —que tenía a cargo la terapia de reeducación a que me obligó el juez de la causa— se portaba condescendiente, simplemente nos regresaba a la celda, dos o tres horas después de habernos bañado con agua helada; pero cuando se trataba de uno de esos oficiales enfermos, luego del baño nos obligaba a mantenernos hincados con los brazos en cruz, hasta que alguien desfallecía de frío o cansancio, o de plano porque ya se acercaba la hora de la lista y estaban a punto de encender las cámaras de vigilancia del patio.

Las primeras palabras que le escuché a Valeriano fueron al filo del mediodía siguiente de su arribo, poco antes de que llegara la comida, luego de que al pasillo ingresó el médico y se dirigió a él por su nombre, sólo para preguntarle cómo se encontraba, una deferencia que no se tenía con ninguno de los que estábamos allí, clasificados como "internos especiales".

115

Valeriano contestó con un tono temeroso, un hilo de voz similar al de un niño, que evidenciaba su condición física: un hombrecito de casi 50 años de edad, de poco menos de un metro y medio de estatura, delgado, silencioso y reservado.

Toda esa mañana Valeriano permaneció callado, quieto, silencioso, ignorando las preguntas de Noé y de algunos otros que indagaban su procedencia y los delitos que se le imputaban, así como su historia personal para el deleite del morboso pasatiempo al que nos estábamos habituando.

Aquel pequeño hombre no quería hablar y tampoco respondía —como cualquiera lo hubiera hecho— a las consabidas mentadas de madre que algunos le espetaban desde el fondo de sus estancias. Más bien se dedicó a dormir plácidamente, según lo delataban sus ronquidos y ese respirar profundo que sólo interrumpió cuando el médico se apostó frente a la reja de su aposento y le preguntó sobre su estado de salud.

Durante la hora de comer, se escuchó una voz que desconcertó a todos los que intentábamos probar una mezcla espesa y babosa color café, hecha a base de nopales y carne de cerdo.

—Hey, compita —gritó Valeriano sin dirigirse a nadie para hablarle a todos—, ¿qué es lo que nos dieron de comer? —preguntó.

—¡Es filete de pescado, cabrón!, ¿qué no ves? —le contestó José Luis, un ex policía ministerial que vivía en la celda siete—. ¿A poco no está a toda madre?

—Órale, gracias —contestó a secas Valeriano.

La respuesta inquietó más que la misma pregunta inicial, pues nos obligó a muchos, por no decir a todos, a dejar el alimento y prestar mayor atención al que había llegado apenas la madrugada anterior, bajo un trato preferencial y unas condiciones que no se había visto en ese lugar desde mi reciente ingreso.

—Oiga, compa, ¿a poco no sabe lo que estamos comiendo? —le pregunté yo.

—No —reviró parco.

—¿Está usted ciego? —alguien desde la entrada le inquirió.

—Sí —respondió de nuevo Valeriano, esta vez con la boca llena.

—Pero ni modo que no tenga usted lengua como para no conocer el sabor de lo que estamos comiendo, aunque la verdad la comida aquí está pa' la chingada, que nadie es capaz de conocer lo que come si no lo ve —terció desde su estancia don Ramiro, que casi no hablaba, pero que en esa ocasión intervino en la plática.

—Pos la verdad, amigo —aseveró Valeriano—, tampoco tengo sentido del gusto, ni tengo sensibilidad en la manos, ni olfato.

Sus afirmaciones despertaron el morbo de todos. Dejamos de lado la comida para no perder detalle de lo que exteriorizaba el nuevo interno, quien pausadamente y con su voz infantil confesaba que su único sentido intacto era el oído. Escuchar y hablar bien eran las únicas funciones que mantenía, luego de casi tres meses de hospitalización.

—¿Por qué y en dónde perdiste los sentidos del gusto, la vista, el tacto y el olfato? —le pregunté.

—Fue después de los balazos.

—A cabrón, ya no te entendí.

—Cuando nos topamos con los federales en Río Bravo, nos dimos con todo. La instrucción del comandante Lazcano fue no dejar en pie a ninguno de los federales que nos cerraron el paso. Allí se tomó la decisión, en plena refriega: el que cayera tenía asegurada la manutención y el sustento de su familia, ésa era la palabra del jefe. Prácticamente teníamos un seguro de vida que podrían cobrar nuestras familias. Eso se lo llegué a escuchar al comandante sólo en muy pocas ocasiones, y ahora me lo estaba diciendo a mí. Yo aproveché. Le tomé la palabra y me tiré a matar, no sin antes llevarme entre las patas a unos cuantos federales.

"Me allegué a Los Zetas luego de casi 20 años de haberme retirado del Ejército. Salí de éste cuando tenía 32 años, luego de 12 de servicio en los cuales no pasé de ser cabo. Me di de baja porque no me alcanzaba el sueldo y porque siempre estaba lejos de la mujer y los hijos. Me puse a trabajar y lo único que encontré de trabajo fue de albañil, así que cuando me ofrecieron chamba cuidando la periferia de una tiendita, ni me lo pensé dos veces, me estaban pagando tres veces más de lo que ganaba como albañil y con menos esfuerzo.

"Después conocí al *Perro* y me dijo que le ayudara a cuidar unos camiones que debían cruzar de Veracruz a Tamaulipas; mi única función era vigilar a lo lejos, sin mayor riesgo, y le entré. Después de allí vinieron más comisiones y todas la cumplí cabalmente; tan así, que en menos de dos años ya estaba dentro de la estructura más cercana al comandante *Lazca*.

"Cuando él vio cómo me la rife en un enfrentamiento con los *golfos* [integrantes del cártel del Golfo] allá en Monterrey, me mandó llamar. Me dijo que quería que estuviera a su lado y que me sumara a su escolta. Comencé como chofer del jefe, pero luego me fui ganando su confianza y, en menos de tres meses, ya estaba a cargo de un turno de su seguridad.

"El día que nos toparon los federales yo iba de chofer, y no la pensé. Le dije al comandante que había gente enfrente y de volada me dio la instrucción; me dijo: 'Ándele, Vale, aviéntese'. En menos de lo que lo platico le organice la salida, escoltado por otros cinco que iban con nosotros en la camioneta. Y nos quedamos 10 a cubrir la salida del patrón.

"—Aviéntense bonito —dijo *El Lazca*—, ya saben que el que caiga tiene asegurado el bienestar de la familia, y va mi palabra de por medio…

"Y el comandante Lazcano siempre ha tenido palabra, así que ni lo pensamos y nos pusimos al tú por tú con los federales. Al principio se veía como que eran muchos y mejores para lo balazos que nosotros, pero cuando sabes que ése es tu último día, como que te sale más coraje, como que te envalentonas y como que las cosas te salen mejor. Y yo me envalentoné, pero las cosas no me salieron bien.

"Yo estaba seguro de que no saldría vivo de esa refriega, y me tiré a matar, pero bien dice el dicho que 'cuando no te toca, ni aunque te pongas', y así me sucedió: por más que me puse no me tocó ningún balazo. Por eso decidí, ya cuando estaba en la pelotera, que si no me mataban y se me ponía difícil la huida, me iba a suicidar. Por eso me fajé la nueve milímetros y me acabé todo el parque de los 68 cargadores que traía en la camioneta."

—¿Y cómo te dejaste agarrar?

—No me dejé agarrar, me agarraron —dijo sarcásticamente—. Después de que me terminé el parque y había caído la gente que me ayudaba, y vi que aún estaban en pie muchos federales, principalmente de los que llegaron de apoyo, saqué la pistola y me apunté en la sien, pero con tan mala suerte que la bala no entró derecha y sólo me volé la tapa de la cabeza con un pedazo de cerebro. Dijo el doctor en la SIEDO [ahora SEIDO, Subprocuraduría Especializada en Investigación de Delincuencia Organizada] que me había volado unas partes del cerebro y que de milagro estaba vivo. Yo digo que estoy vivo por mala suerte.

—¿Entonces no tienes sensibilidad en las manos?

—No tengo sensibilidad en todo el cuerpo, no siento nada en ninguna parte, no tengo frío ni calor…

—Siempre estás a cero grados… no tienes frío ni calor… —acotó Noé esa ocasión, haciendo que el pasillo se volcara en risas sarcásticas y burlonas.

—Sí, no percibo ninguna sensación en el cuerpo, estoy como muerto en vida. Lo único que me hace sentir vivo es que oigo y puedo hablar, pues ni siquiera sé cuándo hago del baño…

Ésa era la explicación del fétido olor que se sumaba a la mezcla de los vapores nauseabundos del pasillo; emanaba del aposento de Valeriano, lo que en ocasiones provocaba que nos desesperáramos y le recordáramos que ya había defecado, que limpiara como pudiera y depositara sus desechos en el reducido orificio que en cada celda servía como sanitario.

CAPÍTULO 8

La fuga del *Chapo*

A casi una semana de que llegó Valeriano al pasillo uno, le volvió la lucidez a Noé.

—Qué onda, compita Lemus, ¿se va a discutir con una historia de la calle para matar el rato?

—Sí, ¿de qué quieres que te cuente?... Pero mejor tú cuéntame del *Chapo*, de cuando se paseaba en el módulo tres.

—No'mbre, deja te cuento la vez que llegó una revisión de México, con unos güeyes vestidos de negro, que según eso llegaron muy cabrones, queriendo reventar todas las celdas de la población, y de esto no le habían avisado al *Chapo*. Y que llegan golpeando a todos, sacándonos de las celdas, y a un compita que quería mucho *El Chapo* que le comienzan a pegar bien feo en el pasillo; *El Chapo* brincó.

—¿Se les puso al brinco a los que venían a hacer la revisión?

—Sí, que les brinca. Y que le dice a un comandante:

"—Ya estuvo, ¿no, comandante?...

"—Ya estuvo de qué, cabrón —le contestó el comandante.

"—De que le esté pegando a la gente —respondió más fuerte *El Chapo*.

"—¿Y tú quién chingaos eres para decirme cómo voy a hacer mi trabajo?

121

"—Yo sólo le digo que ya estuvo de que le esté pegando a la gente...

"—A ver, agárrenme a ese cabrón que se siente defensor de esta bola de culeros —dijo el comandante dirigiéndose a sus elementos de tropa.

"Justo cuando lo iban a detener, *El Chapo* que se descuenta a un policía. Eso fue como la instrucción para que todos los que estábamos allí nos les pusiéramos al pedo a los custodios, quienes en menos de cinco minutos ya estaban en el suelo, sin radios y bien madreados. Esa vez fueron como unos 50 policías los que descontamos.

"Cuando ya estaban sometidos todos los policías, llegaron otros internos de los módulos unos, dos y cuatro. Querían raparlos a todos, pero *El Chapo* les dijo que se controlaran, que no hicieran más grande el desmadre. Después llegó el director y todo el personal del Cefereso [Centro Federal de Readaptación Social], quienes convencieron al *Chapo* de que entregara a los policías que detuvimos.

"—Se los voy a entregar enteros —dijo *El Chapo*—, pero no quiero represalias contra nadie.

"—Está bien —respondió el director—, pero eso también díselo a los de México.

"—Con que usted me dé su palabra, me basta.

"—Yo te doy mi palabra, pero habla primero por teléfono con los de México.

"La retención de los policías duró casi cinco horas, desde las nueve de la mañana, luego del desayuno, hasta casi a las dos la tarde, hasta que *El Chapo* habló por teléfono con alguien de México. Dicen que conversó con el presidente y que allí fue en donde le ofrecieron la libertad, a cambio de que respetara la vida de los más de 50 policías que estaban en sus manos. Esto nos lo contó *El Güero* Palma, mientras estábamos sentados en el patio."

—¿Y así como llegaron los policías, se fueron?

—No, cálmate. Antes de soltarlos que *El Chapo* le dice al comandante que si se aventaban un tiro derecho, sólo ellos dos:

"—Qué, comandante… ¿Se siente muy cabrón?, porque yo sí soy cabrón.

"—No, discúlpeme, yo no sabía quién era usted, me hubiera dicho su nombre.

"—Vamos a darnos en la madre, sólo usted y yo —insistió *El Chapo*.

"—Le pido que me disculpe, no volverá a pasar —se excusó el comandante.

"—Claro que no volverá a pasar, ¿sabe por qué?

"—¿Por qué? —balbuceó boca abajo el comandante, desde donde estaba tirado.

"—Porque usted saliendo de aquí va a renunciar. Se va a la chingada, porque si no, lo mato.

"Yo nunca había visto tan enojado al *Chapo*. Se le notaba el coraje en los ojos y se ponía muy colorado. Se le hinchaban la venas del cuello y hasta la boca se le hacía más chiquita de tanto que la apretaba. Se le notaba cómo hacía fuerza en la cara, en las mandíbulas, y siempre tenía los puños apretados.

"Antes de dejar ir a los policías que estaban tirados en el suelo, con las manos por atrás, con los pies cruzados, *El Chapo* se arrimó al comandante y lo levantó de las orejas, lo paró frente a él, y aunque *El Chapo* estaba más bajito que el policía, le puso unas cachetadas delante de todos los presos, sin que el custodio respondiera, sólo se mantuvo con la cabeza agachada pero no contestó ni dijo nada.

"Después de eso los policías comenzaron a salir de uno en uno por el pasillo tres, a la carrera, con la cabeza agachada, mientras todos los presos les rechiflaban su madre y les pateaban las nalgas.

Ya luego *El Chapo* ordenó que devolviéramos a la dirección todos los gases lacrimógenos, toletes, cascos, rodilleras, y hasta las botas que les quitamos mientras estuvieron sometidos."

—¿Y de verdad no hubo represalias?

—No, nadie fue castigado ni suspendido de su visita. De verdad que el *Chapito* tenía el control no sólo de esta cárcel, sino de todo el país. Así lo demostró ese día.

—¿Después de ese incidente, todo siguió normal en esta cárcel?

—Todo normal, sin alteraciones de nada; hasta el día que *El Chapo* se fue; entonces cambiaron las cosas para todos, principalmente para lo que nos quedamos aquí.

—¿Cómo fue el día en que se fugó *El Chapo*?

—Fue un día normal, nadie imaginaba que eso cambiaría toda la historia de este penal y de muchos de los que estábamos aquí, porque luego de la fuga a varios los trasladaron a otras cárceles y a mí me mandaron confinado al COC [Centro de Observación y Clasificación] dizque por peligroso; pero la verdad es que muchos ya no tuvimos quién nos defendiera y quedamos a merced de los guardias y de la gente de este penal, que para salvar el pellejo todos negaron que tuvieran algo que ver con *El Chapo*, cuando en realidad comían de su mano y no hacían ningún movimiento sin su autorización.

—¿Cambiaron a mucha gente luego de la fuga del *Chapo*?

—Sí, casi a toda la población la movieron, a la mayoría la enviaron a Tamaulipas y llegó mucha gente de La Palma [Almoloya]. Fue cuando se comenzaron a poner las cosas más difíciles aquí, adentro, tanto para los que estamos aquí como para las familias. Fue cuando esta chingadera se volvió un méndigo campo de concentración, en donde lo mejor que le puede pasar a uno es que se lo cargue la chingada… Yo estoy queriendo matarme desde hace como cinco años, pero no me dejan estos guardias ojetes, ni chance me dan de nada… ya ves, en estas condiciones: encuerados, sin nada de cosas dentro de la celda ni cómo colgarte o cortarte las venas, a menos que te quieras ahogar con el pinche arroz tan feo que nos dan a la hora de la comida.

"Después de la fuga las cosas cambiaron mucho, sobre todo porque los guardias que estaban a la orden del *Chapo*, para no perder el trabajo, uno lo entiende así, se voltearon contra todos los presos y nos comenzaron a tratar más que inhumanamente; agarraron mucho odio contra uno, como si uno fuera el responsable de que se les haya acabado su minita de oro, porque *El Chapo* era una minita de oro para todos los que estaban trabajando en esta cárcel. Porque muchos que trabajan de guardias en el día, principalmente los comandantes, trabajaban en su día libre cobrando las cuentas del *Chapo* en la calle.

"Y hoy los ves a todos los guardias muy cabrones, muy rectos, muy dignos, gritándote de todo y empujándote por nada, para provocarte. Antes de la fuga andaban como gatitos al lado del jefe, recibiendo instrucciones, lamiéndole los pies, esperando que al señor se le antojara algo para ir a traérselo a la carrera y quedar bien. Hoy los guardias te tiran la comida para que comas en el suelo, pero hace unos años ellos se le arrastraban al jefe para ganarse unos pesitos… y eso era con todos los que estaban de guardias en este penal."

—Pero dime, ¿cómo fueron las cosas cuando se fue *El Chapo*?

—¿Y qué crees que te estoy platicando, pendejo? Te estoy diciendo cómo nos comenzaron a tratar, cómo los corruptos de repente ya eran buenos y cómo la autoridad de este penal se comenzó a desquitar con nuestras familias, a las que les comenzaron a hacer la vida imposible para que no nos visiten o se desanimen y terminen por abandonarnos. Fue allí cuando empezaron a suspendernos la comida, cuando a la dirección se le antojaba, y fue cuando empezaron a tratarnos con estas torturas que nos siguen aplicando a diario… ¿A poco crees que algún juez avala lo que nos hacen aquí? Claro que no, nadie en su sano juicio puede avalar la forma de trato que nos brindan aquí, aun cuando los que estemos aquí seamos o no delincuentes, porque el trato es igual para todos, no se distingue entre sentenciados y procesados, aquí a todos parejitos nos sacan en la noche al patio y nos ponen nuestras madrizas, y no te preguntan si eres sentenciado o sólo procesado; aquí el trato de tortura es igual para todos.

"El día que se fugó *El Chapo*, fue un día normal; hubo llamadas en el módulo tres, aunque en realidad nadie necesitaba de la llamada que por norma se permite aquí, cada 15 días, pues todos usaban los teléfonos del *Chapo* para hablar con sus familias, y él siempre prestaba el teléfono al que se lo pedía.

"Recuerdo que ese día estuve en el patio del módulo tres con la gente del *Chapo*, pero él toda la mañana se la pasó platicando con algunas gentes de su confianza, alejado de todos. Me acuerdo que era un viernes, porque los viernes *El Chapo* mandaba traer a una novia que tenía en Guadalajara y se encerraba con ella en su celda toda la mañana, pero ese día no la mandó traer y ésa era la novedad, que no tenía la visita de su novia. Yo supuse que estaba enojado, aunque ya cuando platiqué con *El Juanillo* y *El Moncho*, ellos me dijeron que el jefe no mandó traer a la novia porque le habían avisado de la dirección que habría una revisión de la Comisión [Nacional] de los Derechos Humanos.

"La Comisión fue mandada traer por los familiares de unos detenidos que trasladaron desde Almoloya y que los asignaron al módulo dos, en donde fueron castigados. Por esa razón, por la presencia de los de derechos humanos, *El Chapo* fue informado para que no mandara traer a su novia, así que ese día el mando del penal estaría a cargo de la dirección.

"Yo vi al *Chapo* muy tranquilo, aunque tal vez no tan contento como otras veces, y estuvo haciendo muchas llamadas telefónicas desde el patio; se fue a una esquina, como siempre le hacía, para llamar. Recuerdo que mientras lo hacía, varios de los que estábamos cerca de él comenzamos a pintar la cancha de basquetbol, porque él había mandado traer pintura y brochas, y muchos nos pusimos a pintar desde las nueve de la mañana.

"Cada vez que *El Chapo* llamaba por teléfono se retiraba del grupo de amigos con el que estaba, y cuando colgaba se arrimaba a donde estábamos pintando la cancha para supervisar y decirnos si íbamos bien o íbamos mal.

"—Dele más derechito a la raya, Noé.

"—Así voy bien, ¿no, jefe?

"—Ya va chueco… Póngase los lentes para que no le quede chueca la línea…

"Después de acercarse a supervisarnos, se retiró del patio, no sin antes decirnos que ese día no habría comida de la calle, que tendríamos que comer lo que nos dieran en la cocina, y nosotros le agradecimos el gesto de que nos informara. También nos dijo que nos pusiéramos vivos porque a lo mejor venía una revisión de México, junto con los de Derechos Humanos, para que no nos metiéramos en problemas, que dejáramos que pasara la revisión en forma tranquila.

"Antes de retirarse del patio, en donde estuvo viendo cómo pintábamos la cancha, *El Chapo* le habló al *Juanillo*, para que le guardara dos de los tres celulares que tenía.

"—Ahí le encargo los teléfonos, *Juanillo* —le dijo—, se los entrega al comandante.

"—Sí, mi jefe.

"—Que los guarde mientras pasa la revisión de hoy en la noche, y la visita de los de derechos.

"—Sí, señor, yo le digo.

"—Voy a mi celda. Me voy a llevar este celular, usted entregue esos dos, y dígale al comandante que mande por este teléfono después de la comida; todavía tengo algunas llamadas que hacer.

"—Como usted lo ordene, jefe.

"Después ya no volví a ver al *Chapo*. Dicen que ya no bajó a la comida, cosa que no era rara, porque él acostumbraba los viernes no bajar a comer porque se quedaba con su novia y allí le llevaban la comida algunos de los custodios, la cocinera o alguna enfermera. Sólo que en esa ocasión no tenía la visita de su novia, y muchos pensaron que le había tocado el turno a alguna de las enfermeras que lo buscaba muy seguido.

"La visita de la Comisión [Nacional] de Derechos Humanos comenzó a recorrer el penal poco antes de la hora de la comida; en ese momento yo me hallaba en el módulo ocho. Era fácil notar cuando iba a haber una visita de México, porque todos los guardias llegaban con las botas bien boleadas y con el uniforme limpio, y ese día desde la mañana todos los custodios estaban alineados como alistándose para un desfile.

"Ese día nos dieron de comer pollo a la cacerola, con arroz blanco, y de postre un dulce de cajeta; me acuerdo muy bien porque en el módulo ocho estaban los de la Comisión y la cocinera dijo que el que quisiera doblete de comida lo podía hacer, y eso nunca sucedía en un día normal.

"En la tarde, cuando salimos de nuevo al patio, caminé del módulo ocho al módulo tres, como le hacía siempre, sobre todo porque en ocasiones desde los viernes en la tarde *El Chapo* mandaba traer a los músicos, más cuando estaba de buenas con la novia y la quería complacer con algo de música y cervezas. Yo sabía que no había venido su novia y que a lo mejor no habría música ni cervezas, pero aun así me fui al módulo del *Chapo* para platicar con los compas, o al menos para jugar al ajedrez con algunos de ellos, pues no podíamos hacer deporte porque la cancha se estaba pintando y la pintada sólo nos la dejaban en la mañana.

"Cuando llegué al módulo tres me llamó la atención no ver por ningún lado al *Chapo*.

"—¿Y *El Chapo*?… ¿En dónde anda que no lo veo? —le pregunté al *Juanillo*.

"—Creo que anda en el médico —me dijo sin quitar la vista del tablero.

"—¿Y ese milagro que *El Chapo* haya ido con el médico de aquí? —respondí.

"—Es que le comenzó a doler la cabeza —asegundó *El Juanillo*—; fue por aspirinas.

"—¿Entonces no va a haber música ni chelas?

"—Pienso que no, porque el jefe no me dijo nada. Yo creo que es por la visita de los de la Comisión [Nacional] de Derechos Humanos. Pero el próximo viernes nos reventamos a toda madre. Ya ves cómo se estresa *El Chapo* cuando viene gente de México.

"Fueron varios los que preguntaron esa tarde por *El Chapo*, unos porque les urgía hablar por teléfono y querían que les prestara el celular, otros porque deseaban un préstamo, otros para preguntarle si el sábado y el domingo se seguiría pintando la cancha o se dejaría hasta el lunes, y otros más sólo por curiosidad, porque se les hacía raro que sin tener novia no bajara al patio en viernes por tarde."

—¿Desde cuándo estaba *El Chapo* en esta cárcel?

—Según me contó *El Juanillo*, hace ya varios años. Al *Chapo* lo trajeron a este penal el mero día de Santa Cecilia, un 22 de noviembre de 1995, luego de estar preso en la cárcel federal de La Palma [Almoloya]. Dicen que se lo trajeron para acá, para esta cárcel más segura, porque ya se les andaba fugando de allá. Y pos mira, dejó bien claro que la mejor llave que abre cualquier puerta, es el billete. Porque desde que *El Chapo* llegó a esta cárcel comenzó a repartir billetes. Ya ves que cuando llega uno aquí lo reciben los policías a puros madrazos, con los perros y los gritos reventándote las orejas. Pos resulta que al jefe desde que llegó lo respetaron, entró caminando, sin esposas, tranquilo se tomó la foto de la ficha y le tomaron las huellas como si nada. Eso me lo contó uno de los custodios cuando me trajeron de población a confinamiento en el coc luego de la fuga.

"*El Chapo* sólo estuvo en el coc por espacio de dos días, pero de inmediato lo mandaron a población para que pudiera tener actividades diarias y no dejara de recibir sus visitas. Y para eso tuvo que soltar un buen billete, ya ves que por lo general son 30 días seguros los que de ley te tienes que reventar en esa área, si no eres un preso especial o no tienes recomendación del juez para que te mantengan en aislamiento, como a la mayoría de los que estamos en este pasillo."

—¿Nadie más volvió a ver al *Chapo*, ese último día en la cárcel?

—Sí, pero no recuerdo el nombre de ese compa… Mientras estábamos jugando ajedrez, llegó alguien y nos dijo que venía de la enfermería, y que allí vio recostado al jefe, esperando que lo revisara la doctora, porque tenía un fuerte dolor de cabeza.

"—¿Entonces viste al *Chapo*? —preguntó Juanillo al *Púas* [mote con el cual Noé identificó a este recluso, encarcelado por secuestro, que fue trasladado de Guerrero a la cárcel federal de Puente Grande, en el mismo grupo en que llegó *El Chapo*].

"—Sí, allí lo vi, por si quieres ir a preguntarle algo.

"—Sí, ahorita voy a verlo, por si se le ofrece o necesita algo.

"—La doctora le estaba diciendo que el dolor de cabeza que tenía era por las viagras que se tomó hoy en la mañana, sin saber que no tendría la visita conyugal del viernes.

"—Y cómo iba a saber que no habría visita, si le avisaron de la llegada de la Comisión [Nacional] de Derechos Humanos después de la lista, ya cuando se había tomado la pastilla para esperar a la novia.

"—Pos el caso es que allí está el jefe, y solamente te paso el dato por si lo necesitas.

"Después, como todos los días, nos comenzaron a mandar a nuestros módulos, porque en el módulo tres en donde vivía *El Chapo* se ponía hasta la madre de gente. Todos los presos nos juntábamos allí, para estar cerca del patrón, y porque siempre era bueno que nos viera, que nos reconociera, que nos tuviera en la mente para lo que se necesitara."

—¿Tú regresaste a tu módulo?

—Como siempre; unos 15 minutos antes de la seis de la tarde, los guardias nos mandaron a nuestros módulos (a todos los que no éramos del tres). Nadie se fijó si *El Chapo* seguía en la enfermería o se había ido a su celda, como era común que el jefe tomara la decisión de mantenerse aislado para cualquier asunto personal. Lo que sí pasó esa noche fue que llegó una revisión de México. Llegaron muchos uniformados, vestidos de negro y con capuchas; algunos traían en la espalda las letras de la PGR y otros, las de la Policía Judicial Federal. La revisión de las celdas transcurrió tranquila, ya todos estábamos preparados, pues *El Chapo* nos había avisado en la mañana que habría movilización de policías federales buscando armas y drogas en todo el penal; por eso no nos cayó de extraño la presencia de los policías. Los que guardaban algunas cosas en sus celdas tuvieron tiempo de entregarlas a los custodios para que las sacaran y no hubiera mayores problemas."

—¿Cuándo supiste que se había fugado?

—Hasta el día siguiente, cuando ya no nos dejaron salir y se llenó de policías todo el méndigo penal. Cambiaron a toda la guardia. Llegaron custodios nuevos que nos trataron de la chingada; a todos nos interrogaron, de uno por uno. Nos dieron sólo una comida y nos la llevaron a la celda en platos desechables. Allí me di cuenta de que algo estaba pasando, y sospechamos de la fuga de alguien cuando comenzaron las indagaciones. Nos estuvieron interrogando de uno por uno en el área de enfermería. Luego de esto supimos que se había fugado *El Chapo*, porque a todos nos preguntaron sobre la última vez que lo vimos.

"Desde el día que se fue *El Chapo* nos suspendieron todas las actividades: ya no nos dejaron salir al patio, se acabó la escuela, ya no hubo biblioteca; ni ver televisión ni oír radio, y te daban atención médica sólo que te estuvieras muriendo. Se calentó muy feo el penal, nos comenzaron a tratar peor que animales."

—¿Qué te preguntaron los que te interrogaron?

—De todo… que les dijera todo lo que había hecho en el día, que qué hice y con quién, que en dónde estuve, que con quién platiqué, que a qué hora fue la última vez que vi al *Chapo*, que si él me ayudaba económicamente, que si hablé con él y cuándo fue la última vez que lo hice… Siempre preguntándome como si *El Chapo* ya no estuviera o se hubiera muerto. Y era claro que no estaba muerto, sino más bien que ya no se hallaba en la cárcel; eso me hizo suponer que se les había pelado.

"Por tres días nos suspendieron la salida de las celdas; a todo el personal lo relevaron; se llevaron a declarar a todos, a custodios, directivos, personal médico, a los maestros; a algunos internos se los llevaron a declarar ante el Ministerio Público. Ese día cambió la vida de todos aquí, y claro que también cambió la vida del *Chapo*.

"Sólo por los abogados que venían a visitar a algunos compañeros por el juzgado era que sabíamos lo que estaba pasando. Hasta una semana después de la fuga se comenzó a normalizar la visita de los abogados a los internos, los que vienen por locutorio, porque se suspendió todo. Parecía que se había acabado el mundo.

"*La Ranita* [inculpado por el asesinato del cardenal Jesús Posadas Ocampo] fue quien nos contó que su abogado le informó que en las noticias ya se había confirmado la fuga del *Chapo* de esta cárcel, y nos dio mucho gusto. Yo la verdad sí brinqué de alegría por saber que el *Chapito* le había ganado al gobierno, que los traía de culo a todos los policías del país y que no lo iban a agarrar nunca."

—¿Qué les platicó *La Rana* tras ver a su abogado?

—Yo vivía en ese tiempo en el mismo pasillo donde estaba *La Rana*, el ocho, en el de los sentenciados ya en firme. Y siempre que regresaba alguien de locutorio yo le preguntaba por las novedades que contaba el abogado que los venía a visitar, porque ellos no siempre llegan aquí para atender asuntos del proceso de los internos, la mayoría viene a platicar y a ponernos al tanto de cómo va la vida allá afuera, en la calle. Es una forma de mantener el contacto con la realidad.

"Ese día a *La Rana* se le hacía tarde por llegar al pasillo y contar lo que sabía por su abogado, lo que le platicó que decían los noticieros y los periódicos sobre la fuga del *Chapo*. Eran ya casi las seis de la tarde cuando comenzó a narrarnos los detalles de esa noticia; toda la policía del país, junto con el Ejército, buscaban por todos lados al *Chapito*. Nos confirmó lo que aquí se decía desde una semana antes: que *El Chapo* se salió por la puerta principal de Puente Grande y sin disparar un sólo balazo."

—¿Y tú sí crees que salió en un carrito de la lavandería?

—No, claro que no fue así, ese fue el invento del gobierno para tapar la forma en la que se fugó *El Chapo*. El jefe se salió vestido de policía, por eso fue que luego encontraron ese uniforme en la enfermería.

—¿Tú viste el uniforme?

—No, claro que no, güey, yo no veo ni la pared de enfrente. Pero en el módulo tres, unos compitas dicen que vieron, luego que *El Chapo* no apareció en su celda, cómo unos policías llevaban ese uniforme que había dejado en la enfermería.

—¿A qué hora dicen aquí que detectaron la fuga del *Chapo*?

—Aquí se supo, porque se estableció el código rojo, que como a las ocho de la noche, cuando el guardia del turno ya no lo vio a la hora de la cena. No es cierto que se hayan dado cuenta después de las nueve de la noche, luego de haber pasado la lista. Se dieron cuenta de que *El Chapo* ya no estaba desde el momento en que nos bajaron a la cena, porque dicen que ya nadie lo vio ahí a esa hora, aunque sus compañeros pensaron que aún estaba en la enfermería porque les había dicho previamente que tenía mucho dolor de cabeza.

"El código rojo lo establecieron como a las 8:10 de la noche; me acuerdo porque ese día no me dejaron terminar la cena y nos subieron de volada. Hasta nosotros pensamos que se debía a una pelea en algún otro módulo del penal. Esa ocasión nos dieron de cenar queso con frijoles y yo aún no terminaba mis tortillas cuando llegó el oficial y nos subió de volada al dormitorio."

—¿Qué pasó después?

—Llegaron los oficiales y nos pidieron que entregáramos la televisión-radio que teníamos cada quien. Allí fue cuando sospechamos que algo estaba pasando, y antes de la media noche la cárcel ya estaba en poder de los policías de la PGR que llegaron a todos los pasillos y se mantuvieron vigilando hacia el interior de cada celda. Un agente se puso delante de cada celda viendo hacia adentro; nos dijeron que nos sentáramos en el piso frente a ellos, pero dentro de la estancia. Así estuvimos como tres horas, y luego comenzaron a revisar el interior de las celdas.

—¿Y tú piensas que a esa hora *El Chapo* ya se había ido de aquí?

—No, yo pienso que *El Chapo* se salió junto con los policías.

—¿Entonces no crees que se haya salido en el carrito de la lavandería?

—No, ya te dije... no había forma de que se hubiera fugado por la lavandería, esa área está aún dentro del anillo de seguridad. Le hubiera faltado mucho para burlar otras tres aduanas y llegar a la carretera que lleva a la calle, y de allí todavía le faltarían casi tres kilómetros para estar fuera de la cárcel.

—¿Cómo sabes que desde la lavandería aún faltan tres aduanas?

—Porque un compita custodio me contó, en una ocasión que yo le dije que ya estaba hasta la madre de esta cárcel y que me iba a dar a la fuga. Él me dijo que la única forma de salir de aquí era muerto o brincando la barda del patio, de casi 10 metros de altura, porque la cocina, la lavandería, trabajo social y el hospital estaban dentro del anillo de seguridad.

—¿Entonces piensas que *El Chapo* se fugó vestido de policía?

—No sólo lo pienso yo; lo pensamos todos los que estamos aquí. En esta área se dice que *El Chapo*, luego de llegar a la enfermería, esperó en ese lugar a que se diera el código rojo por su ausencia. Pienso que alguien le ayudó para esconderse allí.

—¿Hay forma de ocultarse en la enfermería?

—Sí, con la ayuda de algún oficial es fácil permanecer allí, y nadie sabe que estás adentro; [es posible] si el oficial cierra la puerta o te da chance de que te escondas debajo de la camita esa en donde lo recuestan a uno para revisarlo.

—¿Entonces se pudo quedar en la enfermería?

—Claro que sí.

—¿Y luego qué pudo pasar?

—Nada. Que se esperó a que reconocieran que faltaba en la cena y se dio la voz de alerta de su ausencia. Él sabía que ante la fuga de algún interno de una cárcel federal se activa una alerta que obliga a que lleguen policías de México a relevar a todos los mandos de la cárcel. Y esperó a que pasara eso.

"A mí se me hace que las llamadas que *El Chapo* hizo en la mañana que lo vi en el patio fueron para organizar a la gente que le ayudaría a salir de aquí, a los que vinieron desde México. Cuando llegaron los policías, la gente que lo apoyaría se dirigió al área de enfermería. Allí lo encontraron. Ya con los policías de México, que también estaban comprados, *El Chapo* pudo cambiarse de uniforme, dejando el de preso para ponerse el de policía. Lo vistieron de negro y le pusieron la capucha, casco y lentes para confundirlo con los otros policías, y allí dejaron el uniforme, guardado en la enfermería, esperando que otros policías lo encontraran para que se cumpliera el plan.

—¿Entonces aquí se piensa que *El Chapo* salió vestido de policía?

—Sí, seguramente *El Chapo* estuvo recorriendo el pasillo vestido de policía, y se salió de la cárcel como entre las cinco y las ocho de la mañana del día siguiente al que dicen que se fugó, cuando todo el país ya sabía que se había salido de esta cárcel, y lo hizo por la puerta principal. *El Chapo* tuvo la inteligencia y la sangre fría para permanecer en esta cárcel en máxima alerta cuando todo mundo lo estaba buscando, y se confundió entre los que lo buscaban. Se volvió un policía más y pudo engañar a todos.

—¿Y qué te hace pensar que sí salió vestido de policía?

—Porque hubo compas de varios módulos que vieron a un policía que iba en medio de otros policías; con ellos recorría los pasillos y pedía a los que vigilaban las celdas que no maltrataran a los internos y que no los culparan del desmadre que estaba pasando. Ese policía tenía la estatura y la complexión del *Chapo*; incluso hubo quien lo identificó por algunas señas particulares del jefe y que sólo le conocían quienes estuvieron cerca de él, en el módulo tres, como su manía de levantar el hombro izquierdo y la forma de mover el cuello cuando estaba nervioso; las mismas manías del policía que vieron y que se parecía mucho en la forma de caminar del *Chapo*.

"Ese policía con similar complexión del *Chapo* se paseó toda la noche por los módulos uno, dos, tres y cuatro. Yo no lo vi por el módulo ocho, aunque algunos compitas de aquí mismo sí lo ubicaron y también se les hizo conocido; solamente por el tono de voz, que aunque hablaba muy bajo, sí lo alcanzaron a reconocer.

"Además, en el módulo uno hubo un compita, *El Gonza*, que nos platicó que cuando llegó la revisión de los policías de México, a él le encontraron un carrujo de mota en la funda de su almohada, y ya se la había hecho de tos un agente del ministerio público, que lo separó del pasillo y le estaba tomando su declaración, cuando ese policía chaparrito llegó y habló con el agente, y posteriormente ambos le indicaron al *Gonza* que regresara a su celda y que no dijera nada. ¿Cómo te explicas eso, cuando aquí nunca te perdonan nada y menos en ese momento en que todo el penal estaba en alerta máxima?"

—Oye, Noé, pero si *El Chapo* se la llevaba a toda madre aquí, si tenía el control de la cárcel y si manejaba a su antojo el penal, ¿qué necesidad tenía de convertirse en el *más buscado* escapándose?

—No, pos acuérdate lo que dicen los Tigres del Norte, que aunque la jaula sea de oro, no deja de ser prisión. Además, los que estaban cerca de él llegaron a comentar después que *El Chapo* ya no se sentía tranquilo, que le estaba costando mucho dinero permanecer aquí y que no tardaban en pedirlo en Estados Unidos, en donde le achacan que mandó pasar más de 200 toneladas de cocaína y que contrabandeó quién sabe cuántos millones de millones de dólares.

—Te sabes muy bien los datos...

—Aquí todos nos sabemos bien la historia del *Chapo*, porque es una persona a la que queremos mucho y respetamos a todo lo que da, porque se portó bien chido con los que le pedimos ayuda para algo. Y estoy seguro de que cualquiera de los que estamos aquí se la parte por el *Chapito*.

—En las noticias dijeron que su fuga se dio a conocer oficialmente a las tres de la mañana...

—Aquí se puso todo en alerta cuando pasaba de las ocho de la noche; te digo que no alcancé a cenar bien cuando ya nos estaban subiendo a la celda, y esa noche nadie durmió porque a todos nos sentaron de frente en las estancias, vigilados primero por los custodios de aquí, y después, ya en el transcurso de la noche y la madrugada, custodiados por los policías que arribaron de México, los que vinieron a llevarse al *Chapito*.

Esa vez que Noé, en estado de total lucidez, relató lo que recordaba del día y la noche en que este penal se puso en alerta máxima por la fuga del *Chapo*, todo el pasillo uno del COC estuvo atento, fue de las pocas ocasiones que no escuché renegar al resto de los presos por los fétidos olores que emanaban de la celda de Valeriano, ni por el infame caldo de pollo que dan para la comida, ni por los espesos frijoles con tortillas frías que se sirve como cena.

Fue la primera vez que José Luis, desde su celda, no lloró de dolor luego de las curaciones que le hacían por la noche, en bruto, sobre la mano derecha que cercenaron en el hospital de esa cárcel, luego de llegar literalmente con la muñeca colgando tras un enfrentamiento con federales.

Tampoco don Agustín estuvo quejumbroso desde su aposento, gritando que se callara Noé, ni Poncho le mentó la madre de manera recurrente al Memo para matar el tiempo, en un estéril pleito que siempre comenzaba a las tres de la tarde, luego de pasar la lista del medio día, y finalizaba ya entrada la media noche, en severas y mutuas amenazas de muerte, las cuales siempre quedaban pendientes para el día en que ambos salieran a la calle, y que ellos mismos reconocían que no llegaría, pues los dos purgaban sentencias de 250 años de prisión por el delito de secuestro.

Sin embargo, la narración fue interrumpida bruscamente por los oficiales que llegaron a la puerta del pasillo, quienes con gritos marciales indicaron al guardia de control que abriera las celdas ocho, seis y tres, desde el mando eléctrico que operaba en el diamante. A Memo, Miguel y a mí nos ordenaron que saliéramos, pero no se dirigieron a nosotros por nuestros nombres, sino por los números que nos asignaron al ingresar a esta prisión.

Yo era el preso 1568. Mi juzgador, con base en mi grado de peligrosidad, determinó que yo necesitaba una terapia de reeducación para acatar con mayor comedimiento el reglamento de la cárcel federal. Esta terapia se aplica sólo a los presos agresivos, o a los que por su naturaleza violenta, o por el origen del delito que se les imputa, merecen comenzar a purgar su falta a la sociedad aun antes de recibir sentencia.

Por lo general, la reeducación en Puente Grande se aplica a los presos que llegan bajo los cargos de secuestro, violación y homicidio con alevosía en contra de mandos federales. En mi caso, me acusaban de delincuencia organizada y llevaba la consigna del juez de recibir esa terapia.

Desde mi traslado de la cárcel estatal de Puentecillas, en Guanajuato —a petición del gobernador panista Juan Manuel Oliva Ramírez, quien argumentó a través de la Procuraduría General de Justicia del Estado (PGJE) que yo era un reo de alta peligrosidad y que por lo tanto ponía en riesgo la estabilidad y la seguridad interna de ese Centro de Readaptación Social (Cereso)—, hasta el día en que me absolvieron de todo cargo, fui tratado bajo el código de los que son malditos en esta cárcel, en donde se guarda a los delincuentes más peligrosos de todo el país.

Como reo de alta peligrosidad —como ya dije que fui catalogado, por decisión política—, el juzgador consideró pertinente colocarme el mote de *maldito* y ordenó para mi persona la referida reeducación, que consistía en lograr por todos los medios el quebrantamiento de la voluntad, la dignidad y la esperanza, utilizando como herramientas la humillación, la vejación y los golpes.

Mi tratamiento reeducacional comenzó con el aislamiento, la incomunicación y el miedo. Desde que ingresé a esa prisión fui confinado a una celda destinada a ese propósito, de 2.5 metros de ancho por cuatro metros de largo. Sólo había una plancha de concreto que servía como lecho, un hoyo de 10 centímetros de diámetro que utilizaba como escusado y una mesa de concreto pegada a la cama. Había una ventana que daba al patio, un espacio olvidado y hediondo que no medía más que una cancha de basquetbol. De hecho, era una cancha de basquetbol, con dos tableros.

Fui despojado de toda prenda de vestir. Todo el tiempo que permanecí en esa área lo pasé desnudo, descalzo y con frío. Sólo me proporcionaban el uniforme caqui de preso federal los días de visita, cuando tenía audiencias en el juzgado, o cuando la Comisión Nacional de Derechos Humanos llevaba a cabo alguna revisión, o en algunas ocasiones especiales en que ponían en operación las cámaras de vigilancia del COC y exigían que nos vistiéramos para poder videograbarnos con el fin de aparentar que pasábamos el día de manera natural dentro de aquellas celdas.

A mi ingreso al COC estuve esposado de manos y pies, totalmente desnudo; era imposible realizar algún movimiento sin que se escuchara el tintinear de las cadenas, lo cual evidentemente molestaba a otros reclusos que, aunque pasaron por lo mismo, utilizaban ese pretexto como válvula de escape por la que exhalaban mentadas de madre destinadas al preso recién llegado.

Pero lo más grave de las cadenas —y en eso consistía el castigo— no era la sujeción, el tintinear, ni las mentadas de madre, sino el frío del acero que no se podía quitar uno a mitad de la madrugada; los eslabones se adherían a la carne y obligaban a mantenerse despierto y sentado, con las muñecas y los tobillos adormecidos.

Como a los cinco o seis días de haber llegado a la celda me retiraron las cadenas, y en ese momento, cuando parece que las cosas mejoran, los castigos comienzan a empeorar. Un día el comandante de compañía acudió a mi celda; desde la puerta me gritó:

—1568, alístese para la noche. En la noche tiene deportes.

—Sí, señor —apenas alcancé a responder, cuando ya se había dado la vuelta y retirado del pasillo.

Comencé a recibir la terapia de reeducación desde el sexto o séptimo día de mi arribo a esta prisión, cuando aún moraba en el pasillo tres, cuando aún vivía al lado de Jesús Loya, quien esa ocasión, luego de que el mentado comandante saliera del pasillo, me preguntó:

—Ese compita, ¿pos que se comió? Tan pacífico que se ve… Cuando lo vi llegar no pensé que usted fuera un pez gordo… Estoy a sus órdenes para lo que se ofrezca, usted nomás indique qué es lo que hay que hacer…

—¿Por qué dices eso? —le inquirí yo, aún desconociendo lo que se avecinaba.

—Porque lo van a sacar a deportes a la noche, y eso… sólo se lo dan a los jefes de jefes.

Como no percibí ironía ni sarcasmo en aquellas palabras, me sentí más tranquilo. Sabía que las cosas tenderían a mejorar, aunque no pensé qué tan rápido. Al menos eso de salir a practicar deporte, aunque fuera de noche, haría menos tedioso aquel lugar.

Esa primera vez aguardé a que vinieran por mí. Como a las 11 de la noche me cansé de esperar que algún guardia llegara a mi celda y me diera al menos unos zapatos para salir al patio a realizar actividad física, como me lo había anunciado el comandante de compañía desde el mediodía. Ya sin cadenas, el cansancio me venció y me fui a recostar a la fría piedra para tratar de conciliar el sueño.

Como a las dos o tres de la mañana me despertó el tropel característico de los custodios; gritaban y pasaban sus toletes por los barrotes de las rejas, acompañados por perros y ocultos tras

141

capuchas. "¡Vámonos a hacer deporte!", exclamaron. Su irrupción me produjo un sobresalto; me hallaba ovillado, desorientando y confundido por lo que pasaba.

Desde la salida de la celda se podía adivinar cómo sería eso de *hacer deportes* a mitad de la madrugada: me sujetaron entre dos, me colocaron las manos por la espalda, me enfundaron una capucha negra en la cabeza y me llevaron a empujones y golpes a la cancha. Los menos de 30 metros que había de distancia entre la puerta de mi aposento y la puerta del patio se me hicieron como 30 kilómetros.

Ya en el exterior, con los perros a prudente distancia, me posicionaron en algún lugar y un oficial me señaló las reglas:

—Esto es simple: le das dos vueltas a la cancha y te devolvemos a tu celda.

Lo que no explicó fue que debía dar las referidas vueltas rodando por la cancha, impulsado por el chorro de agua que a presión escupía furiosa una manguera contra incendios, más gélida que las cadenas que hacía unas horas me habían retirado.

Esa primera vez tardé cerca de dos horas en rodear dos veces aquella cancha —que me parecieron eternas—, rodando no por gusto, sino por la inercia de mi cuerpo generada por la presión hidráulica. Cuando por fin escuché que alguien anunció que las vueltas se habían completado, me ordenaron mantenerme hincado a mitad del patio, con los brazos en cruz, mientras los ladridos de los perros taladraban mis sentidos. No sé cuánto duró esa primera salida, pero el agotamiento ya no me dejaba pensar claro; mucho menos con ladridos y capucha empapada de agua.

Ya no recuerdo cómo regresé a mi celda, pero ese día pude por fin dormir algo, tal vez por la extenuante jornada, hasta que me despertó el grito del pase de lista. Desde esa ocasión hasta que dejé el COC recibí la terapia de reeducación, la cual intensificó al día siguiente una psicóloga, quien tras visitar mi celda comenzó a interrogarme con preguntas que nunca supe a dónde pretendían llevarme; preguntas sin ton ni son.

Por eso el día en que Noé narró lo que sabía de la fuga del *Chapo* no causó sorpresa que el relato fuera interrumpido por los custodios que nos condujeron a *hacer deporte* a mitad de la madrugada. Uno no puede acostumbrarse nunca a ninguna especie de tortura, pero lo que sí sucede es que se pierde la capacidad de asombro por ver hasta dónde está el límite de la condición humana. Así lo constaté a diario cuando regresaba a mi celda, cada vez más aclimatado a la reeducación y con el aminorado dolor físico.

En ocasiones me resultaba menos monótono el tratamiento, cuando junto a mí sacaban a otros presos nuevos que iban arribando al COC, y cuya "peligrosidad" era menor que la mía, porque sus procesos de reeducación sólo duraban una, dos o tres semanas, a lo mucho un mes. Así fue como, durante los primeros días de julio de 2008 salían al patio, junto a mí, cinco presos, todos ellos integrantes del cártel de los Arellano Félix, que concluyeron su terapia aquel mes. Casi a finales de ese julio del mismo año, realicé el recorrido nocturno de manera solitaria, pero a principios de agosto una vez más estuve acompañado por otros dos presos, al parecer presuntos homicidas de altos mandos de la Policía Federal Preventiva (PFP).

En octubre de 2008 estuve en terapia de reeducación al lado de quien señalaban como responsable de los atentados con granadas en la ciudad de Morelia; después quedé solo de nuevo y a principios de noviembre una vez más compartí *tratamiento*, pero ahora con alguien que, decían —porque los mismos guardias a cargo de la reeducación anunciaban a los cuatro vientos los presuntos delitos por los que se seguía el proceso—, era responsable de atentar contra un convoy militar que dejó 22 soldados muertos en Sinaloa.

Para diciembre de 2008, el último mes de mi terapia en el COC, los recorridos nocturnos los realicé prácticamente en solitario, con una extraña familiaridad con perros y guardias que en ocasiones se compadecían de mí y sólo cumplían para el expediente: me sacaban, me bañaban con agua fría y me regresaban a la celda, ya sin tanto maltrato ni mayor emoción para unos y otros.

En aquella ocasión del relato de la fuga del *Chapo*, cuando fueron por mí para llevarme a *hacer deporte* a mitad de la madrugada, ya tenía más de un mes con la terapia, así que no me sorprendía ya el maltrato físico, y en ocasiones sólo me sostenía practicando mentalmente aquel consejo que en alguna ocasión me dio Noé: "Mira, Lemus, para que te sea más leve, cuando te estén madreando en el patio piensa en el que te tiene aquí y miéntale la madre, ya verás que al menos no se siente tanto dolor. Yo así le hacía cuando me madreaban en la cárcel de Hidalgo…"

Cuando practiqué la recomendación del loco Noé sentí que el dolor no era tan intenso y me resultó más llevadera la situación, aunque eso de mentarle la madre a Felipe Calderón Hinojosa, al gobernador de Guanajuato, Juan Manuel Oliva Ramírez, y a otros panistas del Yunque en el Bajío, se convirtió en hábito cotidiano.

En aquel momento, a los presos de las celdas tres, seis y ocho del pasillo uno nos sacaron a empujones y golpes para recibir la enfadosa reeducación. Nos condujeron al patio como lo marcaba el protocolo y comenzamos a rodar…

La noche-madrugada no tendría nada especial, de no haber sido por Memo, de aproximadamente 55 años de edad, quien había llegado al pasillo hacía apenas tres días, luego de permanecer una semana internado en el hospital de esa cárcel.

A Memo lo hospitalizaron tras la golpiza que le propinaron a su ingreso a la cárcel federal, luego de haber sido detenido en Zacatecas, al término de un enfrentamiento entre fuerzas federales y algunos miembros del cártel de Los Zetas. En la refriega —nos contó él mismo—, los gatilleros abatieron a por lo menos 12 soldados, mientras que del lado del cártel cayeron los ocho pistoleros que les hicieron frente.

El único que sobrevivió a esa escaramuza fue Memo, quien recibió un balazo en el abdomen. Llegó a la cárcel con la recomendación del juez —como muchos de nosotros—, y fue atendido puntualmente con todas las "cortesías" de bienvenida. Tras su recibimiento fue internado en el hospital por la lesión de bala que padecía, y una semana después lo transfirieron al pasillo uno para recibir la terapia de reeducación.

En su primer día de salida a *deportes*, apenas comenzamos a rodar en el patio y Memo ya estaba quejándose del dolor. Yo pensé que dichos lamentos se debían a su falta de aclimatación al trato de los oficiales, pero conforme transcurría la sesión el grito de Memo se apagó. Intempestivamente los oficiales nos levantaron del piso, y por más que le hablaron Memo ya no respondió.

—¡En la madre, comandante! —exclamó un oficial asustado—, este cabrón ya se desmayó.

—¡Ponle unas patadas en los güevos y verás cómo se le quita la costumbre de hacerse pendejo! —contestó el comandante.

—No, *comanche*… este güey no responde… se me hace que ya se nos fue.

Tras la muerte de Memo, luego del cambio de pasillo, también cambiaron radicalmente las cosas dentro de la cárcel: restringieron el servicio médico, el alimento fue más escaso y nos obligaron a mantener un silencio casi sepulcral en el corredor. La principal sanción consistía en suspendernos la comida durante 24 horas si nos sorprendían conversando. Por eso nadie quería hablar, porque nadie deseaba poner en riesgo el plato de fideos fríos o zanahorias hediondas, que nadie en su sano juicio se comería pero que allí nos sabían a gloria.

En ese pasillo me encontré de nuevo con Lupillo, el "primo" del *Chapo* que había conocido durante mi estancia en el pasillo tres. Me saludó con algo de entusiasmo, después de que los guardias me condujeron a empujones, atado con cadenas de pies y manos, hasta mi celda, en la cual me confinaron con la advertencia de mantener silencio las 24 horas del día y hablar sólo en los momentos en que me lo solicitaran: al pase de lista y cuando llegara la comida para decir: "Gracias".

—¿Qué onda, mi reportero? —me saludó Lupillo en voz muy baja, apenas audible para los oídos de los custodios, pero lo suficientemente fuerte y firme para los agudos sentidos de los que estábamos en ese pasillo.

—Gusto en saludarte, Lupillo —contesté al reconocer el inconfundible tiple de voz de los sinaloenses—; aquí llegando desde el pasillo uno.

—Sí, ya veo que te traen a puros chingadazos.

—Es cuestión de aguantar…

—¿A poco eres reportero? —preguntó alguien desde la celda cinco.

—Sí, a eso me dedico allá afuera.

—¡Órale!, está chido, para que vayas anotando mi historia…

—Para que escribas las chingaderas que pasan aquí —dijo un tercero desde la celda siete—; para que se sepa que el gobierno también es delincuente; para que la gente entienda que no sólo somos delincuentes los que andamos en los cárteles, sino que también son delincuentes los que están en el gobierno federal, los que mandan torturar desde su posición de jueces, los que mienten como ministerios públicos y los que están dentro de esta cárcel supuestamente cuidándonos, cuando en realidad nos están exterminando.

—Cálmate, *Chivo* —le dijo Lupillo desde la reja—, el reportero va a tomar nota y todo esto se va a saber un día; a lo mejor ya no para salvarnos a nosotros, pero sí para que la gente conozca que la guerra contra el narco que se inició en el gobierno de Calderón fue más bien un reacomodo de fuerzas para mantener el control de la venta de drogas. O qué, mi reportero, ¿se va a animar a escribir lo que está viviendo o no?

—Claro que sí, Lupillo, si ustedes me autorizan a contar estas historias…

—Por supuesto.

Apenas Lupillo externaba su autorización, cuando una voz desde la puerta del pasillo nos informó:

—Se acaban de ganar un ayuno por 24 horas, cortesía del reportero.

Era el guardia del diamante que con mofa y gozo —un gozo que pocas veces se les escuchaba a los vigilantes— anunciaba el castigo por haber violado el silencio impuesto en esa parte del pabellón de aislamiento.

—¡Pinche reportero! —me gritó Noé—, otra vez hay que chingarnos comiendo cucarachas y moscas, cabrón. ¿Para qué alborotas a estos güeyes con tus pinches pendejadas? Si no nos traen de comer me voy a tener que salir en la noche a ver qué chingados trago, y ojalá me den chance de meterme a tu celda, cabrón, para devorarme tus orejas.

No era la primera vez que Noé amenazaba con tragar carne humana. Ya lo había expresado en varias ocasiones con la idea de comerse "completo" a Miguel, cuando estábamos en el pasillo uno, a raíz de un intenso desacuerdo en torno a un récord olímpico abatido en los juegos de China, que Noé conoció durante una plática con la psicóloga que lo visitaba.

El comportamiento desquiciado de Noé nos mantuvo permanentemente alerta a todos, pues llamaba la atención que cuando iban por él a su celda para trasladarlo al consultorio o a alguna diligencia jurídica, siempre llegaban cuatro oficiales y un comandante que lo revisaban y después lo conducían por el laberinto de pasillos hasta el área de juzgados. Al resto de los presos sólo nos dirigían dos oficiales.

Fue uno de los guardias quien me advirtió en confidencia —una vez que trasladaba a Lupillo a la visita familiar— que tuviera mucho cuidado con Noé, porque de verdad estaba loco, pues había sido trasladado a aislamiento debido al comportamiento antisocial y agresivo que registró en el pasillo ocho, una vez que en plena clase de pintura le mordió la cara a uno de los internos con quien platicaba amistosamente. Con la fuerza de su mandíbula le cercenó parte del rostro y la nariz, piezas que saboreaba y engullía mientras era sometido por los guardias que los separaron.

Por eso cada vez que aseguraba que se comería a alguien, todo el pasillo se mantenía a la expectativa; agradecíamos que nuestras celdas estuvieran reforzadas y que sólo se abrieran de noche para la "visita" al patio de deportes, aunque eso no impedía que se paralizara el corazón, pero el alma regresaba al cuerpo al observar que quienes aparecían frente a la celda eran los oficiales encargados de la reeducación, y no el recluso Noé Hernández.

En varias ocasiones, la trabajadora social —cuando lo visitaba frente a su celda— reconvino a Noé su conducta antinatural de tragar insectos, por cual no resultaba descabellada la posibilidad de que con igual gusto ingiriera carne humana, y hacía pensar asimismo que hablaba en serio cuando me culpó de haber dejado en ayunas a todo el pasillo, luego de que a los presos de ese sector nos sorprendieron platicando.

Allí, con la amenaza de tragarse mis orejas, en un estado de lucidez, el mismo Noé me contó que no toda la vida había sido "malo", que en algún tiempo hizo el bien y que su formación fue militar, pero que le ganó la ambición por el dinero. Incluso se describió como una persona con mucha suerte que había escalado las más altas posiciones dentro de la estructura de los cárteles de la droga, principalmente con el grupo del *Chapo*, en el cual llegó a ser jefe de sus escoltas.

A Noé le decían *El Gato* —casi nunca lo llamaban por su nombre de pila—, y según me contó, le tenían mucho aprecio dentro del cártel del Pacífico, por los servicios que su padre, de origen colombiano, prestó a la agrupación del *Chapo* Guzmán, cuando este capo apenas se iniciaba en el tráfico de estupefacientes.

CAPÍTULO 9

La historia del *Gato*

Al hablar, Noé Hernández, *El Gato*, hacía graciosas entonaciones, imitaba acentos y exponía ciertos detalles que a veces resultaban inverosímiles y contradictorios; en su historia había lagunas cronológicas y, probablemente, varias exageraciones, sin embargo, su relato resultaba apasionante.

El Gato me contó que a fines de los ochenta estuvo en Colombia durante mucho tiempo; en aquel país fue instruido y capacitado por las Fuerzas Armadas Revolucionarias de Colombia (FARC), a las cuales ingresó por gestiones de su padre, quien por años sirvió a esa organización. Dentro de un campamento de las FARC, Noé recibió capacitación para elaborar drogas sintéticas a base de anfetaminas, las cuales se obtenían de medicamentos antigripales, de esos que se pueden comprar en cualquier farmacia, y cuyo suministro se conseguía sin mayor problema a través de un breve acuerdo económico con los laboratorios que los fabricaban.

De acuerdo con su relato, Noé fue adiestrado en suelo colombiano, junto con otros dos integrantes de un selecto grupo del emergente cártel de Sinaloa, a quienes trasladaron a una zona boscosa, como a 100 kilómetros de un campamento base de las FARC; ahí los instruyeron en actividades rentables para el cártel. En esta organización criminal se inició asistiendo a un ajusticiamiento de personas, detectadas como informantes del gobierno de Colombia, infiltradas en las FARC.

—Ese curso de capacitación le costó al cártel de Sinaloa, en el que ya destacaba el liderazgo del *Chapo* Guzmán, la suma de dos millones de dólares —me contó en una ocasión que no podíamos dormir, cuando yo esperaba la hora de mi *terapia* de reeducación.

El monto económico fue pagado por el cártel sin ningún reparo, sabiendo la utilidad económica que podría obtenerse con ello; así lo entendió el mismo *Gato*, según me platicó. Por esa razón puso mucho empeño en entender las explicaciones que de manera minuciosa daba el ingeniero químico llamado Olalde, también conocido como *El Tramo II*, dentro de la organización de las FARC. *El Gato* sabía —o al menos lo pudo intuir, dijo— que ese curso representaba la oportunidad para convertirse en un elemento indispensable dentro de la agrupación.

Tal vez el costo de la inversión o la prospección de ese conocimiento hicieron que *El Gato* prestara máxima atención a la capacitación; durante el proceso, de voz del *Tramo II*, aprendió la técnica de "cocinado" de anfetaminas, que luego habría de aprovechar al tope, o que incluso le permitiría seguir formando parte de la organización:

—Ese curso me salvó la vida en una ocasión —me contó *El Gato* al amparo del silencio de una fría madrugada en el área del COC de Puente Grande—: una vez llegó la orden del Señor para que pasaran por las armas a todos los que, en punto de borrachera, dejamos la guardia de un plantío de amapola cerca de Culiacán y nos fuimos a un burdel. Para mala o buena suerte, esa noche llegó el Ejército y barrió la plantación. Las pérdidas fueron millonarias.

"La orden de ejecución fue clara: pasar por las armas a los cinco que nos habían destinado al cuidado de la amapola. Ya estábamos amarrados y vendados de los ojos, a la espera de que se cumpliera la orden, cuando llegó Rolando y me dijo:

"—Pinche *Gatito*, qué puta suerte tienes… El Señor te la perdonó, que porque traes bien al tiro esa onda de la cocina.

"Después de eso no volví a descuidar para nada ninguna guardia que me encomendaron."

En aquel laboratorio rústico a mitad de la selva colombiana, *El Tramo II* explicó al *Gato* detalladamente y a conciencia cada una de las recetas que él mismo había creado, para extraer de los antigripales —de venta general al público— las anfetaminas, las cuales son la base para la elaboración de drogas como *ice* y *cristal*.

El Tramo II era un ávido estudioso de la química, egresado de la carrera en esa especialidad de la Universidad Distrital Francisco José Caldas, donde también obtuvo el posgrado y la especialización en ingeniería en producción. Desde niño, su personalidad solitaria y casi escurridiza lo inclinó al estudio, circunstancia que se fortaleció luego de ser excluido de juegos y compañías por su obesidad, la cual lo hacía blanco de burlas y bromas de sus compañeros de la escuela primaria.

El Tramo II creció casi solitario, a la sombra de la tristeza de su madre que no cesaba de llorar la muerte de su esposo, el padre del *Tramo II*, un capitán del ejército colombiano de nombre Antulio Olalde Corella, ejecutado por la entonces incipiente guerrilla en las inmediaciones de Bogotá, justo cuando se desempeñaba como jefe militar en la zona, que ya padecía los secuestros de la milicia irregular.

A Antulio Olalde Corella le decían *El Tramo* por tener casi dos metros de estatura y complexión delgada, rayano en lo famélico, en alusión a los tramos de vía de ferrocarril que en ese tiempo se expandía por la zona serrana de Bogotá. Él sabía de su apodo y no le molestaba; podría decirse que le agradaba que así lo reconocieran entre la tropa y sus escasos amigos. Por eso, cuando nació su hijo, salió contento a mitad de la noche, en el barrio de *perrolongo* a gritar que había nacido *El Tramo II*.

Muy pronto, a la edad de apenas dos años, la complexión casi obesa del niño evidenció que la carga genética que tendría que soportar el resto de su vida sería la de su madre, quien —aunque de buena estatura y blanca— era robusta y gruesa de carnes. Con su padre sólo compartía parecido en el nombre y el apodo.

La muerte del capitán Olalde sobrevino luego de una escaramuza contra un escuadrón de la muerte, patrocinado por las FARC, justo cuando secuestraba a cinco miembros del ayuntamiento de Risalda, cerca de Caldas. El trágico incidente ocurrió cuando el pequeño *Tramo II* tenía sólo cinco años de edad, y a manera de compensación, siguiendo la política de apoyo a los desamparados, el encargado de la columna de las FARC que atacó a la partida militar del capitán Olalde, se comprometió a dar sustento económico tanto a la joven viuda como a su niño. Tal fue el apoyo recibido por esas circunstancias, que la mujer terminó por convertirse en amante de aquel guerrillero, llamado Guillermo León Sáenz, a la postre conocido con el alias de *Alfonso Cano*.

Cuando el joven *Tramo II* terminó su formación universitaria comenzó a relacionarse con las actividades de las FARC, en donde el entonces amante de su madre lo incrustó como asesor para explicar —en medio de la selva colombiana— el uso y manejo de explosivos a las bases que se incorporaban a la agrupación. Posteriormente, por iniciativa propia, se involucró en la concepción de fórmulas para elaborar drogas sintéticas a partir de medicamentos de uso común en el mercado.

En su mayoría, dichas fórmulas fueron perfeccionadas por él para elaborarse rústicamente —aunque casi toda la información provenía de un ex agente de la CIA capturado por las FARC—, y antes habían sido desarrolladas por el gobierno de Estados Unidos para producir drogas sintéticas desde la Guerra de Corea, en la década de los cincuenta, con el propósito de elevar el espíritu combativo de los soldados del ejército norteamericano, que se encontraba desmoralizado.

Aunque al *Tramo II* lo adoptó en muy buenos términos el propio Guillermo León Sáenz, fue el comandante Joaquín Gómez quien finalmente le asignó mandos de responsabilidad dentro de la estructura de capacitación de las FARC, y quien lo puso frente al grupo en el que se incorporó *El Gato* para recibir capacitación en las técnicas y las fórmulas ya referidas.

En ese mismo curso, *El Gato* también aprendió del *Tramo II* las fórmulas químicas y los procedimientos de laboratorio necesarios para hacer indetectable la cocaína en cubetas de miel, de chocolate, de azúcar y de cualquier otro componente, durante los retenes militares. Aprendió asimismo la manera de trasladar la cocaína en el almidonado de las camisas y los pantalones, técnica que a algunos cárteles que comercian cantidades menores de droga les ha redituado grandes beneficios, principalmente en los puntos de consumo final, entre los cuales destacan las cárceles estatales.

Esas mismas fórmulas hicieron popular al *Gato* dentro de la cárcel donde lo conocí, en la de máxima seguridad. Desde su celda, a la mitad de la noche, bajo el agobio del encierro de 24 horas, se sentaba a platicar y explicaba cómo se podían producir drogas sintéticas a base de medicamentos de libre compra en cualquier farmacia. Allí, a mitad de la negrura nocturna de la penitenciaría más estricta de todo el país, *El Gato* exponía con singular claridad la forma en que debía montarse un laboratorio para esos propósitos, partiendo de la premisa de que ese lugar sería clandestino, y por lo tanto todos los equipos, los reactivos y las sustancias deberían conseguirse con facilidad, en cualquier lugar en donde hubiera un mercado. Lo llegué a escuchar noches completas explicando la forma correcta en que debe conectarse la olla de presión con el tubo de condensación y el matraz que recibe en forma líquida los vapores emitidos.

En no menos de cinco ocasiones escuché al *Gato* hacer su exposición con la presencia y el oído atento de algunos guardias —de los que no eran tan estrictos— que se encargaban de la vigilancia en el perímetro del Centro de Observación y Clasificación (COC), y quienes incluso se atrevían a preguntar cuando les surgían dudas, las cuales el propio exponente resolvía con prontitud. Así también, de manera recurrente, *El Gato* se daba el lujo de solicitar a algún oyente del pasillo, como si fuéramos niños, que repitiera la clase anterior, para ver en qué parte del proceso se había quedado, lo cual, además, le servía para saber el nivel de absorción de conocimientos de sus alumnos avanzados.

El curso de capacitación que tomó *El Gato* en materia de elaboración de drogas sintéticas a partir de medicamentos comunes duró sólo 22 días, pero al final, *El Tramo II* también les enseñó a todos sus discípulos el proceso de preparación de la cocaína, así como la manera de realizar "cortes a la mercancía" (como se conoce en el argot del narco), que no es otra cosa que hacer rendir cada 100 gramos de cocaína pura en proporción de 20, 60 o 100 por ciento.

—Ese otro curso de instrucción química le costó al cártel 200 mil dólares más, que también fueron pagados gustosamente por *El Chapo* —me explicó *El Gato*—, sin mayor cuestionamiento, sólo con la advertencia de que habría de recuperar la inversión a la mayor brevedad.

Las clases que *El Tramo II* impartía a quienes las FARC llevaban a la selva de Colombia incluían no sólo la elaboración de drogas sintéticas y el procesamiento de la cocaína, sino también —de manera esporádica, según la afinidad que tuviera con el grupo— la creación de explosivos plásticos y la fabricación de pólvora.

Ese nivel de conocimiento —comentaba *El Gato*— hizo que *El Chapo* Guzmán invitara al *Tramo II* a venir al país, con un sueldo de cinco mil dólares mensuales, a capacitar en diversas áreas a los integrantes del cártel de Sinaloa. *El Tramo II* trabajó en México, en la sierra de Durango, por espacio de cinco meses, y en ese periodo pudo instruir en dinámicas químicas de producción de drogas a diversos integrantes del cártel de Sinaloa.

—Durante el tiempo que *El Tramo II* estuvo en México —explicó *El Gato*—, pudo capacitar altamente en la producción de drogas a por lo menos 40 personas, todas ellas integrantes de varias células operativas del cártel de Sinaloa, de las que en menos de un año casi la mitad ya estaban trabajando para otras organizaciones, principalmente para los Arellano Félix, que fueron los primeros en conocer el operativo de fortalecimiento que estaba llevando a cabo *El Chapo*.

De los capacitados, a los que se les identificó en ese tiempo con el nombre táctico de C1 —en alusión al trabajo de *cocina*, como se les decía entre las bases del cártel a los laboratorios, debido al uso de ollas de presión y tanques de gas—, se conoció que al menos unos 10 comenzaron a dar cursos por su cuenta, vendiendo la información a los cárteles de Ciudad Juárez y el Golfo.

Tras la enseñanza otorgada por *El Tramo II*, y luego de que en la cúpula del cártel de Sinaloa se supo que algunos instruidos habían desertado o vendían esa misma información a integrantes de otros cárteles, la orden no se hizo esperar: quienes recibieron el curso debían ser eliminados, así no cabría la posibilidad de que alguno de ellos se beneficiara de la capacitación pagada previamente por el cártel de Sinaloa.

La tarea de limpieza de los 40 C1 la llevó a cabo *El Gato*, por instrucción personal y directa del *Chapo*. Él solo armó un equipo de 20 militares que pagaba el cártel de Sinaloa y con ellos salió a la calle en lo que se conoció, dentro de la organización, como la

Operación Topia, por ser en esa población donde *El Chapo*, junto con su cúpula directiva, acordó la ejecución de los capacitados.

El Gato se puso al frente de 20 sicarios asignados y comenzó a recorrer todo el estado de Sinaloa, con una lista de nombres en la mano, que fueron ubicados con la ayuda de las corporaciones de la policía estatal.

Al primero que ejecutó fue a Juanito Santos, a quien apodaban *El Tinieblas*; a este lo encontró en un bar de Culiacán:

—*Hasta que te encuentro, Juanito* —le dijo, apenas lo vio—; *qué trabajo me dio dar contigo.*

—*Gatito* —apenas alcanzó a responder, entre sorprendido y asustado—, *tómate una cerveza y vamos a platicar de la razón que te trae por aquí.*

—*¿Pa' qué gastamos tiempo y balas? Mejor déjame gastar sólo las dos balas que te corresponden.*

El Gato le asestó dos impactos de arma de fuego en la cabeza, luego de que *El Tinieblas* lo reconoció como el hombre de confianza del *Chapo* e intentó invitarlo a beber. *El Gato* ni siquiera le dejó terminar la frase de invitación, según su propia narración.

En aquella época, en Culiacán se desplegó un operativo del gobierno para frenar la presencia del crimen organizado. Hacia allá se desplazaron fuerzas federales con el apoyo de la policía local.

A otro que estaba en la lista de la Operación Topia lo ubicó la policía ministerial del estado, y fue reportado de manera inmediata, al filo de las tres de la mañana, al radio del *Gato*, quien se trasladó de Mazatlán a la comunidad de San Ignacio. El sentenciado era Juan Cervantes, alias *El Ojón*, que andaba de fiesta en un burdel con dos de sus compadres. Los tres fueron detenidos y esposados por los elementos de la policía ministerial, y entregados al comando que arribó ya cuando clareaba el día.

—*Aquí le traemos este regalito, mi comandante* —le dijo el jefe de la policía al *Gato*—; *sé que usted aprecia nuestro trabajo y por eso se lo acercamos.*

—*Gracias, comandante* —respondió El Gato *mientras le entregaba un fajo de billetes*—, *usted sabe que sus servicios son siempre bien valorados.*

Los tres sujetos fueron ejecutados en la plaza principal, donde los policías los habían entregado. Los asesinaron frente a los propios oficiales, que cobraron una buena cantidad de dinero por cada detenido.

A José Uranga, alias *La Chichi* —otro incluido en la lista— lo ubicó un trabajador del Instituto Nacional de Estadística y Geografía (INEGI), que *soplaba* información a un policía ministerial; le pagaron 200 pesos de ese entonces por el dato del domicilio. Una vez localizada la casa de *La Chichi*, el comando del *Gato* irrumpió y lo masacró, junto a la esposa y los tres hijos, para no dejar testigos de los hechos, y para evitar complicaciones, como siempre lo creyó *El Gato*; ésa es una forma de comprar un seguro de tranquilidad y de disminuir las posibilidades de morir a causa de una venganza.

El desplazamiento del comando del *Gato* por todo el suelo sinaloense para el cumplimiento de la orden de ejecución pronto llamó la atención de las autoridades federales que realizaban el operativo de seguridad en la entidad. *El Gato* sabía de eso y, astuto como siempre, se adelantó: consiguió que el cártel de Sinaloa destinara dos millones de dólares mensuales para comprar la complicidad de la autoridad federal y garantizarse el libre tránsito por la entidad al comando enviado por *El Chapo*.

La inversión del cártel de Sinaloa —al comprar la confianza de fuerzas federales— pronto comenzó a rendir frutos, pues en sólo siete días, en eventos consecutivos de instalación de retenes y volantas por carreteras de Novolato, Culiacán y Mazatlán, dieron con el paradero de 11 de los hombres buscados por *El Gato*.

—A los 11 que fueron capturados por elementos de las fuerzas federales —explicaba *El Gato*— se les hizo un juicio sumarísimo, y todos fueron hallados culpables de traición al cártel. Todos fueron ejecutados en una casa que se ubica en la carretera de Culiacán a Guamúchil; hasta allí acudieron sus nuevo aliados, todos elementos de las fuerzas federales, quienes recibieron la instrucción de matar a los detenidos, decapitándolos vivos. Hubo un soldado que se negó a participar en la ejecución y corrió la misma suerte que los sentenciados —recordaba *El Gato* con algo de placer, al momento de narrar la historia.

Posteriormente los cadáveres no fueron tirados, sino que sirvieron de práctica para una de las enseñanzas que *El Gato* recibió del *Tramo II*: la manera más fácil de deshacerse de un cuerpo. El trabajo fue ejecutado directamente por el capitán segundo de infantería que estaba al frente de aquel grupo de soldados a las órdenes del *Gato*.

—Destazaron los cuerpos con hachas y luego colocaron los pedazos en cinco barriles que llenaron con sosa cáustica disuelta en agua, para luego ponerlos al fuego y esperar que en cosa de tres horas se consumieran los restos en aquel caldo que daba la apariencia de pozole.

La ejecución de los primeros 14 C1 se llevó a cabo en sólo cinco días de trabajo intenso, de coordinación puntual entre el comando líder —que encabezaba *El Gato*— y las autoridades federales con el apoyo de la policía estatal de Sinaloa; los policías se ponían a las órdenes del cártel del *Chapo* y en la prensa se declaraba que la lucha contra el crimen se desarrollaba con eficiencia. Las muertes que iban apareciendo de manera esporádica por la acción del comando del *Gato* se atribuían a hechos aislados de delincuencia común; a la mayoría de esos crímenes se les calificó de "actos de violencia pasional", pues tras cada ejecutado que surgía siempre se señalaba que era producto de un crimen de amor.

La idea de los crímenes pasionales se le ocurrió al mismo *Gato* —para ocultar la cacería que realmente se emprendía en todo

Sinaloa—, luego de la ejecución de José Rosario Gómez, quien fue *levantado* cuando circulaba en su auto por las calles de Hermosillo. Una vez que lo trasladaron a la casa de seguridad donde fue liquidado, se le encontró entre la ropa un lápiz labial, que uno de los ejecutores utilizó para inscribirle una leyenda en la espalda: "Por joto", hecho que los periódicos del día siguiente reconocieron como un asunto de desamor entre homosexuales. De allí la instrucción del *Gato* a todas las corporaciones policiales de que mencionaran que las ejecuciones obedecían a hechos pasionales, para que la opinión pública los deslindara de la delincuencia.

—La estrategia fue buena, pues a sólo dos meses de estar trabajando en Sinaloa, las fuerzas federales declaraban que se había logrado retomar la seguridad pública a favor de la sociedad —recordaba *El Gato*.

En menos de dos meses el comando líder del *Gato* ejecutó a 33 de los 40 declarados "malditos" durante la reunión del poblado de Topia, y que originó su cacería.

Cuando *El Gato* tuvo que explicar ante el propio *Chapo* la razón por la cual no había ejecutado a los siete faltantes, pues según sus argumentos, estos últimos recibieron protección del cártel del Golfo, que los mantenía bajo su dominio y custodia en alguna otra entidad de la República, *El Chapo* montó en cólera.

—Fue una de las poquísimas veces que lo vi perder los estribos —contó *El Gato*—; vociferó, puteó y pataleó hasta el cansancio, con la instrucción directa a los cinco que estábamos en la reunión de que hiciéramos lo que fuera necesario, lo más pronto posible, para dar con el paradero de los que faltaban. Si no, los que estaríamos en la fosa seríamos nosotros.

—Yo también vi una vez al *Chapo* encolerizado —terció Lupillo desde su celda—: cuando se le notificó que el Ejército había detenido a su hijo Iván Archivaldo, quien no tenía nada que ver en la operación del cártel ni en los negocios de drogas. Se pone como demonio el viejo. Es a toda madre, pero no lo saquen de sus casillas —rubricó, siguiendo atento la narración.

Después *El Gato* supo que de los siete que se le escaparon, tres fueron sacados de Sinaloa por la gente del cártel del Golfo, otros dos buscaron cobijo en una célula que operaba en Sonora a las órdenes de los Arellano Félix, mientras que los últimos dos se desplazaron a Querétaro, bajo la protección de otra célula criminal.

Los tres rescatados por el cártel del Golfo pagaron el favor al capacitar a un grupo de 12 personas de confianza de esa organización, quienes a partir de ese momento serían los encargados de llevar a cabo los procesos de producción de drogas sintéticas, además de hacer rendir hasta en 100 por ciento cada cargamento de cocaína que llegaba a territorio bajo su dominio. Por su parte, los Arellano Félix habían comprado para su gente el curso de capacitación, por el que habrían pagado un millón de dólares a varios de los perseguidos por el cártel de Sinaloa.

El día que *El Gato* acudió a una ejecución de infiltrados de la policía nacional de Colombia en las FARC, una comitiva que encabezaba el propio *Chapo* abandonaba suelo colombiano, luego de una fastuosa despedida tras la que se ratificó el acuerdo comercial para que aquella organización guerrillera proveyera asistencia táctica y cocaína al cártel de Sinaloa. El apoyo estratégico ofrecido por las FARC comprendía capacitación guerrillera y de combate urbano para las células del cártel, instrucción en manejo de explosivos, adiestramiento en captura de rehenes, secuestro e infiltración de mandos policiales y de gobierno, incluyendo —claro— el suministro de cocaína.

—La entrega de la cocaína se pactó en envíos semanales; consistía en tres cargamentos por distintas rutas, a fin de disminuir el riesgo de que fueran incautadas. La primera ruta, propuesta por el mismo *Chapo*, era introducir el cargamento saliendo de Colombia, llegar a Nicaragua, y por tierra introducirlo a México por la frontera con Guatemala. Ya en México, la carga se trasladaba hacia Sinaloa por la ruta occidente, que consistía en cruzar Chiapas y Oaxaca, para llevar la droga por la Sierra Madre Occidental, desde Michoacán hasta Nayarit.

"La ruta de introducción de los mandos de las FARC planteaba llegar por mar hasta las costas de Sinaloa, utilizando para ello lanchas rápidas que sólo serían abastecidas de combustible en alta mar, por parte de una flota de pesca de bandera panameña que estaba a las órdenes de la guerrilla colombiana. El plan incluía trasladar la droga hasta las costas de Sinaloa, con la plena garantía de que no se perdería un solo gramo.

"La tercera ruta de ingreso de droga señalada en este acuerdo comercial fue entrar por el Caribe, mediante lanchas rápidas con alcance suficiente para llegar hasta Cancún; ahí se abastecían nuevamente para arribar a alguna costa de Veracruz, desde donde el cargamento era transportado por tierra hasta la ciudad de Reynosa, en Tamaulipas.

"De las tres rutas que se comenzaron a utilizar para el trasiego de drogas desde Colombia a México, sólo las que llegaban a Veracruz y a Sinaloa por el mar tenían la garantía de reembolso al 100 por ciento, si en el trayecto la droga era incautada por algún retén de autoridades, fueran mexicanas o internacionales, en mar adentro. La ruta que planteó *El Chapo*, quien tal vez dudaba de la capacidad de maniobra de sus socios, fue respetada sólo con la garantía de pagar el 50 por ciento del costo de la droga si ésta era incautada."

Las dos rutas marítimas de trasiego de droga fueron apoyadas por dos submarinos que las FARC compraron a la entonces Unión Soviética, que eran utilizados con fines científicos en la zona del

Mar Báltico, y aunque tenían poca autonomía en términos de combustible, la guerrilla rápidamente vio la posibilidad de emplearlos en una actividad más rentable que el estudio del lecho marino o la observación de emigraciones de caracolas y líquenes.

—Los submarinos que las FARC comenzaron a utilizar para cumplir los acuerdos con el cártel de Sinaloa poseían capacidad para transportar hasta tres toneladas de cocaína, además de espacio para los cinco tripulantes que se requerían en cada uno, y tenían una autonomía de solo 100 millas náuticas, pero podían ser abastecidos en alta mar por barcos pesqueros, cubriendo el trayecto desde Colombia a Sinaloa en sólo cinco días, cuando era directo. Después de las primeras tres entregas, las FARC optaron por cambiar las lanchas rápidas por los submarinos, porque estos últimos les redituaban mayor seguridad en el envío de la mercancía.

"Tanta eficiencia demostraron las FARC con el uso de vehículos subacuáticos, que en menos de cinco meses ya estaban operando, en el trayecto de Colombia a Sinaloa, al menos unos ocho submarinos en el Pacífico y otros 10 en el Atlántico, sólo que estos nuevos modelos no habían sido comprados a ninguna institución científica, sino que fueron construidos por ingenieros contratados por las FARC.

"También el cártel del *Chapo* intentó construir sus propios submarinos, para transportar la droga desde las costas de Sinaloa hasta las costas de Baja California, sólo que el Ejército se opuso a tal decisión, dado que el capo quería utilizar las instalaciones militares para que se fabricaran estas naves y fueran más eficientes que los submarinos que las FARC mandaron construir en Panamá con recursos de la guerrilla."

Ya con el tráfico de drogas establecido en forma permanente entre Colombia y Sinaloa, al *Gato* se le encomendó hacerse cargo de las acciones de vigilancia de la ruta de la costa del Pacífico, incluyendo las tareas de prevención de contratiempos en el arribo de la mercancía que llegaba por tierra a través de Chiapas, Oaxaca, Guerrero, Michoacán, Jalisco y Nayarit.

Para cubrir esta responsabilidad, *El Gato* formó un grupo de 68 personas, permitiéndole a cada una el apoyo de uno a tres informantes —o auxiliares, como les llaman ellos—, de tal suerte que el cártel de Sinaloa le financió un mini ejército de más de 200 efectivos, desplegados a lo largo de los seis estados que le asignaron. Sólo a él correspondía determinar las acciones a realizar, con la única misión de asegurar el paso de la droga proveniente de Colombia con destino a Sinaloa.

—Hasta antes de 1990, estimo que el tráfico de cocaína fue permanente y sin mayor problema, desde la sede de las FARC hasta México, droga que llegaba cada tercer día por las tres rutas inicialmente diseñadas, a razón de tres toneladas en cada una de las entregas —calculaba *El Gato* en sus deducciones—. Sólo en una ocasión —dijo— se perdió el cargamento y esto ocurrió en la ruta que llegaba por tierra, por la parte de Tamaulipas.

Como consecuencia de haber perdido dicho cargamento, incautado por una volanta del Ejército que transitaba por la sierra de Tamaulipas, se ordenó la ejecución de quienes pertenecían a la red de vigilancia del cártel de Sinaloa, asentada en aquella entidad. En esa ocasión, *El Gato* tuvo que encargarse directamente de eliminar a sus subordinados, a petición directa del *Chapo*.

—Fueron tres toneladas de cocaína las que se perdieron; elementos del Ejército asentados en Ciudad Victoria interceptaron la carga. Y no se hubiesen dado cuenta del paso de la droga, a no ser por el contacto que Manuel Zepeda, al que le decían *El Ponzoña*, estableció con el comandante de la partida, un teniente de apellido Martínez Ulloa, a quien le propuso un negocio. Le reveló que sabía del paso de un cargamento de droga, el cual se lo señalaría para que pudiera detenerlo, a cambio de recibir una bonificación.

"El cargamento viajaba a bordo de tres camiones pipa, que circulaban con la finta de llevar combustible a Ciudad Victoria; las unidades tenían la misión de llegar a la zona urbana, para allí cambiar de transporte y montar las toneladas en vehículos de carga con otras fachadas, principalmente camiones de transporte de chatarra, con destino aparente hacia el puerto de Mazatlán.

"*El Ponzoña* propuso al teniente entregarle la carga a su paso por Ciudad Victoria, a cambio de una compensación tasada por ambos en medio millón de dólares, toda vez que el mismo militar supuso la posibilidad de vender el botín a un grupo de tamaulipecos que en ese tiempo comenzaba a trabajar en el trasiego de drogas.

"El teniente Martínez Ulloa asestó el golpe un domingo por la mañana, cuando el convoy de tres pipas arribó a la zona urbana de Ciudad Victoria, abanderado por una camioneta de la gente del *Ponzoña*, para enfilar hacia la carretera que conduce a Monterrey, pretendiendo llegar a la vía que lleva a Piedras Negras, Coahuila. Las pipas fueron interceptadas con la mirada vidriosa y vigilante del *Ponzoña*, quien se hallaba en uno de los camiones de soldados que se habían replegado a la orilla de la carretera, en espera del cargamento.

"El arribo fue puntual y la incautación se llevó a cabo sin mayor dificultad, tal como lo había explicado *El Ponzoña*. No hubo un solo disparo, la operación parecía perfecta, lograron detener a los tres conductores de las pipas y a los cuatro escoltas que resguardaban el cargamento. Allí mismo, el teniente Martínez ordenó el fusilamiento de los siete detenidos, mientras *El Ponzoña*, asustado, se daba a la fuga por el cerro, sabiendo que a él le esperaba la misma suerte."

El Ponzoña logró escapar de la traición del teniente Martínez y se refugió en un poblado de las cercanías de Matamoros, auxiliado por elementos de la policía municipal. De entrada avisó al propio *Gato* de la detención del cargamento, explicándole todo lo que había ocurrido, menos que él había puesto el cargamento en manos del teniente Martínez, aduciendo todo el tiempo que él venía en la camioneta escolta.

El Gato, encolerizado por la sospechosa forma en que se había perdido el cargamento, hizo el viaje con 30 de sus elementos desde Sinaloa hasta Tamaulipas, para cazar al teniente Martínez y a la gente que junto con él participó en el hurto de la mercancía. Desde el principio, *El Gato* supuso un robo por parte del teniente, toda vez que los medios de comunicación al día siguiente no mencionaron nada de la incautación de tres toneladas de cocaína, sino que sólo dieron cuenta de siete cuerpos ejecutados en un paraje de la carretera Ciudad Victoria-Monterrey, hecho atribuido por fuentes militares a un enfrentamiento entre bandas de delincuentes en la zona.

El Gato supo de la venta de tres toneladas de cocaína que un grupo criminal que trabajaba en Tamaulipas ofertaba en el mercado, gracias a que un compadre suyo —dedicado al trasiego de mariguana, al que apodaban *El Mento*, quien ya había hecho negocios con el cártel de Sinaloa— se lo comentó. Tras conocer aquella oferta, *El Gato* se desplegó con su gente en la entidad para buscar al teniente Martínez.

—No fue difícil dar con el militar —narra *El Gato*—, lo encontramos una noche en una cantina en Ciudad Victoria, donde gastaba a manos llenas el dinero que había obtenido por las tres toneladas de cocaína.

Cuando *El Gato* levantó al teniente Martínez, lo expuso a un severo tratamiento que duró 18 días. En ese lapso, tuvo que recurrir en cuatro ocasiones a un médico al servicio del cártel, para que reviviera al torturado, aun cuando desde los primeros minutos de interrogatorio ya había señalado al *Ponzoña* como el que le entregó el cargamento, y también reveló los nombres de los compradores de la carga.

—Fue necesario infundirle en dos ocasiones sangre para mantenerlo vivo, a fin de que sufriera el tormento que se había ordenado desde la cúpula del cártel —explicó con un tono sádico desde su celda.

El Gato prolongó la vida del militar por un mes, sólo por considerar que con la muerte no alcanzaba a pagar lo que le había hecho a la organización. Después de ver que era imposible conservarlo vivo, ante la crueldad del martirio al que fue sometido —golpizas diarias, toques eléctricos y quemaduras con agua hirviendo en diversas partes del cuerpo—, ordenaron su decapitación, la cual se efectuó en una casa de seguridad ubicada en Ciudad Victoria.

Para ese momento, un grupo de rastreo del *Gato* ya había atrapado al *Ponzoña* en Monterrey, junto con los cuatro policías municipales que lo ayudaron a mantenerse oculto en su huida, tras intentar salvarse de la traición del teniente Martínez.

Una vez conducidos ante *El Gato*, presenciaron la decapitación del militar, como preámbulo de lo que les esperaba a ellos mismos. Uno a uno fueron colocándolos de rodillas, y con una sierra eléctrica, sobre un mogote de árbol, los ejecutaron, en un escándalo de gritos que se ahogaban con el ruido del instrumento motorizado.

—Las cinco cabezas de los decapitados fueron tiradas en el interior de un salón de baile, en pleno centro de Ciudad Victoria, propiedad de uno de los hombres que se había beneficiado con la compra de las tres toneladas de cocaína que incautó el teniente Martínez, para dejar claro el mensaje de que al cártel de Sinaloa le correspondía el peaje por suelo tamaulipeco.

La historia del *Gato,* que transcurría como película en la imaginación de todos los que la escuchábamos, fue bruscamente interrumpida por el tropel en la entrada del pasillo. Eran los policías que llegaban para dar la terapia de reeducación, pero en esa ocasión, sólo a mí y al preso de la celda tres nos sacaron a rodar por el patio.

—Órale, mi reportero —alcanzó a decir Noé desde su celda—, ya vienen por usted, alístese, que va a salir a ver las estrellas; me trae de recuerdo unos caracoles —dijo, a la vez que sofocaba la risa con las manos en la boca.

Cuando regresamos de la *terapia*, casi a las cuatro de la mañana, nos sorprendió una revisión general: unos 50 oficiales de seguridad se apersonaron en el pasillo en donde estaban las ocho celdas, y nos hicieron salir para que ellos pudieran entrar a revisar cada una de las estancias, en las cuales —sobra decir— no teníamos prácticamente nada, porque vivíamos totalmente desnudos, sin posibilidad de mantener algo como pertenencia.

Ésa era la única oportunidad con que contábamos de conocer físicamente a quienes teníamos como vecinos y eran parte de la convivencia diaria, de las pláticas que se prolongaban hasta por semanas. Allí conocí físicamente al *Gato*, porque en la revisión nos colocaban frente a la pared, con las manos hacia arriba, mostrando las palmas al guardia que siempre se mantenía detrás de uno, y con la cabeza agachada, mientras hacíamos un compás con las piernas.

Todos los presos de ese corredor estábamos desnudos, y era el poco pudor que pretendíamos conservar el que hacía que no volteáramos a vernos, pero la curiosidad de conocer a los compañeros con los que intercambiábamos constantes diálogos e historias, hacía necesario dejar de lado la vergüenza para buscarnos la mirada y brindarnos un consolador asentimiento de cabeza a manera de solidaridad carcelaria.

Aunque casi siempre esas revisiones —una vez que pasaban— servían para reírnos todos de todos, haciendo mofa de las nalgas caídas de algunos, de la panza escurrida de otros, de las patas flacas

169

de los que menos y hasta del cuerpo de señoritas que tenían los que más, la moral y la dignidad no dejaban de menguar.

Era común que después de una revisión a mitad de la madrugada, que por lo general duraba entre dos y tres horas, a pesar de que no había nada que revisar, todo el pasillo al día siguiente se mantuviera en silencio, para tratar de dormir con cansancio, que es algo que se aprecia en demasía dentro de esas paredes.

El Gato volvió a la carga con su narrativa llena de expresión hasta el día siguiente, después de que la tranquilidad del pasillo se hizo añicos —antes del mediodía— con los desgarradores gritos de Valeriano, que movilizaron a los guardias; él aseguraba que a su celda había llegado una mujer para matarlo.

Desde donde yo estaba, se podía oír cómo el desvalido Valeriano chocaba contra las paredes y la reja, en su intento por huir de su supuesta perseguidora, imprimiendo severos alaridos de temor.

—¡Quítenmela! —gritaba con desesperación—. ¡Me quiere matar! ¡Trae pistola! ¡Miren cómo le brillan los ojos! ¡Ay, santita, Niña Blanca! ¡Quítenmela, que me va a sacar los ojos!

Cuando llegaron los guardias a ver de qué se trataba, no hicieron nada, sólo se limitaron a observar cómo Valeriano se estrellaba contra la pared en su frenética alucinación, de la cual nadie supo el motivo. Sólo nos tuvimos que adaptar a su condición paranoica que de ahí en adelante siguió manifestándose hasta el día en que fue trasladado al psiquiátrico; fue entonces cuando lo comenzamos a echar de menos en el pasillo, por la ausencia de sus gritos a mitad de la madrugada, producto de las pesadillas que vivía despierto; siempre perseguido por alguien que deseaba asesinarlo y extraerle los ojos, cortarle los dedos o comerle la lengua, que aunque de nada le servían, era lo que más temía perder.

—Órale, *Gatito* —le picó Lupillo—, síganos contando cuando usted se movía en las altas esferas con *El Chapo*.

—¿En qué me quedé?

—Se quedó en que se echó al teniente Martínez, que le había robado las tres *tontas* [toneladas] de coca…

—Es cierto… Pos luego de eso fue que rodaron las cabezas de tres ejecutados por el piso del salón de baile El Tun Tun, en Zacatecas, que fue en donde encontré a los otros que habían faltado a la lealtad del *Chapo*.

"Pienso que esos decapitados en Zacatecas significaron el inicio de una gran lucha del *Chapo* contra el Golfo, pues los que habían salido del grupo de Sinaloa se refugiaron con los que formaban la cofradía de apoyo al trasiego de drogas para los de Tamaulipas. Según supe, todos a los que les corté la cabeza en Zacatecas habían solicitado oficialmente el apoyo de la organización que un joven Osiel dirigía en Tamaulipas, a fin de hacerle frente a las agresiones que ya les estaba anticipando el cártel de Sinaloa, mediante la persecución a que los sometí durante esos siete meses de trabajo.

"Según me enteré, el cártel del Golfo, en respuesta al grupo de Sinaloa, y para cuidar a los que le pidieron apoyo, envió en menos de dos semanas un total de 250 hombres a la zona del Pacífico, para ponerse a las órdenes de los que en esa entidad mantenían el control de la producción de mariguana —un grupo de rancheros avecindado en la zona serrana de Sinaloa, provenientes de Colima y Guerrero—, con la intención de impulsar las labores de siembra y trasiego, y así ganarle la plaza al patrón, al *Chapo*."

Cuando *El Gato*, bajo las órdenes del *Chapo*, se hacía cargo de la seguridad del trasiego de droga en Sinaloa, no existía mayor problema para llevar a cabo los negocios: mantenía todo el control en el estado, desde las partidas de militares que vigilaban la sierra hasta los retenes de las policías estatales que se establecieron en toda la red carretera de la entidad, aunado a los medios de comunicación que siempre actuaron a la orden de este narcotraficante.

A fin de cuentas, *El Gato* era un hombre simple, nada complicado, al menos eso decía él. Una vez le pregunté cómo se describiría a sí mismo, y respondió que como uno de esos personajes típicos de la danza de los viejitos, que suele representarse para los turistas gringos cuando andan de viaje por Pátzcuaro, sólo que a diferencia de esos viejitos folclóricos, siempre traía fajada a la cintura una pistola 380, con tres diamantes incrustados en las cachas, que le regaló en un cumpleaños su compadre *El Marino*, un jefe de escoltas del *Chapo*. Así era la simpleza del *Gato*, quien siempre fantaseaba y decía que tenía esa arma en su poder dentro de aquella hedionda y abandonada celda de segregación en Puente Grande.

CAPÍTULO 10

Los granadazos

Desde el pasillo cuatro del Centro de Observación y Clasificación (COC) —en el que todos los días se escuchaban las historias que poco a poco hilvanaba la mente aguda, y a veces torpe, de Noé, *El Gato*— se podía escuchar a menudo el canto lastimero de Jesús Loya, quien se mantenía en el pasillo uno del mismo módulo de observación y clasificación.

Loya cantaba hasta el amanecer, con el dolor más insoportable de los enamorados. Lo hacía sin remedio cada tercer día, cuando estaba de guardia la enfermera que conocíamos como *Nana Fine*, a quien —según decía el mismo Jesús— no le desagradaba el canto de un enamorado recluso, pues hasta lo alentaba a que entonara su melodía preferida: "Aliado del tiempo", de Mariano Barba.

"Tengo ganas de tocar todo tu cuerpo / ser aliado de las largas horas y el tiempo / para poder detenerme a cada segundo / y tener la dicha de seguir recorriendo / tu cuerpo desnudo y hacerte el amor…" Por lo general, comenzaba su balada ya después de la media noche, una vez que concluían los recorridos de vigilancia ordinaria por los pasillos y se terminaban las visitas del personal médico a cada una de las instancias.

"En tus bellos ojos encontraba ese brillo / y en tus labios el sabor que tanto me gusta / y en tu cuerpo la pasión que llevo encendida / y tu alma me provoca algo que me asusta / que me está atrayendo y creo que es amor…" Y así seguía toda la madrugada, si la guardia se mostraba benévola y tomaba aquella serenata como una tortura para el resto de los internos en esa área del penal; aun cuando la mayoría de las veces, antes de que concluyera la canción, un comando de uniformados, con capuchas y toletes, entraba para sacar al recluso de su celda y golpearlo hasta dejarlo casi muerto.

Después de la golpiza, siempre llegaba —como parte del protocolo de la institución— el personal médico, al cual, evidentemente, pertenecía la *Nana Fine*, quien procuraba reanimarlo, prestarle los primeros auxilios de manera emergente, acariciarlo con la mirada tras el salvaje maltrato.

—Y ésos son los momentos de cielo que disfruto en mitad de este infierno que vivo todos los días —me lo confió en alguna ocasión Jesús Loya, cuando le pregunté si valía la pena que lo medio mataran cada tercer día, sólo por el gusto de mirar los ojos negros, el pelo lacio y negro, y la piel apiñonada de la enfermera; la que siempre terminaba ovillándolo en su regazo para limpiarle la sangre y curarlo de las lesiones que le dejaban los guardias, como su forma de pedirle que guardara silencio.

Siempre, después de una serenata que terminaba abruptamente, Jesús Loya terminaba en el área de hospitalización.

—Allí es el cielo —me contó una vez—, allí puedo verla todo el día: ella me lleva la comida a la cama y hasta me pregunta si no estoy cansado de estar acostado. Si tú la vieras, también te enamorabas. No te escaparías a la fascinación que deja ver su boca llena de dientes blancos y húmedos, a sus labios partidos a la mitad, llenos de sonrisas de mil formas. Porque ella se puede reír de mil formas y te puede ver con mil miradas distintas…

Siempre escuchar a Loya hablar de su *Nana Fine* era como abrir un viejo libro de poesía amorosa, con las frases más trilladas, con las ideas más abstractas sobre la belleza, pero las más emotivas a la vez. Y cómo no iba a saber de poesía, si en el módulo ocho en donde estuvo los últimos 11 años se había "bebido" los pocos libros que la biblioteca poseía de Neruda, Alberti, Sabines, Lorca, Nervo, Benedetti y Mistral, por mencionar algunos de los autores cuyos versos él recitaba de memoria durante las horas en que, en el pasillo uno, nos aburrían las historias criminales y de narcotráfico.

Ahora, desde el pasillo cuatro, escuchábamos con atenta morbosidad cada vez que comenzaba su serenata y de la cual todos conocíamos su desenlace; sólo nos restaba adivinar en qué momento llegarían a callarlo y a qué hora aparecería la mujer por cuyo abrazo se jugaba la vida cada tercer día.

Corría el mes de octubre de 2008, los guardias entraron con alboroto al siempre silencioso módulo del COC, se dirigieron hacia el conjunto de celdas del pasillo cuatro.

Encapuchados y valientes, con el valor que produce golpear a un hombre esposado y desnudo, condujeron a empujones hasta el área central del COC a tres sujetos, que jadeantes y temerosos rogaban algo de piedad para que cesara la brutal golpiza que recibían. Por cada petición de clemencia, los custodios respondían con azotes más feroces.

Yo estaba en la celda número ocho, al final del pasillo, y hasta allá fue a dar uno de los esposados de pies y manos; en ese punto lo arrinconaron a toletazos y patadas, mientras, desde el fondo de mi aposento, observaba mudamente la paliza que le propinaban, a la vez que atendía la indicación de uno de los comandantes: tirarme al suelo para no ser testigo de la falsa valentía con la que muchas veces actuaban los custodios.

Después de prolongar casi una hora el vapuleo a los recién llegados, se escuchó la instrucción: dos de los detenidos serían trasladados a otro lugar y sólo a uno se le asignaría la celda cuatro de ese mismo corredor, a donde fue arrojado como un trapo viejo que rebotó y retumbó en el eco de aquel espacio reducido; de pronto parecía que se agitaba como un animal a medio morir, con la respiración de un corredor adolorido.

—Ese compita, ¿qué onda con usted? —le susurró muy de madrugada Noé—, ¿de dónde viene?

—Soy de Michoacán —le contestó de bote pronto, con la voz aún quebrantada por la tunda de hacía unas horas—, vengo de Lázaro Cárdenas. ¿Aquí dónde es?

—Órale, otro que es inocente y que se siente vejado en sus derechos —dijo Noé como respuesta a la interrogante que le planteaba el recién ingresado.

—En serio, ¿aquí dónde es?, ¿a dónde nos trajeron? Yo vengo de Lázaro Cárdenas, pero desde hace una semana que no sé en dónde estoy, me han tenido con los ojos vendados y me han traído de un lado para otro. Me han subido como a cuatro aviones y dos helicópteros y la verdad ya me desubiqué.

—¿Pos qué hiciste? ¿Qué te habrás comido para que te hayan dado ese trato? ¿A cuántas violaste?

—No, a ninguna; me confunden.

—Voy, voy; se me hace que éste es otro santito como el reportero que tenemos al fondo. Allá afuera bien cabrones y aquí dicen que no saben de qué los acusan.

—De verdad, amigo, me confunden; me quieren echar la culpa de las granadas que tiraron en Morelia, ahora para el día 15 de septiembre, donde murieron ocho personas y otras 100 están heridas, pero la neta, yo no tengo nada que ver con esa situación, yo soy mecánico y mi esposa vende cena en la casa por las noches para poder sacar los gastos de la familia.

—¡Órale! —exclamó Noé en un grito de éxtasis—. ¡¿Tú eres el chingón de las granadas?!

Todos, pese a estar en pleno aislamiento en el COC, supimos claramente del atentado con granadas que ocurrió la noche del 15 de septiembre en la ciudad de Morelia. Ese día teníamos una guardia tranquila, pasó rápida la cena, que recuerdo fue un plato de unicel con dos tostadas de carne de cerdo y un vaso de agua. También nos dieron una guayaba a manera de postre.

Después de la cena, un oficial que rayaba más bien en lo simple y bonachón de un velador de obra negra, y no en la estricta marcialidad en la que se encuadraba la mayoría de los custodios, nos contó a media noche, tal vez cansado de la monotonía del trabajo, que en Morelia, en pleno grito de Independencia, unos vándalos habían detonado granadas de fragmentación contra la población civil:

—*Acaban de decir en las noticias de la tele que unos delincuentes tiraron dos granadas en Morelia* —dijo el oficial mientras hacía su rondín por el pasillo, encontrando a la mayoría en la plática sobre el amor de Jesús Loya y la Nana Fine—. *Dice el noticiero que hay varios muertos y muchos heridos, y dicen que fue el crimen organizado.*

—*Oiga, oficial, ¿la granada se la tiraron al gobernador?* —preguntó Noé muy interesado.

—*No, el gobernador estaba dando el grito desde el palacio y la granada fue tirada a donde se encontraba la gente, frente al palacio. Dice el noticiero que fue en la plaza principal, a un lado de la catedral. Está cabrón, muchachos. Ustedes están bien cuidados aquí. Ya ven, tienen su comida a sus horas y hasta vigilancia que les cuida el sueño* —dijo algo socarrón.

Esa noche que el oficial nos contó lo de Morelia, estuvimos todos en vilo, porque permitieron a Jesús Loya desahogar su pecho y cantar a todo pulmón en espera de la consabida golpiza, que finalmente lo conduciría a los brazos de su enfermera. Sólo que la guardia de esa noche, laxa y relajada, dejó que la serenata calara hondo en el ánimo y el sueño de todos los internos del COC. No hubo paliza para el recluso, y sí velada para el resto de los segregados.

—¿Y por qué tiraste las granadas a la gente? —preguntó insistente Noé al recién llegado, que aún se dolía de los golpes y batallaba con las cadenas y las esposas que lo sujetaban y le entorpecían hasta el habla.

—Te digo que yo no fui, yo soy mecánico; a mí me detuvieron porque tenían que presentar a alguien en el gobierno. Ya ves cómo es ese pinche enano que tenemos como presidente.

—¿Cuándo y en dónde te detuvieron? —le pregunté, ansioso por conocer alguna noticia del exterior.

—Me detuvieron en Lázaro Cárdenas, al día siguiente del granadazo. Estaba trabajando en mi casa, en un taller que tengo ahí. Estaba reparando un carro que me llevaron para arreglarle la marcha, cuando me secuestraron. Era como un comando armado.

—¿No te detuvo la policía? —lo cuestionó Noé.

—No sé, al menos no iban en patrullas de la policía. Fueron como unos 20 los que me detuvieron, iban en varias camionetas. Todos llevaban el rostro cubierto, con cuernos de chivo; llegaron y me subieron a una camioneta. No me torturaron ni nada, sólo me tiraron boca abajo y me pusieron una venda en la cara. De la casa me llevaron a un lugar a donde estaba un helicóptero y allí me subieron. Allí fue en donde supe que no estaba solo, que me llevaban junto con otros dos a los que no conozco.

—¿Con cuántos vienes?

—Me detuvieron a mí solo, pero en la acusación que me leyeron dice que vengo con los otros dos, con los que se llevaron de aquí.

—¿Ya te leyeron la acusación?, ¿ya firmaste?

—Sí, me leyeron de lo que se me acusa; dicen que soy uno de los tres que aventaron las granadas en Morelia.

—¿Y firmaste de aceptación?

—Sí, cómo no iba a firmar si me estaban matando. Me estaban ahogando cuando me entregaron las hojas para que firmara, y dijo el ministerio público que si no lo hacía iban a mandar *levantar* a mi esposa y a toda mi familia. Y después de haber visto cómo me sacaron de mi casa, no dudo que sí puedan mandar a alguien a que mate a mi esposa y a mis hijos.

—No, a mí se me hace que sí eres el que tiró las granadas… —dudó Noé desde el fondo de su celda, desde donde se escuchaba su voz grave y hábil, como cuando tenía la mente más ágil y el pensamiento más crítico—. ¿A poco ibas a firmar sólo porque sí la acusación que te manda a la cárcel por lo que te queda de vida?

—No, compa, le digo que no soy. Le estoy diciendo que me confunden. Me están culpando de algo que no hice, me están acusando de pertenecer a Los Zetas y de ser parte de un comando especial que llegó a Michoacán para calentar el estado. Eso es lo que dice en la acusación que me dieron a firmar. Y firmé porque no había para dónde hacerse en ese momento, porque si no firmaba me tirarían de un helicóptero sobre el mar.

—¿A poco firmaste la declaración de culpable en un helicóptero?

—Sí, me subieron a un helicóptero y comenzó a volar, mientras me tenían amarrado y me golpeaban dos soldados…

—¿No que no te habían detenido los soldados, sino que había sido un comando que no eran policías? —lo cuestionó Lupillo desde la celda tres, que también estaba atento a los detalles de la plática.

—No, lo que yo dije fue que no me detuvieron los soldados, sino que fue un comando de unos 20 los que llegaron a mi casa. Después los que me detuvieron me entregaron con los soldados, porque me llevaron a un lugar en donde estaba un helicóptero y de allí me trasladaron a otro lugar, como a media hora de vuelo, y me subieron a otro helicóptero, y en ese helicóptero, en el segundo, me comenzaron a golpear y a torturar. Y allí fue en donde dos soldados me estuvieron golpeando y me dijeron que si no firmaba lo que ellos querían, la declaración de culpabilidad, me tirarían al mar.

—¿Estaban volando sobre el mar?

—Sí, cuando me quitaron la venda de los ojos, me pusieron de cabeza y me sacaron la mitad del cuerpo, amenazándome con dejarme caer. Y sí lo hubieran hecho, porque sólo me estaban deteniendo del pantalón y de repente me soltaban como para empujarme.

—Aparte de eso, ¿te torturaron de otra forma? —seguía preguntando Noé convertido en improvisado fiscal.

—Sí, cuando me subieron en el segundo helicóptero, en donde ya no estaban los otros dos que pude escuchar al principio, allí me amarraron como a una banca, con los ojos vendados, y me comenzaron a golpear en la panza, me quitaron los zapatos y me pegaban en la planta de los pies con un tolete; también me pegaban en los dedos y me picaban con agujas debajo de las uñas de los pies. Después me comenzaron a golpear en la cara y me ponían una toalla empapada de agua mientras me pegaban en el estómago y me sacaban el aire.

—¿Y qué era lo que te preguntaban?

—Querían que les dijera por qué había tirado las granadas, que les dijera de qué cártel era. Querían que les dijera quién me había mandado. Y cuando más les decía que no sabía, que me estaban confundiendo, más arreciaban los golpes. Me comenzaron a poner una bolsa de cuero en la cara, como de un plástico más duro que el normal, y me decían que a ellos les valía madre que yo fuera culpable o no, pero que lo que sí tenían que hacer era hacerme firmar un papel en donde aceptaba la culpabilidad por los granadazos. Después de una hora de estarme golpeando, me dijeron que me tirarían al mar, que al cabo nadie sabía en dónde me encontraba, y nadie sabía quién me había sacado de mi casa.

—¿Cuántos eran los que estaban contigo en el helicóptero?

—No sé, escuchaba con mucho trabajo a los que me golpeaban, aunque pienso que a lo mejor había al menos otros cuatro más. Sentía más gente de la que escuchaba. Cuando me quitaron la venda para que viera el mar, alcancé a observar más gente en el helicóptero. Pienso que había unos cuatro más aparte de los que me golpearon. Todos estaban vestidos de soldados.

—¿Cuándo decidiste firmar la acusación?

—Luego de que me asomaron del helicóptero, por la puerta que estaba abierta; cuando me colgaron de cabeza y hacían como que me soltaban.

—¿Qué les dijiste: "Sí firmo"?…

—Pos nada, ya no me acuerdo, sólo me subieron de nuevo y me arrimaron unas hojas y las comencé a firmar.

—¡¿No leíste lo que decían esas hojas?! —preguntaba Noé desde su estancia, agarrándose de los barrotes y pegando gritos como loco.

—No leí nada, no podía leer, tenía mucho miedo; además estaba todo encandilado y no sabía ni qué decían las hojas, sólo sabía que si firmaba tenía una posibilidad de salir vivo, aunque me cueste trabajo salir de la cárcel y me lleve un buen tiempo en desahogar el proceso que me tiene aquí.

A los pocos días de la narración del *Michoacano* —como lo bautizó Noé—, un trabajador del área de psicología que atendía de manera personalizada al *Gato*, le contó a este último lo que se informaba en las noticias: "La Procuraduría General de la República (PGR) carece de pruebas contra los tres procesados entregados por un comando armado al gobierno de Felipe Calderón, que aún esperan condena en el penal de alta seguridad de Puente Grande, Jalisco".

—¿Firmaste en el helicóptero o en las instalaciones de la SIEDO? —lo siguió cuestionando con insistencia Noé, como para tratar de entender mejor la historia o de plano para llenar los huecos que iba dejando el relato.

—Yo firmé mi declaración cuando estaba en el helicóptero, pero después me dieron unas hojas, cuando me llevaron a las oficinas de la AFI, creo que en la ciudad de México; en esas hojas, que me obligaron a memorizar, donde decía cómo fueron los hechos que supuestamente protagonicé: en qué momento llegué a la plaza de Morelia, con quién iba y qué fue lo que yo pensaba antes de tirar las granadas. Señalaban qué fue lo que supuestamente hice luego de tirar la granada y a dónde me dirigí; de qué forma era la granada y qué sentí cuando escuché la detonación. Decían allí también qué fue lo que ocurrió en los momentos antes y después de que estalló la granada.

—Pero tú no habías dicho nada de lo que estaba escrito allí, ¿o sí?

—No, yo nunca dije nada de lo que luego me ordenaron que me aprendiera de memoria.

—¿Y memorizaste esa historia que estaba escrita?

—Sí, me dijeron que la aprendiera de memoria para luego platicarla con algunas personas que me iban a entrevistar.

—¿Te entrevistaron periodistas?

—No, no me entrevistaron para la tele ni para ningún periódico; las entrevistas me las hicieron como cuatro personas distintas, todas de la SIEDO, en un lapso de cinco horas.

—¿Cuánto duraban las entrevistas?

—Como unos 30 minutos cada una. Y allí me estuvieron preguntando lo mismo que me había aprendido de memoria, de las hojas que minutos antes había leído. Incluso, cuando me olvidaba de algo, quienes me entrevistaban me recordaban más o menos cómo iba lo que tenía que decir.

—¿Alguno de tus entrevistadores te dijo de dónde venían?

—Ninguno, todos me entrevistaron en el mismo cuarto de la SIEDO, en una mesa con un mantel negro y varios papeles encima. Todos fueron muy amables. Hasta el gringo que platicó conmigo.

Allí ya no hubo mentadas de madre y mucho menos golpes ni tortura. Se portaron muy amables porque ya estaba cooperando. Hasta me dieron agua en un vaso de vidrio. Cuando el primero que me entrevistó me dijo, antes de que comenzaran a grabar la entrevista, que me traerían agua, yo pensé que otra vez me iban a ahogar, pero luego entró una policía con un vaso de agua en la mano y la neta, eso me desarmó. Comencé a platicarles todo lo que me aprendí de memoria.

—¿También te entrevistó un gringo?

—Sí, me estuvo preguntando lo mismo que los otros, y antes de terminar me dijo que sería mejor para mí que me declarara culpable y que ellos me ayudarían a salir más adelante, y que si yo quería ellos me podían llevar a Estados Unidos a que se me dictara sentencia allá.

La plática, que transcurría bajo la aguda conducción de Noé, fue interrumpida en punto de las seis de la mañana por el pase de lista y la posterior orden de baño. Este último resultaba todo un ritual: un oficial se paraba frente a cada una de las minúsculas celdas para vigilar que estuviéramos bajo la regadera —aun cuando el agua estaba a un grado de la congelación—, y determinaba en qué momento debíamos salir de la ducha, en cuánto tiempo enjabonarnos y en qué instante terminaba la limpieza corporal.

Hubo ocasiones en que el baño de las seis de la mañana terminaba hora y media o dos horas después, siempre con el agua helada que quemaba la piel —cada vez más insensible y adormecida—, que iba dejando poco a poco amoratado el cuerpo y quebrantaba nuestra fuerza de voluntad.

Tras la ducha venía el desayuno: por lo general dos paladas de frijoles nadando en agua, acompañados de un puño de nopales guisados, dos tortillas y un pedazo de gelatina de flan, todo en un reducido plato, y mezclado a propósito por el cocinero, quien era de los pocos civiles que entraban en ese pasillo y disfrutaba las muestras de repulsión y las ganas de vomitar que experimentaba cada uno de nosotros.

Al término del almuerzo —que debíamos consumir en un lapso de cinco minutos, porque después pasaba un guardia para retirar el plato—, quedábamos sin mayor ocupación para el resto del día. Era la mejor rutina del mundo, consideraba Noé en tono de broma: nos levantamos, desayunamos y nos desocupamos, eso ni los millonarios de México lo hacen. Y cada vez que hacía alusión a ese chascarrillo —uno de sus favoritos— terminaba festejándose con una sonora carcajada.

—Ese compa michoacano, ¿está despierto?

—Sí, compita, aquí ando, más adolorido que nada, ahorita que me enfrié con el baño de agua helada, pero más tranquilo. Estoy seguro de que esta situación se va a aclarar pronto.

—Órale, ¿y qué delitos son los que le achacan?

—Me acusan de delincuencia organizada, terrorismo y portación de arma de fuego de uso exclusivo del Ejército, lesiones y homicidio.

—¿Y con qué cártel lo relacionan?

—Dicen que soy de Los Zetas, pero la neta, no tengo nada que ver con ellos. Si usted viera las condiciones en las que me encuentro: tengo que trabajar para sacar a la familia adelante, mi esposa vende cena y yo trabajo de mecánico; a veces me tengo que aventar varios turnos en el transporte público de Lázaro Cárdenas, para cubrir los gastos de la casa.

—Bueno, el que seas pobre no quiere decir que no seas delincuente —insistió Noé.

—No tengo por qué echarte mentiras. Lo que te estoy diciendo es cierto. Yo estoy seguro de que no hice lo que me acusan, y tengo la seguridad de que voy a salir muy pronto, porque los verdaderos responsables pronto van a caer. Porque a mí me *levantaron* mientras estaba trabajando, yo no estaba en Morelia cuando pasó lo de las explosiones…

El Michoacano no alcanzó a terminar su defensa frente a las dudas de Noé, cuando el agudo ruido de una sirena comenzó a sonar. Era la primera vez que se escuchaba ese zumbido en el penal. Noé pegaba gritos y brincos como loco dentro de su celda, al igual que algunos más lo hacían desde otros puntos del presidio, según se alcanzaba a percibir. De pronto, junto con el sonido de la sirena que inundaba toda la cárcel, también se oía una algarabía con matices de fondo.

—¡Ya se fugó otro! ¡Ya se fugó otro! —gritaba Noé, como poseído, desde el interior de su celda—. Ahora sí se los cargó la chingada, putos oficiales, aquí les guardo un lugarcito en mi celda. ¿Quién es el valiente que se va a venir a quedar conmigo esta noche? ¡Hasta que me voy a coger a uno de estos putos uniformados de negro! —exclamaba *El Gato* en su loco frenesí activado por la alarma.

No habían transcurrido ni cinco minutos de aquellos acontecimientos —casi al mediodía del 6 de noviembre de 2008— cuando el servicio de electricidad fue suspendido y toda el área se llenó de policías encapuchados y oficiales con equipo antimotines, quienes ordenaron a los presos permanecer en silencio, tirados al piso, con las manos por detrás y los pies cruzados.

Hasta el pasillo cuatro se podía escuchar la movilización que se vivía en todo el penal, porque poco a poco se apagaba el barullo de algunos reos, principalmente los del módulo ocho de población, ubicados a pocos metros de distancia del coc. El sonido de la alarma seguía zumbando en el aire, a la par del sobrevuelo de un helicóptero, mientras desde el patio que corresponde al pasillo cuatro, una voz marcial gritaba que el preso ya estaba sometido.

Después supimos, por la versión de un oficial de guardia que platicaba con Noé, que la alerta había sido activada por un preso que de manera muy violenta agredió a dos vigilantes del pasillo tres, y en un descuido huyó hacia el patio que comparten los pasillos tres y cuatro; allí, sin ninguna posibilidad, intentó escalar una de las paredes, lo cual se consideró como un código rojo y se activó el sistema de alerta de fuga de internos, que no se había escuchado en esa cárcel desde la fuga del *Chapo* Guzmán.

Los internos que vivieron la fuga del *Chapo* —y los días posteriores al hecho— reconocieron de inmediato el zumbido característico de la sirena, que se activó por primera vez la noche del 19 de enero de 2001. Ahora, varios años después, un recluso del pasillo tres, en un acto de desesperación, intentó evadir la vigilancia para salir de ese lugar, aprovechando —contó uno de los guardias— su traslado a una consulta con el encargado de aplicar estudios para asignar tareas laborales y de terapia ocupacional, una vez que fuera sentenciado, según le comentó el propio funcionario. Eso propició la desesperada acción del reo, que fue sometido a punta de balazos de goma, cuando se hallaba contra la pared de aquel patio.

De acuerdo con el código de tratamiento de conducta para los internos de la cárcel federal de Puente Grande, tras un intento de fuga —hecho que se considera así cuando un preso no obedece las órdenes del custodio que lo traslada y camina cinco pasos sin escuchar advertencias— sobreviene una sanción validada por el Consejo Técnico Interdisciplinario, integrado por los encargados de las principales áreas de colaboración en el interior del penal, en donde —con solemnidad de magistrados— se dictan sentencias de aislamiento total, que van de 10 a 120 días, hasta llegar al extremo de recomendar el traslado a otra cárcel federal.

Luego se supo que el temerario recluso que intentó fugarse era del pasillo dos y llegó a la cárcel federal proveniente de Aguascalientes, señalado como jefe de Los Zetas en esa plaza. Estaba acusado de haber participado en enfrentamientos con las fuerzas federales en esa región, en donde había ejecutado al menos a cinco miembros del Ejército.

—*Le dicen* El Patotas —*un día le comentó a Noé el oficial que le filtraba datos*— *y su expediente sólo trae 42 homicidios.*

—*Por eso la desesperación del vato* —*respondió Noé, en un breve diálogo casi a hurtadillas.*

—*Él sabe que no va a volver a la calle, por eso se aventó el tiro para que lo mataran, pero le dieron con balas de goma. No le resultó como lo esperaba, pero ya se lo llevaron a La Palma. Ayer acordaron que se fuera de traslado y hoy muy temprano vinieron por él* —*finiquitó el oficial.*

Después de aquel incidente, que se suscitó cuando *El Michoacano* explicaba que no tuvo nada que ver con las explosiones en Morelia, se decretó una estricta disciplina en el interior de la cárcel: nadie podía hablar, nadie podía bañarse ni solicitar servicio médico; se cancelaron visitas y movimientos a los juzgados, salvo los que fueran estrictamente obligatorios y reconocidos como tales por los jueces.

Tras esos días sin comer —que literalmente fueron de ayuno porque sólo nos alimentaban una vez al día: medio vaso de arroz con leche, dos tortillas y un puño de hongos sancochados—, volvió la tortura al COC. Noé, al no recibir su medicamento, comenzó a desvariar, impregnando de noche y de día aquellas sucias paredes del pasillo cuatro con sus inacabables monólogos, en los cuales siempre era el actor central de sendas historias y aventuras de narco. Y también, ante la ausencia de su *Nana Fine*, desde el pasillo tres de esa misma área de confinamiento, Jesús Loya pasaba los días en plena serenata.

Mientras Loya cantaba a todo pulmón —con algunos toques de dolor en sus notas, por la ausencia de la mujer amada, y ante la imposibilidad de que lo llevaran sangrando hasta el área de enfermería—, desde su celda Noé *El Gato* hilvanaba diálogos en su mente, que iban desde escenas cotidianas de su infancia hasta presuntos hechos ocurridos en las filas de diversos cárteles del narcotráfico.

—¡Eh!, pinche reportero, ¿quieres una historia para que la cuentes cuando salgas de aquí? —me despertó uno de esos días la voz ronca de Noé, quien desde su celda busca un destinatario para sus narraciones.

—Arráncate, Noé, soy todo oídos —respondí, con la conciencia de que en ese momento él no estaba del todo lúcido, además de que no lo quería provocar y soportar todo el día sus amenazas de muerte si me negaba a escucharlo, como ya había ocurrido en otras ocasiones; después de todo no había mucho qué hacer en medio de aquellas cuatro paredes que se estrechaban cada vez más, conforme transcurría el día.

—¿Sabías que este penal es una bomba de tiempo?

—No, ¿por qué dices eso?

—Porque aquí hay presos de todos los cárteles, sin estar separados. Todos están revueltos. Y el día menos pensado se va a armar una pelea que nadie la va a detener. Yo estoy aquí desde hace 12 años y he visto cómo se ha ido poblando de gente de todos los cárteles que van saliendo, y a los jefes del penal ni les interesa que se revuelvan los de uno y otros grupos.

—¿De qué cárteles hay gente detenida aquí?

—De todos, y todos conviven todos los días, allá en el área de población. Allá no es como aquí, que nos tienen encuerados y sin hacer nada en todo el día; en población se da un trato más normal, no como una cárcel estatal, pero al menos se deja que haya grupos platicando en actividades diarias, tal vez no como cuando estaba *El Chapo*, pero sí todos salen al patio y hacen deporte juntos o llevan actividades de pintura, van a la escuela, a misa o al comedor juntos.

—Dime algunos de los presos más famosos que te acuerdes, de los que están aquí.

—Pos aquí hay principalmente de los cárteles de los Beltrán, de Amado Carrillo, de La Línea, del Golfo, del Jalisco Nueva Generación, del Milenio, de los Valencia, de Los Zetas, de los Arellano Félix, La Familia y del *Chapo*. Creo que la mayoría en este penal pertenece al cártel de Los Zetas.

"Cuando estaba en población vi muchos pleitos entre miembros de diversos grupos, que se daban a matar sin motivo. Se llegaron a picar sólo porque se sabían de bandos distintos, y eso no les importaba a los directivos de la cárcel. Alguna vez escuché a una psicóloga decir que al penal le convenía que los presos nos matáramos entre sí, porque finalmente le ahorraríamos una lana al gobierno federal. ¡Méndiga vieja arrastrada! Ojalá que el gobierno federal la cuide cuando me la coja aquí en la celda."

—Pero allá, adentro, en población, no hay forma de que haya armas, ¿o sí?

—Todo se puede, no hay nada imposible. Mientras haya dinero, cualquiera puede comprar algo de seguridad aquí adentro, aunque esto sea un penal de máxima seguridad.

—¿Entonces en la población hay gente que tiene armas?

—Tal vez no como las conoces tú, pero allá adentro la gente sí está armada, lista para cualquier enfrentamiento entre bandas. Allá mucha gente puede hacer una punta con el hueso de espinazo que le dan en la comida, con el palito de la paleta Payaso; hasta con los huesos de durazno se puede hacer algo para defenderse.

—A tu gusto, ¿cuáles son los grupos que más gente tienen para un enfrentamiento entre pandillas?

—Yo creo que en esta cárcel, con toda la seguridad que se presume, ni cuenta se dan de que los que más organizados pueden estar son los del *Chapo* y los de los Beltrán, pues aquí hay primos del *Chapito* que son igual de respetados que el jefe, y también aquí está *El Mochomo;* Alfredo Beltrán Leyva, que la gente lo quiere mucho y es muy respetado; cualquiera ni lo duda en matarse por hacerle un paro o para ayudarle en algo.

—Pero todos los reos están separados por módulos, ¿no? ¿A poco hay posibilidad de que se junten?

—Sí, la cárcel está dividida en módulos, y los módulos están separados unos de otros. Normalmente no hay posibilidad de que se junten los presos, pero en una bronca grande, cualquiera se avienta el tiro de abrir las puertas para entrar a otro módulo y hacer de todo este penal una gran mierda.

—¿De verdad crees que aquí esté la gente más peligrosa de México?

—Aquí está la selección nacional de la delincuencia organizada y no organizada… Dicen que aquí hay fácilmente unos 120 presos identificados como jefes de plaza de Los Zetas. La otra vez escuché a dos guardias decir, aquí, a la salida del pasillo, cerca del diamante, mientras esperaba a que me llevaran a psicología, que esto ya era una bomba de tiempo, por tanto delincuente peligroso que llegaba.

”Uno de ellos, que es comandante, aseguraba que a su buen cálculo ya eran más de 70 jefes de plaza del cártel del Golfo, que tenían registrados a por lo menos unos 83 presos identificados como jefes de plaza o mandos importantes del cártel del *Chapo,* además de unos 45 jefes del cártel de La Familia Michoacana, sin contar a los jefes de La Línea, de los Arellano Félix.

”Y sí es de creer lo que decían los guardias, porque si te fijas, todos los días llegan nuevos detenidos; tú has visto que desde mayo pasado el COC se encuentra saturado, no hay celda vacía. Para darles espacio a los presos que arriban, deben reacomodar a los que ya están aquí, por eso ya no duran en aislamiento tanto tiempo, duran menos de lo que marca la ley, la cual establece que un reo que llega a esta cárcel, puede permanecer [en aislamiento] entre 10 y 30 días, mientras le hacen los estudios necesarios para ubicarlo en algún módulo de población; pero es tanta gente la que ingresa que, a ti te consta, hay presos que sólo duran cinco días en estos pasillos y de inmediato se los llevan al área de población.

"A los únicos que no mueven es a los cinco méndigos que estamos en este pasillo —dijo mientras una risita burlona hacía más cruel el comentario—; estamos todos jodidos, somos los únicos que no mueven para nada. El Lupillo, Valeriano, Miguel, tú y yo llegamos al COC para quedarnos. De Lupillo lo entiendo —comenzó a responderse a sí mismo—, porque está quebrado de las patas por los balazos que le metieron cuando lo detuvieron; a Miguel también lo tienen porque le desbarataron la cadera cuando se agarró a balazos; a Valeriano lo tienen aquí porque ni la muerte se lo quiso llevar; a mí me tienen como reliquia, por loco... ¿Pero a ti?, yo no veo que estés enfermo ni loco; se me hace que tú sí eres un pez gordo de la delincuencia organizada y no quieres decir nada..."

—Me estabas diciendo que la gente recluida en esta cárcel representa una bomba de tiempo...

—¡Méndigo!, sácale al tema...

—¿A partir de qué año comenzó a saturarse este penal?

—Fue a partir de 2006, antes estaba como abandonado, más tranquilo. Los que estábamos aquí no teníamos tanta bronca, llevábamos tranquila la fiesta porque éramos muy pocos. Nos prestaban libros, teníamos actividades de pintura, escuela, deportes, visita, buena comida; incluso en Navidad nos daban un aguinaldo con cacahuates y dulces... hasta que comenzaron a llenar el penal de gente a lo puro pendejo. Fue cuando se hizo de esto un desmadre por las medidas de seguridad que comenzaron a aplicar. Cuando el *Chapito* se les peló, se pusieron perros y más roñosos, no se podía llevar la vida con tranquilidad. Y después llegó este méndigo presidente enano que ordenó hacer más difícil la vida en este reclusorio.

—¿Antes no había aquí tanta gente acusada de narco?

—Sí, desde 2004 empezaron a llegar algunos presos reconocidos como jefes del narco, pero son gente que no causó problemas, al contrario, dieron más seguridad a este lugar, porque evitaba broncas de cualquier tipo y siempre aconsejaban a su gente no pelear y llevar la fiesta en paz.

—¿A quiénes recuerdas que hayan llegado aquí…?

—Me acuerdo, porque he convivido con ellos en diversos módulos, de gente bien chida como Rafita Caro Quintero, Oliverio Chávez Araujo, Miguel Ángel Bernal Olguín, Mario Aburto y Daniel Arizmendi *El Mochaorejas*, luego de que los trasladaron de Almoloya en ese año [2004].

—¿De quién más?

—También me acuerdo de Alejandro *El Tyson* [García Quirarte], Carlos González [Rocha] *El Balazo*, Adolfo *El Fito* Muñoz [Castañeda], Juan Ramón *El Jetón* [Ramos Trujillo], Juan Carlos *El Ceviche* [Espinoza Gutiérrez] y José Luis *El Joe* [Cortés Murillo], porque jugaba con ellos al basquetbol y son bien buenos para el ajedrez. Además, ellos me hacían el paro mandándome depositar para poder comprar en la tienda que se abre cada 10 días en el módulo.

"Recuerdo también que en ese mismo tiempo llegaron Edin [José Aragón], Orlando de Jesús [Rodríguez], José Jonás [Pacheco], José Armando León [Hernández] y José Celvin [Wosbeli Camposeco], ellos son ex *kaibiles* que los detuvieron allá por Chiapas, porque estaban relacionados con el cártel del Golfo. En ese grupo también llegó Rafael Ortega y Miguel Ángel Paredes [González].

"Aquí también están Javier Hugo Urquiza [Inzunza], Flavio Manuel Castro [León] y José Uistisengo [Barraza], unos tipos muy cercanos a los Beltrán; están en diversos módulos de la cárcel, pero he escuchado muchas historias de ellos. A todos no los conozco, pero con la mayoría si nos hemos tratado y se han portado a toda madre.

"Poquito antes de que llegaras tú, el penal se puso en máxima alerta para recibir el ingreso de un grupo de *zetas* que fue trasladado desde la ciudad de México hasta aquí. El grupo estaba encabezado por *El Munra* [Javier Sierra Ávalos], al que señalan como jefe de Los Zetas en la frontera de Coahuila. Junto con él trajeron a Alfredo Zamora [Gómez], Eliú Elías López [Flores], Sergio Ontiveros [Regalado], Roque Esquivel [Hernández], Jaime Martínez [Ortiz] y Jesús Alejandro Córdova [Hernández]; todos ellos están dispersos en los módulos cinco, siete y dos, pero en todo el penal se habla de ellos, porque tienen muchos conocidos por todas partes."

—¿De quién más te acuerdas?

—También sé que están aquí, porque los he tratado, Héctor Manuel León, Eudocio Hernández [Bautista], Ramón León [Machado], Juan Carlos Rivera [Valenzuela], Daniel Monzón [Parra], Raúl Valenzuela [Barraza], Erick Alonso Rivas [Ríos] y Eleazar Inzunza [Obeso]… creo que éstos son todos del grupo del *Chapito*.

"Y de otros reconocidos, tú mismo has escuchado cuando vienen algunos guardias a decirme los ingresos del día, como la otra vez que el comandante *Changuito* me estuvo platicando que había llegado Mateo Díaz López, que dicen es el líder de Los Zetas en Tabasco; llegó con su compita Darwin Bermúdez Zamora. Y las últimas estrellitas que han llegado, tus paisanos de Michoacán, que tiraron las granadas."

CAPÍTULO 11

El Mochomo

A mediados de octubre de 2008, el Centro de Observación y Clasificación (COC) fue decretado en estado de máxima alerta. Lo supimos por las instrucciones de un oficial que llegó hasta el pasillo cuatro, para decir en voz alta, en tono burlón, que no habría *salidas al patio* en los próximos días, y que eso se lo agradeciéramos al *Mochomo*, quien había sido trasladado a esa área porque se encontraba mal de salud.

—¡Atención, pasillo! —gritó el oficial desde la puerta—, hoy no habrá actividades de patio, no quiero a nadie hablando, no quiero a nadie cerca de la reja ni asomándose por la ventana. Al que lo sorprenda lo madreo y lo mando a "las acolchonadas" —expresó fulminante.

Después de esa advertencia, extensiva para todos los pasillos del COC, la parte de aislamiento del penal de Puente Grande poco a poco fue quedando sin vida. Todo el sonido se fue desvaneciendo, hasta que aquel conjunto de minúsculas celdas distribuidas como telaraña en menos de mil metros cuadrados, se despobló de rumores y dolores.

Alfredo Beltrán Leyva, a quien se le conocía como *El Mochomo*, fue detenido a finales de enero de 2008 —según lo supe después por la versión que él narró—, en un operativo que llevó a cabo una brigada del Ejército, la cual lo ubicó en una casa de Culiacán, Sinaloa.

Desde su arribo a Puente Grande lo mantuvieron en completo aislamiento, en una zona de la cárcel a la cual se le conoce como "las tapadas", porque allí hay un conjunto de celdas individuales, similares a las del COC, sólo que sin ventilación, sin posibilidad de ver el sol, ni siquiera el pasillo. En ese sitio la comunicación entre los internos es severamente sancionada, las golpizas son más frecuentes y sólo se prueba alimento una vez al día.

Después del anuncio de la llegada de Beltrán Leyva al pasillo del COC, todo quedó en completo silencio; se podían escuchar las pisadas de las cucarachas, que era lo único que iba y venía sin mayor problema por aquellos pisos manchados de sangre y suciedad. Desde aquel mutismo reinante apenas escuché la voz de Noé, que desde la celda dos le comentaba a Miguel de quién se trataba.

—Órale, Miguel, ponte abusado. Éste que viene es el patrón del narcotráfico en México. Si quieres chamba para ahora que salgas, ponte a las órdenes del jefe.

—¿Y sí será el chido del narco? —preguntó un tanto incrédulo aquel ex teniente del Ejército que fue detenido en Zacatecas con un arsenal y medio millón dólares—. Ahora que llegue hay que fijarse en dónde lo ubican, para ver si se puede platicar con él —dijo, como con la esperanza de lograr un acuerdo de trabajo, una vez que estuviera afuera de la cárcel.

—Creo que lo van a mandar allá enfrente, al pasillo tres, porque desde ayer dejaron libre el lugar, sacaron a todos. No ves que hasta el méndigo de Jesús Loya fue removido. Ya no se escucha con su méndiga cantaleta.

El *Mochomo* Beltrán Leyva arribó como a las 11 de la mañana. Desde la quietud de la celda se escuchó el griterío de oficiales que atropelladamente trasladaban al preso desde alguna parte del penal a esa área de segregación.

A medida que el tropel se acercaba a los pasillos del COC, y contraviniendo la instrucción de mantenerse en calma y en silencio, algunos presos confinados en esta sección expresaron vivas, porras y aplausos, y a pesar del riesgo de castigo que implicaba esa acción, se atrevieron a lanzar vítores a quien se suponía era en ese momento uno de los socios más cercanos del *Chapo* Guzmán.

Lo pude observar a su paso frente al pasillo cuatro, mientras lo empujaban y le gritaban, atosigado por dos perros a los lados, con la cabeza agachada, con las manos esposadas por la espalda y con un uniforme raído en el que se alcanzaban a ver claramente los cuatro dígitos que lo identificaban ahora sólo como un número dentro del penal.

El Mochomo Beltrán Leyva llegó custodiado por al menos 20 oficiales de seguridad, que se apretujaban por los estrechos pasillos del COC para estar cerca del célebre preso, a fin de lanzarle algunos insultos, como para demostrar su hombría o al menos su estatus social de "perdonavidas" dentro de la cárcel.

El Mochomo caminaba jadeante, pasado de kilos, con las manos atadas por la espalda, obligado a mantenerse los más encorvado posible, parecía que se infartaría en el momento, por la forma agitada de la respiración, jalando aire por la boca, bañado en sudor. Acaso se le escuchó en ese momento un grito de lamento que remató con una mentada de madre para los oficiales que lo llevaban como a un cristo a su calvario particular.

Del pasillo cuatro, el único que lo vitoreó a su paso fue Noé.

—¡Ánimo, *Mochomo*! —le gritó—, estamos contigo —habló a nombre de todos—; tú sabes que eres mejor que esta bola de cabrones, no te rajes ¡Los de Sonora no nos sabemos rajar!

Apenas Noé manifestaba su apoyo público al recién llegado, cuando unos cinco oficiales de guardia entraron al pasillo y comenzaron a rociar gas lacrimógeno en el interior de las celdas, obligándonos a todos a tirarnos al suelo, mientras el asfixiante químico invadía poco a poco aquel estrecho lugar.

Desde la puerta se escuchó la voz de un comandante que ordenaba, con algo de burla en su instrucción:

—¡Apliquenles doble ración de gas!: una por romper la orden de silencio y la otra por pendejos, porque el detenido es de Sinaloa, no de Sonora, como dijo el pendejo que le aventó flores.

Los más viejos de la cárcel sabían muy bien cómo lidiar con situaciones como ésa, mientras que los más nuevos sentíamos cómo los pulmones se colapsaban por no saber reaccionar ante el irritante gas. Al interior de las estancias no había nada con qué enfrentar la contingencia. Estábamos totalmente desnudos y no contábamos con algo que ayudara.

En algún momento, en un arranque de solidaria reacción, Noé grito:

—¡Con orina en la cara se quita la irritación, orínense y pónganse la orina en la cara, principalmente en la nariz y el ojo…!

—Guarde silencio, Noé —se escuchó una voz hueca desde fuera del pasillo—, voy a ordenar que lo saquen a dar un paseo…

La amenaza fue suficiente para que el preso callara, y sólo se escuchara en el área un concierto de estornudos y tos, como secuela de la reacción de los guardias ante la imprudencia de vitorear cual héroe de la Independencia a uno de los Beltrán Leyva.

Hasta el tercer día se levantó el estado de alerta. En ese lapso, durante 24 horas se suspendieron los servicios de alimentación y medicina, así que desde la primera noche fue imposible dormir en cualquier momento del día, sobre todo porque la falta de medicamento para Noé despertó al orador experto en monólogos.

—¡Ora!, pinche reportero, no te duermas… aquí te voy a contar un cuento. Toma nota, porque se trata de una historia verdadera; óyela, y si sabes, escúchala.

Yo guardaba silencio, porque cualquier respuesta de mi parte significaba provocarlo.

—¿No te he platicado de Jordania? Es la mujer que más he amado. Aún me escribe —comenzó a contarme— y yo la quiero mucho, pero tiene mucho pasado, y no me gusta la idea de que a veces esté conmigo, y siga recordando al comandante aquel con el que vivió y tanto amó…

Ésta es la historia:

Le costaba mucho trabajo aceptar lo que estaba pasando. Callada, absorta en sus pensamientos, miraba fijamente aquel rostro que ahora se encontraba tras el cristal del féretro, mientras rezaba mecánicamente el Ave María. Ya había perdido la cuenta del tiempo que llevaba de pie viendo fijamente aquel pálido rostro, que lo único que tenía de vida eran las sombras que bailoteaban reflejadas por la pálida luz de los cirios que montaban guardia y aullaban silenciosamente en medio de aquella habitación. Jordania siempre había sido así: le costaba mucho trabajo expresar físicamente lo que sentía en el alma, por eso no dejó ver una sola lágrima en su rostro, a pesar de que por dentro estaba deshecha y creía que también estaba muriendo; tal vez estaba más muerta que aquel rostro que se entreveía a través de la ventanilla del féretro y que tenía los labios apenas entreabiertos, como si quisiera decir algo.

Las monótonas sílabas del Ave María seguían saliendo acompasadamente desde sus labios, interrumpidas a veces por el ritmo de la respiración. Tal vez era el exceso del Rivotril o tal vez el mantra de los rezos, pero, a pesar de todo aquel dolor que tenía, ella se sentía en paz, tranquila, porque se sabía como tantas otras veces, a solas, en su casa, con el hombre que amaba y contemplando aquel rostro que tanto le gustaba; sólo que hoy no estaban tirados en la cama, ni él se había quedado viendo fijamente el techo y hablando para ella como si lo hiciera para sí. No, hoy era muy distinto a aquellas tardes de viernes que anticipaban el fin de semana con una ración extra de sexo, besos y poesía. Hoy no era igual que el otro viernes, pero de pronto ella sintió cómo esos días, que recién habían vivido ya eran sólo recuerdos.

Desde niña Jordania supo que la felicidad no era para ella, y eso tal vez se lo expuso el hecho de haber crecido sin padre, del que sólo se enteró que un día lo mataron , y que la policía lo relacionó con un grupo dedicado al narcotráfico, según lo publicaron los periódicos en las notas que de vez en cuando ella veía en temblorosas y amarillentas hojas que guardaba entre sus libretas, y sólo sacaba cuando se sentía sola, como si fuera un acto reflejo de la necesidad de tener a su padre cerca. También la alejó de la felicidad el hecho de haber visto morir a su madre, cuando Jordania tenía 11 años de edad, y tuvo que irse a vivir con su abuela, donde desde niña la trataban con la disciplina de un adulto pequeño, alejada de los juegos y cercana a las preocupaciones de los mayores. Fue eso, el conocimiento temprano de las penas de los adultos, lo que le hizo acercarse a la devoción y a la fe.

Cuando niña se pasaba gran parte del día en la capilla del pueblo, haciendo oración a la santa que allí se veneraba, y que su abuela le había enseñado que intercedía ante Dios y su hijo en las peticiones que cualquiera le hiciera con mucha fe y confianza. Ella se había convertido en fiel devota de santa Cecilia, aquella santa que no parecía poner mucho interés en las necesidades de los fieles, pues siempre estaba distraída tocando el piano y parecía más interesada en su música que en escuchar los ruegos de la feligresía; pero aun así —tal vez eso fue lo que terminó de convencer a Jordania— nunca había desoído las peticiones que desde niña le venía haciendo. Por eso Jordania siempre llevaba un escapulario con la imagen de la santa. Por eso ahora Jordania le estaba encomendado el descanso del alma de su hombre a la santa que murió casta y torturada, y por eso Jordania le hacía ese ruego, como cuando le rogaba que la librara de todo mal.

Jordania sabía que la felicidad no era para ella, pero un día la conoció; fue una vez que ella caminaba presurosa entre la gente, regresando del mercado, mientras pensaba lo caro que había amanecido el kilo de jitomate. Alzó la vista al llegar a la esquina y allí estaba él, como desencajado en el otro extremo de la calle, distraído y lleno de preocupaciones; más parecía un empleado de oficina que un comandante de la policía federal. A él le gustó lo que vio en ella: el conjunto de rasgos y formas que por sí solos no serían atractivos pero que en conjunto se equilibraban de tal forma que la hacían extrañamente bella, dándole un aire infantil a su rostro que contrastaba con la madurez de su cuerpo, enfundando todo en una tez blanca que resaltaba con la constelación de pecas que se asomaban desde la frente hasta las manos. A él le pareció que Jordania era la más hermosa y por eso la buscó y la siguió en los días subsecuentes. Primero una mirada, luego un saludo, después la obligada cita al café y finalmente un mar de conversaciones, saltando desde la biografía personal de cada uno hasta los demonios que sólo se pueden exorcizar en la soledad y en el silencio de una cama. Él besaba con frecuencia sus pies diminutos y blancos; ella besaba casi a diario el costado del hombre antes de salir de la cama, y de este modo su amor comenzó a iluminar como una luna las noches de soledad de los dos, porque el amor entre ellos era así, como la luna: cuando no está creciendo, está menguando, y lo que ellos sentían siempre estaba en cuarto creciente, desde aquel día que se vieron a las afueras del mercado.

Él nunca exteriorizaba lo que pensaba, producto de la deformación profesional (eso era lo único que hacía que su mujer se sintiera a veces como abandonada), por eso se le consideraba uno de los mejores policías, por eso se ganó el respeto de los mandos y por eso fue que alcanzó el grado de comandante, cuando apenas tenía 28 años, y llegó a aquella región para hacer trabajos de inteligencia y combatir a las bandas de narcotraficantes que estaban más activas que nunca;

y también por eso fue que inmediatamente el cártel lo contrató y lo incluyó en la nómina. Así el comandante Danilo se distinguió por sus servicios al cártel de aquella plaza, siendo su función la de mantener alejados a todos los otros cárteles que pretendían asentarse en aquella región estratégica.

Danilo se había ganado la confianza del cártel el día en que, durante un recorrido de vigilancia sobre la carretera federal, detectó una camioneta de modelo pasado que circulaba a baja velocidad; tras la obligada revisión descubrió que traía un doble fondo y allí, minuciosa y acomodadamente, estaban varias docenas de paquetes de droga. Tras el hallazgo, antes de llegar con lo incautado a la sede de la policía, para remitirlo a la fiscalía correspondiente, Danilo recibió una llamada de alguien que dijo ser la voz del cártel, y le ofreció varios miles de dólares a cambio de olvidar el incidente y devolver lo incautado.

—¿Y cómo le hago con los otros policías que vienen conmigo? —preguntó como tratando de adivinar la respuesta, mientras hablaba en voz baja desde el interior de su patrulla, que seguía circulando a la cabeza del convoy sobre la carretera—. ¿Qué les digo a mis elementos, si ya todos vieron lo que encontramos…

—Tú lo has dicho, comandante —respondió la voz del cártel—, son tus elementos. Ellos te pertenecen, tú sabrás si compartes el dinero.

Se cortó la comunicación; con la vista fija en la carretera apretó el botón de *End* de su teléfono y se orilló, haciendo que el resto de la caravana también se orillara. Bajó y sin más se dirigió a las dos patrullas que venían con él y les pidió a los cinco policías que bajaran y dejaran las armas, que necesitaba hablarles. Ellos no desconfiaron; ¿cómo iban a desconfiar de él si casi se sentían agradecidos de estar bajo su mando?

A la orilla de la carretera quedaron tirados cinco cuerpos de policías, el comandante Danilo fue el único que sobrevivió, sólo con un disparo en la pierna derecha, según quedó asentado en el parte policiaco que él mismo dictó desde una cama del hospital donde estuvo internado sólo ocho horas. Desde allí narró que el convoy fue interceptado por dos vehículos que abrieron fuego mientras se daba a la fuga con el cargamento que minutos antes había podido decomisar; el saldo —según la cuenta de Danilo— no fue tan malo: cinco policías muertos, unos miles de dólares en la bolsa y unos nuevos amigos para hacer negocios.

Él nunca le comentó a Jordania uno solo de los actos relacionados con su trabajo; era otro cuando estaba con ella, ni siquiera limpiaba la pistola estando en su casa, por eso ella seguía suponiendo que su hombre, aunque policía, sólo hacia funciones de oficina dentro de la policía federal.

Él no decía nada, y tampoco ella preguntaba, en una simbiosis cómoda que les permitía dedicarse el uno al otro sin el ruido de los pendientes cotidianos y del trabajo que casi siempre acababa por hacer que la luna de amor menguara.

A Danilo siempre le pareció que él había nacido para matar, por eso aquel trabajo de ejecutor al servicio del cártel, manteniendo su bonachona imagen de policía simple, le parecía como venido del cielo, como anillo al dedo. De cuando en cuando, mientras estaba en la ejecución de algún trabajo, se le venía a la mente el primer homicidio que hizo, que realizó más como una reacción del instinto que como una afrenta por resolver; fue cuando mató a Juancho, el compañero del salón que le picó el culo al estar formados para salir de la escuela, cuando apenas tenía ocho años; al salir de clases todavía con la vergüenza en el rostro, Danilo llevó con engaños a Juancho hasta la presa, donde le dijo que tenía guardado un reloj que encontró y que se lo quería enseñar. Juancho sin malicia y olvidándose de la broma que le había hecho a Danilo, aceptó la invitación gustoso, sin imaginar que ya no volvería, al menos vivo. En la presa Danilo, golpeó con una piedra a Juancho, y luego inocentemente arrojó el cuerpo al agua, donde terminó por ahogarse; lo demás fue mucho más fácil: afligido inventó la historia de que Juancho se había resbalado mientras caminaba por la presa y cayó, y así fue como él se decidió a salir en busca de ayuda. Todos creyeron la historia y él supo que era bueno para mentir, tal vez por eso fue que no le costó trabajo ser policía.

Siempre que Jordania tenía tiempo hacía una visita al templo, para ver la imagen de santa Cecilia y hacerle las imploraciones más urgentes, sin faltar el eterno ruego de que la librara de todo mal; ya después se dedicaba a sus quehaceres y procuraba arreglar las cosas para que cuando Danilo llegara a la casa todo estuviera en orden: desde la comida hasta las revistas que le gustaba leer antes de ir a dormir. Ella nunca comprendió por qué un policía como Danilo tenía tanta afición por leer *Tv y Novelas* y *Furia Musical*, tal vez porque eso hacía más evidente la pasividad de carácter de su hombre. Por esa misma razón ella no cuestionaba más a fondo las razones por qué Danilo tenía un gusto excesivo por las camisas rayadas, los zapatos extremadamente lustrosos, los calcetines gruesos y a cuadros, y el color café en la ropa. Ni qué decir de su gusto —que rayaba en la saciedad del vicio— por la coca cola y los gansitos que atestaban el refrigerador y eran infaltables en la lista del mandado. Una vez Jordania tuvo que recorrer casi 200 kilómetros de carretera para comprar gansitos, luego de que se escaseó ese pastellito en aquella población por una huelga en la planta regional. Ésa era la forma más evidente de decir todo lo que significaba para Jordania complacer los gustos extravagantes que tenía su marido, y que a ella le satisfacía tanto verlo como un niño en atascados festines, que sólo terminaban cuando ella adoptaba el papel de esposa-madre y le retiraba la bandeja de los pastellitos devolviéndolo a la realidad de la que parecía evadirse.

Pero en contrapeso a aquel que parecía niño comiendo gansitos frente al televisor, saltaba ese ser inhumano en el que se convertía cuando se trataba de ejecutar a alguien por encargo del cártel, entonces parecía que mientras más saña aplicaba a sus crímenes quedaba más satisfecho. Al menos así lo había sentido durante los últimos cinco años, tiempo en el que se había vuelto más cariñoso con su mujer y ella sólo se limitaba a saber y sentir que las cosas iban bien en el trabajo, y que eso les beneficiaba a ellos como pareja, pues la luna de su amor seguía en cuarto creciente.

Como si fuera una adicción, Danilo buscaba más y más nuevas formas de matar. Sus servicios criminales eran cada vez más requeridos desde el celular por la voz del cártel, y él buscaba la manera de hacer variado su trabajo, al principio por estrategia que desorientara a quienes investigaban los asesinatos, y después sólo por satisfacción personal malsana. Así fue como pudo pasar del simple balazo en la frente a la muerte por envenenamiento con mercurio inyectado directamente en las venas, pasando también por la decapitación directa y el degollamiento con una navaja de afeitar; o tal vez recurría a aquella que era su preferida entre todas las técnicas: iba cercenando dedos y miembros, uno a uno, con la víctima sujeta en una silla, hasta que moría desangrado; llegaba a haber cuerpos que seguían vivos hasta 12 horas después de cortarles brazos y piernas, y tener abierto el abdomen. A estas alturas ya se le hacía de lo más normal asesinar con una descarga de balas en el cuerpo, por eso ya casi nunca ejecutaba en la calle y optaba mejor por llevarse a sus víctimas a aquella casa que había rentado en las orillas de la ciudad, donde se confundía con los cientos y cientos de burócratas que llegaban extenuados de sus oficinas, manejando vehículos compactos que no llamaban la atención.

Jordania, feliz y enamorada de aquel hombre extrañamente cariñoso y muy atento principalmente los fines de semana, no podía menos que agradecer a santa Cecilia todo lo que ella estaba intercediendo por sus necesidades y, sobre todo, porque veía muy claramente que por fin estaba siendo feliz, aunque ella suponía que la felicidad no era algo para ella; sin embargo, rezaba todos los días en el templo haciendo aquel rito de veneración heredado de su abuela, que consistía en prenderle una veladora a la imagen de la santa, mientras que no dejaba de agradecer los bienes recibidos y pedía la librara de todo mal.

Ella era feliz, Danilo era el mejor hombre que pudiera haberle tocado, por eso decidió que ese fin de semana hablaría con él y lo convencería de tener un hijo; ella quería el embarazo ese mismo fin de semana y, sin duda, a Danilo también le gustaría la idea, por eso sintió que ese viernes sería distinto a los demás; hasta el aire estaba perfumado y ella no pudo disimular una sonrisa en los labios durante todo el día, y la cara de aquella niña que tanto le gustaba a Danilo se había vuelto aún más tierna, como ansiando el gran evento que estaba segura habría de cambiar la vida de los dos.

Pero a Danilo las cosas no le salieron muy bien aquella mañana. Desde temprano la voz del cártel le pidió un trabajo que implicaba tiempo más que esfuerzo, y eso lo mantuvo preocupado en las primeras horas de la jornada. Se inquietó y se desconcentró. Decidió no salir a patrullar las calles y delegó funciones de mando en otros subordinados. Él quería concentrarse para llevar a cabo el trabajo solicitado.

Jordania aprovechó la mañana para visitar a santa Cecilia y contarle su intención de embarazarse aquel mismo día, pidiendo su protección y haciendo el mismo ruego que le hacía desde niña: que la librara de todo mal. Regresó temprano a su casa y disponía todo para aguardar el regreso de su marido; pero apenas había llegado cuando tocaron la puerta: era uno de los subordinados de Danilo. Lo único que le entendió, antes de ver todo como en un sueño, fue que a Danilo se le escapó de la mano una granada, mientras estaba en su oficina preparándose para una operación de trabajo; la granada se le trabó entre la camisa y el chaleco cuando él pretendía mantenerla oculta y se había espoletado. El cuerpo de la cintura para bajo quedó totalmente deshecho; murió muy de prisa ahí mismo, tal vez como ninguna de sus víctimas.

Y ahora allí estaba Jordania, de pie, absorta, frente al féretro que contenía el medio cuerpo de Danilo, tratando de entender por qué la felicidad no era para ella, tratando de matar aquellas ganas de ser feliz que apenas unas horas antes había tenido, queriendo despertar de aquello que ella rogaba que fuera un sueño, tratando de entender que por fin santa Cecilia le había librado de todo mal.

—Órale, Noé —le dijo Miguel desde su celda—, esa historia está bonita…

—Esa historia era sólo para el reportero, tú qué chingaos estás oyendo lo que no te importa, cabrón, te voy a matar, deja que venga el oficial y verás cómo me voy a meter a tu celda en la noche y te voy a tragar vivo, te voy a destripar y luego te voy a violar…

—Sí, Noé, esa historia está muy chida —le dije yo, para hacerle el quite a Miguel.

—¿Sí te gustó, reportero?

—Sí, por supuesto, ¿en dónde la escuchaste?

—No la escuché, la viví en Aguascalientes. Danilo era mi compadrito, yo le presenté en el templo a un hijo que tuvo fuera de matrimonio con su secretaria, ya cuando estaba casado con Jordania. Yo estuve trabajando mucho tiempo en la Federal con él. Luego me enamoré de Jordania. Después, para que veas cómo es la vida, Jordania se enamoró de mí, y a la fecha me escribe y estoy esperando que me autoricen su visita…

Hablando de Jordania se le pasaba el tiempo a Noé, y nos hacía más llevadera aquella prisión. Después de sus narraciones, casi todos en aquel pasillo aprendimos a querer a esa misteriosa mujer a la que él amaba como a ninguna y por la cual sufría en un éxtasis eterno el sentimiento del amor que nunca alcanzaba a estar completo.

Y hablando de Jordania y su piel con pecas que tanto le gustaban a Noé, nos sorprendió el momento. De pronto una voz le indicaba a Juan Luis, el preso de la celda siete, que se alistara para traslado; sería llevado al área de población. Ya desde la puerta lo esperaban cinco oficiales de guardia, y otros cinco traían al nuevo preso que ocuparía esa estancia.

Allí volví a verlo, a unos metros de mí, frente al aposento; era la misma cara redonda, con la barba bien dibujada en el rostro, tez pálida, caminando lento, pero sin empujones; se podía observar a un hombre sereno. Al *Mochomo* lo instalaron en la celda siete, justo a un lado de la mía.

A diferencia de hacía tres días, no había miedo en el rostro, aunque se le notaba cansado, fatigado; las cejas pobladas apenas dejaban entrever sus pequeños ojos claros, brillosos, agobiados de ver siempre el mismo color amarillo de aquellas sucias paredes, en donde las manchas de humedad, de sangre y de saliva dibujaban figuras a capricho.

Cuando lo confinaron en su celda, no lo empujaron, no portaba esposas, sólo le pidieron que entrara por su voluntad. *El Mochomo* se deslizó despacio, volteando a ver a quienes atisbábamos a través de las celdas —con un dejo de morbo—, no tanto por saber cómo era el famoso Beltrán Leyva, sino por mirar un rostro humano que nos recordara el propio.

Casi de inmediato, una vez instalado *El Mochomo*, Noé —desde su celda— se puso a sus órdenes. El recién llegado adolorido y fatigado, sin ganas de hablar, respondía con monosílabos las acuciosas preguntas del *Gato*.

—Ese compita, aquí estamos todos a sus órdenes —le tiró Noé, para romper el hielo—; lo que se le ofrezca, usted sólo diga en qué le podemos servir.

Siempre me sorprendió esa forma que tenía *El Gato* de abrir el diálogo con los nuevos reclusos del pasillo, pues a fin de cuentas todos estábamos presos, en las mismas condiciones, sin posibilidad de ayudar al de a lado, aun cuando se estuviera muriendo y uno poseyera el remedio para evitarlo. Pero le daba resultado: siempre terminaba ganándoselos y averiguando a fondo la situación de cada uno de ellos.

—Gracias, amigo —le respondió *El Mochomo* desde su celda.

—¿Cómo te sientes, carnalito? —insistió Noé.

—Algo cansado.

—¿Te trajeron desde hace tres días al hospital?

—Sí, traigo un malestar, pero parece que ya está mejorando.

—¿Te operaron?

—La verdad, no sé ni qué me hicieron…

—Así son en esta méndiga cárcel —se desató Noé—, abusan de uno. No le dicen ni qué le hacen o de qué está uno enfermo, sólo le meten mano o cuchillo, según sea el caso, y nunca te avisan de qué padeces y ni qué estas tomando, ni tampoco cuánto tiempo vas a tardar en componerte. Así me la hicieron a mí cuando fui a parar al hospital por una fractura de costilla, que ni sabía que tenía, pero que me molestaba mucho…

—Cálmate, Noé —le gritó Miguel—, deja descansar al jefe.

—No, ni me digas así, compa —respondió a la primera *El Mochomo*—; hace como dos meses un amigo de "las tapadas", que vive junto a mí, me dijo "jefe", y lo escuchó el oficial de guardia, y no nos la acabábamos los dos; nos castigaron, nos dejaron sin comer tres días, nos suspendieron servicio médico y nos pusieron una chinga a cada uno. Yo duré tres días sin poderme levantar.

—¿A poco también los madrean allá, en población? —pregunté sumándome con ánimo a la plática.

—Sí, también allá es cárcel.

—Pero tú no vienes de población general —acotó Noé—, me habían dicho que estabas en el área de segregados, en las celdas tapadas…

—Estás bien enterado, tienes buenos conectes. ¿Tú sabes quién soy yo? —habló Beltrán Leyva con don de mando.

—Sí, sé quién eres, jefe.

—No me digas jefe, nos van a chingar a los dos, y la verdad ya quiero que se olviden de mí los oficiales, que me han estado cargando fuerte la mano en los últimos días… bueno, más bien desde que llegué por acá.

—Pero sí sé quién eres. Te conocí desde que llegaste. Tú eres *El Mochomo*, el Alfredo Beltrán Leyva. Estás recién llegado, todavía hueles a calle. A lo mejor tú no me conoces, pero yo sé de ti desde hace mucho tiempo, yo le serví al *Chapito*.

—No te ubico —respondió *El Mochomo* casi en pleno desconcierto.

—Me llamo Noé, me dicen el *Gatito*. Yo te vi una vez en Cuernavaca…

—No te ubico; imagínate: ¿dónde guardo tanta gente que he conocido?

—Me imagino; si no te acuerdas de la gente más cercana, menos de los que alguna vez te saludamos en la calle…

—Y todos los que están en este pasillo, ¿qué onda? —contestó como poniendo fin al diálogo estéril con Noé—, ¿por qué están aquí?, ¿por qué no se los han llevado a población? ¿Son también de mucho peligro?

—No —contestó Miguel—, en este pasillo estamos todos los que tenemos alguna lesión o permanecemos bajo tratamiento médico. Todos estamos fracturados, menos Noé y el reportero.

—¿Hay un reportero aquí?

—Sí, aquí ando a tus órdenes —respondí un tanto nervioso—; hasta acá me mandó Felipe Calderón.

—¿A poco también andabas de mañoso? —me preguntó en tono de burla.

—Le quiso jugar al narco, el puto, y hasta acá me lo mandaron —dijo Noé muy despectivo, con un desprecio que pocas veces escuché en su voz—, con lo más selecto de la delincuencia nacional.

—No tengo nada que ver con la delincuencia —dije en mi débil defensa—, me la armaron un diputado federal, el gobernador de Guanajuato y el presidente Calderón; al parecer sus amigos ya se habían cansado de mí, y le pidieron el favor de que me sacara de circulación un rato, y pos aquí ando, pasando las de Caín.

—Usted no se raje, si no tiene nada que ver, pronto se va a ir, es una ley natural. Si tenemos esperanza de salir los que traemos allí algunas cosillas, ni modo que usted se vaya a quedar aquí…

—Gracias por los buenos deseos, amigo —respondí.

—Me llamo Alfredo, me dicen *El Mochomo*, pero casi todos me conocen por mis apelativos: Beltrán Leyva. Y soy *El Fello* para mis amigos.

—Órale, gracias, *Fello* —se adelantó *El Gato*—, yo soy Noé.

Tras el desfile de presentaciones llegó la hora de la comida. Hacía varias semanas que no servían puntual la del medio día, la que se tiene estipulada oficialmente para darse a las 13:00 horas, por eso nos sorprendió.

—La comida puntual es cortesía mía —dijo en tono de broma Alfredo Beltrán—, pero no le vayan a decir a nadie —y celebró con una carcajada que retumbó por todo el pasillo.

Ese día probamos un opíparo alimento, el primero en abundancia —aunque no así en sabor— desde hacía meses: caldo de camarón seco, tostadas de ceviche de soya, abundantes verduras, un vaso de agua de guayaba y un dulce de cajeta como postre. Lo recuerdo bien, porque después de esa ocasión pasaron otros dos meses para comer de manera puntual, higiénica y abundante.

La comida llegaba hasta la puerta de cada celda; nos la entregaban en platos desechables, y el agua en un vaso de plástico. Nos daban diez minutos para ingerirla, antes de que un oficial pasara a recoger plato y vaso. En el mejor de los casos, ese lapso era siempre acompañado de una perorata del oficial encargado del área, quien hablaba de los esfuerzos del gobierno para atender hasta a los criminales, y terminaba siempre con mentadas de madre a todos por parejo, mientras tratábamos de deglutir el insípido menú, en aquellos estrechos y hediondos aposentos.

—Ese compita *Fello*, ¿cómo le cayó el caldito? —inició Noé con la sobremesa.

—Estuvo bien —contestó Beltrán Leyva—, pero me los he comido mejores en Culiacán. Los camaroncitos que nos dieron aquí, ésos la gente los tira en Sinaloa, se los echan a los puercos.

—Sí, pero aquí saben bien sabrosos, compa —apuntó Miguel—; aquí son la gloria, a no haber más.

—Oye, *Fello*, ¿y desde cuándo estás en esta cárcel?

—¿No que todo lo sabes, pues, Noé? ¿Qué te dicen tus conectes de aquí? Ellos deben saber desde cuándo llegué...

—Discúlpeme, compita *Fello* —reculó Noé—, si no quiere, pos no tocamos el tema... le pido que me disculpe.

—No se acule, mi Noé —destensó la plática el propio Alfredo Beltrán—, era sólo por bajarle carrilla... usted puede preguntar lo que quiera, aquí yo soy su amigo —y festejó con otra risotada.

—Gracias, *Fellito* —respondió más serio *El Gato*.

—Creo que ya debo andar casi para un año desde que me metieron a Puente Grande; me agarraron allá por enero... Sí, ya debo andar cumpliendo un año dentro de poco.

—¿En dónde te detuvieron? —pregunté.

—Me agarró el Ejército en un operativo. Estaba en mi casa en Culiacán, entraron en la madrugada; me agarraron dormido...

—Sin oportunidad de nada —agregué a la frase entrecortada.

—No, pos cuál oportunidad, estaba dormido. Si he estado despierto quién sabe de a cómo nos hubiera tocado, y quién sabe si yo estuviera aquí.

—¿Es mejor la muerte que esta cárcel?

—Más bien dímelo tú. ¿A poco no preferirías estar muerto, a estar pasando estas humillaciones?

—Pues la verdad... sí. Esto de la cárcel está muy de la chingada.

—Y sobre todo esta cárcel. Yo conozco... he conocido otras cárceles, y se puede más o menos sobrellevar la situación, te puedes aguantar una temporada dentro y no pasa nada; pero aquí sí está de la chingada, está uno privado de todo.

—Está cárcel es para exterminar —acotó Noé—, me lo dijo la psicóloga; ella me contó que el sistema de las cárceles federales, más que para readaptar, es para exterminar a los que llegamos aquí, porque no cualquiera llega aquí. Aquí no mandan a cualquier delincuente común, aquí tienes que haberte comido algo muy grande para tener derecho a estar aquí... Aunque a últimas fechas como que les está fallando la técnica, porque hasta reporterillos nos mandan, sólo para que nos estén chingando la madre...

—¿Cuánto llevas en esta cárcel, Noé? —preguntó Alfredo.

—Ya voy para 12 años de estar navegando en esto... Y los que me faltan... Traigo 35 años por cada homicidio.

Después de que Noé hizo la suma de su sentencia todo quedó en silencio. Nadie lo dijo, pero a todos nos dio miedo. Nos pegó el sentimiento de resignación con la que habló aquel preso. Ninguno de nosotros estaba sentenciado, todos pasábamos aún por el proceso del juicio y nos agobiaba imaginar una resolución similar.

—Porque aquí, el que menos se juega, está arriesgándose a una sentencia de 20 años —resaltó Noé.

—Está cabrón una sentencia tan grande —dijo Alfredo, como para romper aquel silencio que dolía—. ¿Y la piensas terminar completa? —le preguntó al *Gato*.

—No me queda otra. Ni modo que me les pele a estos méndigos, si cada vez nos tienen más vigilados, más limitados para hacer cualquier cosa. Míranos aquí: todos encerrados las 24 horas del día, sin ninguna actividad, salvo las ocasiones en que nos sacan al patio a meternos nuestras madrizas. Fuera de eso, en esta pinche cárcel apestosa no hay para dónde hacerse.

—¿Y no has pensado suicidarte? —inquirió Beltrán Leyva.

—Ni de eso tenemos la oportunidad, aquí no tenemos nada con qué quitarse uno la vida. Por eso nos tienen encuerados en nuestras celdas, sin nada al alcance de uno... aunque también debo decirte que cuando hay valor para matarse hasta con un hueso de durazno se anda tirando uno a la puerta falsa.

De Beltrán Leyva nunca supimos si estaba desnudo o era el único que tenía uniforme en ese pasillo. Cada vez que hacían movimientos con él, nos obligaban a tirarnos al piso boca abajo, con las manos en la cabeza, hasta que salía del corredor o quedaba instalado dentro de su celda. Nunca nadie le preguntó si tenía el infortunio de estar encuerado o el privilegio de vestir uniforme.

—En el módulo ocho estaba un señor de Guerrero —comenzó a narrar Noé—, un amigo sentenciado a 53 años; ya lo había abandonado su gente, su mujer, sus hijos, y sus jefitos se le murieron estando él en la cárcel. Ya no tenía razón para seguir viviendo. Creo que se llamaba Orlando y estaba ligado a la guerrilla de Guerrero; algo tenía que ver con el secuestro de un gobernador.

"Orlando, después de meditarlo como unos dos días, en una ocasión, por la tarde, sentados en el patio, me dijo:

"—Sabes, compita, creo que ya estuvo… ya le pagué mucho al juez con perder a mi esposa, a mis hijos, a mis padres… yo pienso que ya estamos a mano con lo del secuestro, con todo lo que me ha tocado perder. Yo pienso que hoy mismo me les pelo de aquí. Hoy salgo con los pies por delante. Hasta hoy ya estamos a mano con el juez.

"—¿Te vas a fugar?

"—¡No!, ¿cuándo chingaos salgo de aquí?

"—¿Entonces?

"—Esta noche me voy con el licenciado Lazo.

"Recuerdo que ese día en la cena nos dieron dos duraznos a cada uno, a manera de postre; cenamos frijoles con queso empanizado. Salimos al comedor a las ocho de la noche y estábamos de regreso en la celda como 40 minutos después. Vivíamos en la misma celda Orlando, *Güecho* [un asaltabancos relacionado con la Liga Comunista 23 de Septiembre] y yo.

"Después del pase de lista, a las nueve de la noche, cada quien se trepó en su nave para dormir; el Orlando dormía en la cama de arriba, yo en la de abajo, y *El Güecho* en la de enfrente. Fue la última vez que vimos con vida al Orlando. Al día siguiente, a las cinco de la mañana, cuando nos levantamos para el pase de lista de las seis de la mañana, vimos que él no respondía. Me asomé a la parte de arriba para despertarlo y que se alivianara, pero mi sorpresa fue mayor cuando lo vi tendido, con los ojos clavados en el techo, con las manos apretadas. Estaba morado y tieso. Se había tragado los dos huesos de durazno, para atragantarse, mientras estaba acostado."

Hasta después de la narración de ese suicidio —en la cual Noé explicaba claramente que a veces lo que hace falta para arrebatarse la vida en esa cárcel, no es con qué colgarte o con que cortarte las venas, sino valor para ponerle punto final al suplicio que se vive a cada momento—, Alfredo Beltrán cayó en la cuenta de lo que escuchaba: todos en ese pasillo vivíamos totalmente desnudos.

—¿Cómo que encuerados? —preguntó Alfredo, en espera de que alguien respondiera.

—Sí, encuerados —respondió Noé—, no tenemos nada en nuestras celdas, porque en este pasillo estamos los más peligrosos de los peligrosos de todo el país. No dejan que tengamos nada a nuestro alcance para que no atentemos contra nosotros mismos.

—¿Quieres decir que ustedes no tienen nada en sus celdas?

—Así como lo oyes. No tenemos nada en nuestras celdas: ni un rastrillo, ni un pedazo de papel higiénico, ni el cepillo de dientes… mucho menos un libro, una cobija, el uniforme, el cesto de basura como el que tienen todos los internos en población.

—¿Entonces ni calzones?

—Ni calzones traemos, todo lo que vamos necesitando nos lo van dando al día, al momento. Todo nos lo entregan en las manos, porque según dicen, aquí estamos los que estamos por dos razones: por seguridad del penal y por seguridad de nosotros mismos.

—Todos los días —acotó Miguel— llega el oficial después del pase de lista y nos entrega rastrillo, cepillo, pasta de dientes, y espera a que nos hagamos el aseo; después hace lo mismo frente a la celda que sigue y observa a cada uno que haga buen uso de lo que se le está entregando.

—Sólo que hay unos oficiales medios putones —explicó Noé—; se te quedan viendo con ojos de deseo mientras te obligan a bañarte y te van diciendo qué parte del cuerpo quieren que les muestres, según ellos para verificar que te bañas bien, pero la neta es para sus pinches fantasías. Hay un oficial, uno que parece chango, que hasta babea cuando me pide que me meta a bañar. Una vez lo vi cómo chupaba el jabón con el que me bañé, cuando se lo entregué.

—¿Y qué me dices del oficial pelochas? —preguntó al aire Miguel, para respaldar el comentario de Noé—, ése también es bien putón; a mí en una ocasión me dijo que me cortara con el rastrillo el vello púbico, y me hizo que le diera los pelos y se los llevó en la mano…

—No, pos sí está bien cabrón eso que me cuentan.

Hasta ese momento, *El Mochomo* supo que de los ocho que estábamos en aquel pasillo, sólo él tenía el privilegio del uniforme, las cobijas y los zapatos. Los demás nos la pasábamos todo el día en pelotas. Sólo veíamos nuestro uniforme cada vez que nos tocaba ir al juzgado a alguna diligencia, o cuando se nos permitía la visita familiar. La mayor parte del tiempo —de hecho, todo el tiempo— permanecíamos en nuestra celda sin hacer nada, viendo hacia el corredor, buscando figuras en las manchas de mugre y sangre que se dibujan en la pared.

El ritual en el COC, en el pasillo cuatro, comenzaba todos los días con el pase de lista a las seis de la mañana; luego un oficial pasaba a entregar a cada recluso, primero el rastrillo, luego el cepillo de dientes con un rayón de pasta dental, y finalmente el jabón, para que uno se aseara como pudiera con un regaderazo de dos minutos, o menos, si el oficial de guardia así lo decidía.

Luego uno debía estar listo para recibir el desayuno en la celda, que por lo general consistía en un vaso del café o canela, medio plato de frijoles con nopales, o chilaquiles, o huevo con dos tortillas, y siempre, invariablemente, un plátano o media naranja. Para completar este almuerzo disponíamos de cinco a 20 minutos, dependiendo si el oficial era humanitario o si se trataba de uno de esos frustrados militares que, a manera de castigo, le asignaban la custodia de presos federales.

Las celdas del COC —todas con cámaras que funcionan las 24 horas del día—, como ya he mencionado con anterioridad, son reducidas (miden tres metros de fondo por dos de ancho), tienen una ventana que mira a un pequeño patio, cuyas dimensiones son similares a las de una cancha de basquetbol. Al fondo, pegada a la ventana, se tiende una losa de concreto que funge como cama; junto a ésta hay una mesa y una banca del mismo material. A un costado de la mesa se halla la regadera y a un lado de la regadera, ya junto a la celda que da al pasillo, hay un excusado. Ése es el universo de los presos.

—¿Entonces ustedes no tienen nada en el interior de su celda? —preguntó de nuevo, con asombro, Alfredo Beltrán.

—No —contestó categórico Noé—. Aquí estamos en un área de exclusión, en donde, me dijo la psicóloga, lo más importante es preservar la integridad de nuestras personas, además de que esta cárcel es el modelo que se pretende establecer para todo el sistema penitenciario del país, en donde se aspira a penales sin drogas, sin corrupción, sin autogobierno, sin privilegios, sin dinero; donde efectivamente se readapte a los inadaptados, según la política del pinche enano borracho que tenemos por presidente. Aunque, a decir la verdad, los presos que tienen dinero pueden poseer lo que quieran en sus celdas, me consta.

"Yo he visto cómo allá, en población, presos con mucho dinero tienen en sus celdas galletas, refrescos, pastillas para que se les pare en la visita conyugal, revistas de todo tipo, libros, y hasta de vez en cuando un *pasón* de coca… y eso todo el mundo lo sabe… sólo que el gobierno se hace pendejo. Sólo para los que no tenemos lana, esta cárcel es cárcel, y si no pregúntale a cualquiera en este pasillo, todos estamos bien torcidos, pues no tenemos ni derecho a estar con el resto de la población, nos mantienen en aislamiento por los güevos de los jueces, que también tienen su mochada."

En una ocasión, antes de que *El Mochomo* arribara al pasillo cuatro, un oficial gritó desde la entrada un "¡Atención, pasillo cuatro!", que era la voz con la cual se indicaba que nos acercáramos a la celda para escuchar instrucciones. Esa vez nos informaron que más tarde recibiríamos algo de vestimenta. El anuncio nos alegró momentáneamente, porque parecía que el castigo había concluido. No obstante, una vez que el oficial se retiró, la explicación de Noé nos regresó a la realidad:

—Ni se alegren, sólo nos traerán algunas cosas porque seguramente hay visita de los de derechos humanos. Una vez que se vayan, seguro nos vuelven a quitar todo.

—¿Eso lo hacen seguido? —pregunté a Noé, quien respondió con su profunda sabiduría de preso viejo.

—¿De verdad los crees tan pendejos a los del gobierno como para arriesgarse a que cualquiera de los que estamos en estas condiciones les pongamos una demanda por el trato que nos dan? Claro que ellos se protegen. Y ellos mismos mandan llamar a los de derechos humanos para que vean por las cámaras en las condiciones en las que vivimos. Y nos graban, y si alguien pregunta simplemente muestran un minuto de grabación en donde se nos ve felices, contentos, platicando, leyendo en nuestra celda, durmiendo a toda madre o platicando desde la puerta de la celda… eso desbarata cualquier acusación.

"Ya verás que en un rato nos traen uniforme, cobijas… hasta *pants* y calzoncillo de deportes, libros… todo lo que cualquier preso normal puede tener en su celda, y nos van a dejar usarlos. Vamos a tener libertad en nuestras celdas por tres, cuatro o cinco días, sólo mientras se hacen grabaciones, y luego nos quitan todo, y todo vuelve a la realidad. Así que sonrían, que en los próximos días vamos a estar actuando para las cámaras, y vamos a ser los presos más felices del mundo, por si a alguien se le ocurre preguntar por nuestra situación."

Las palabras de Noé fueron certeras. Ese mismo día, como a las cinco de la tarde, empleados del penal —que laboran en el área de almacén y ropería, y cuya bata azul es su distintivo— llegaron al pasillo para suministrar a cada preso diversos implementos de uso.

A mí me entregaron dos uniformes completos (camisola y pantalón), dos juegos de calcetines, dos calzones tipo trusa, dos juegos de ropa deportiva (*pants* y sudadera), una chamarra de invierno, una chamara ligera, dos calzoncillos para hacer deporte, un par de zapatos para uso diario, un par de tenis, unas calcetas deportivas, dos cobijas, dos sábanas, una funda para colchón, un colchón, una almohada con funda, un cesto para basura, un cepillo de dientes, dos rastrillos, un cepillo para el pelo, un espejo de siete por siete centímetros, tres libros, una libreta, un lapicero marca Bic recortado, una pasta dental, dos jabones para baño, un frasco de champú, un detergente para ropa, tres sobres con cinco timbres para cartas, un paquete de galletas, un refresco de dos litros, una bolsa de cacahuates y otra más de almendras confitadas.

—¡Méndigos! —ironizó Noé—, sólo les falta darnos cien pesos en la mano, para gastar, y que nos dejen salir a la tienda…

—Tú lo dijiste, Noé —respondió Beltrán Leyva—, se trata de que nos veamos muy guapos y muy monos en las cámaras, así que lo único que nos queda es actuar y que nos veamos felices, por si un día volvemos a salir en la televisión.

Yo llevaba más de cinco meses en aquellas condiciones de aislamiento y reducción extrema, y ver de nuevo una almohada me pareció la cosa más espectacular, ya no se diga el olor de las galletas o el sabor del chocolate confitado sobre las almendras.

—Siento como un orgasmo de sabores en la boca —dijo Lupillo, atragantándose con las galletas, sin que nadie le respondiera porque estábamos ocupados experimentando esa misma sensación.

Fueron cinco días de traer zapatos y permanecer vestidos en nuestras celdas. El trato de los custodios se tornó más digno y humano. Cinco días de comer puntual, tres veces al día. Cinco días de no salir *a dar la vuelta* al patio al filo de la madrugada. Cinco días de imaginar que las cosas realmente estaban cambiando.

Después de esos cinco días de trato hipócritamente humano, la vida en el interior de aquella cárcel federal regresó a su curso normal. Las cámaras ya habían hecho su trabajo de archivar escenas de reclusos en relativa tranquilidad, sin nada que les faltara, bien alimentados, con atención médica de calidad, y hasta con una morbosa serenidad.

Los artefactos de vigilancia registraron asimismo a presos jugando basquetbol —en aquel reducido y hediondo patio—, otros saliendo de sus celdas para acudir a actividades académicas o artísticas; reclusos recibiendo terapias psicológicas y ocupacionales; internos llamando por teléfono a sus familias, acudiendo a los juzgados sin empujones ni gritos, yendo a visita al locutorio con sus abogados… un mundo idílico frente a la realidad a la que estábamos sometidos las 24 horas de día, en aquel campo de concentración.

En el COC todas las celdas tienen una cámara en su interior (que operan a control remoto desde un área de vigilancia y monitoreo constante las 24 horas del día), la cual no deja nada para la intimidad de los reclusos. De hecho, no hay un solo sitio en toda la cárcel de Puente Grande que se mantenga ajeno a la mirada vigía de estos dispositivos ópticos y electrónicos. Todos los movimientos de los internos, de sus abogados y de sus familiares que los visitan, se registran todo el tiempo.

—Aquí todo se graba —explicó Noé al *Mochomo*—; hay grabación de audio y de imagen. Yo he contado más de 70 cámaras en los cinco pasillos del COC adonde he estado.

—No me he fijado cuántas existen en el área de "las tapadas" —dijo Beltrán Leyva—, pero la verdad es que sí son un chingo allá también.

—Para que tengas cuidado y no platiques cosas, al menos no más de la cuenta —recomendó.

—No te apures, Noé, yo nunca digo más de lo que haya que decir, porque además no sé nada de lo que me preguntan.

—Sí, porque está cabrón —acotó Noé—. Una vez me platicaron que por causa de las grabaciones que se pudieron hacer de varios compitas en Almoloya, a varios reos les quisieron cargar cosas a sus procesos. Y todo salió de las pláticas que esos compitas hacían en locutorios con sus abogados.

"Entre eso compitas están Rafael Caro Quintero, el general Jesús Gutiérrez Rebollo, Ernesto Fonseca Carrillo, *Don Neto*; los hermanos Daniel y Aurelio Arizmendi López, los *Mochaorejas*; y Miguel Ángel Félix Gallardo. A todos los grabaron y luego la PGR les quiso cargar más cosas a sus procesos. Por eso es mejor chitón.

"Y aquí también, una vez *El Güero* Palma me contó que le iniciaron un nuevo proceso, ya después de estar aquí, a causa de lo que estuvo platicando con su abogado. Posteriormente metió un amparo para librarse del nuevo proceso, y lo único que consiguió fue que le impidieran verse con su abogado en locutorios; [a este último] siempre le prohibían el paso. Ya después, cada vez que se hacía alguna diligencia, sólo podía reunirse con su defensor por el área del juzgado,"

—Pero, Noé, ¿a poco le crees al *Güero* Palma? —cuestionó Miguel.

—Y aunque no le creas al *Güerito*… También me lo contó Vera Palestina, el asesino confeso del *Gato* Félix, una vez en el módulo ocho. Me dijo que a él le han negado muchas veces la libertad condicional a causa de lo que le han escuchado cuando habla con su abogado en el locutorio… ya ves que Toñito lleva más de 10 años peleando la libertad condicional— y no se la han querido dar.

—¿Es el que mató al periodista *El Gato* Félix? —pregunté, porque se me hizo conocido el nombre.

—Sí, ése es un compita de pura ley, que me alivianó un chingo cuando yo estaba en ese módulo.

La plática fue trastocada por el arribo sin previo aviso de un grupo de oficiales de guardia. Supimos de su presencia hasta que se hallaban frente al aposento de cada uno de los ocho internos que permanecíamos segregados en aquel espacio.

Uno de ellos se detuvo frente a mi celda; me ordenó que le entregara todo lo que tenía ahí dentro, incluido el uniforme y los zapatos, a los cuales ya me había acostumbrado de nuevo. Lo mismo indicaron otros custodios a los demás internos, incluso al *Mochomo*. En menos de 15 minutos nos despojaron de las cosas que hacía apenas cinco días nos habían entregado. El pronóstico de Noé se había cumplido.

De nueva cuenta, en pleno mes de noviembre, con el viento helado de la tarde silbando por las ventanas que daban al patio, aquel reducido grupo de presos reanudaba sus pláticas bajo las condiciones de costumbre, distrayendo la mente para aminorar el frío, que poco a poco engarrotaba el cuerpo.

Esa misma noche, tras cinco días de descanso, una vez más se instauró la rutina de *dar la vuelta* al patio, pero esta ocasión no lo hice solo: a siete de los ocho presos que habitábamos aquel pasillo nos condujeron hacia afuera. Únicamente Lupillo no salió, porque estaba en revisión médica, por alguna complicación con su pierna fracturada, secuela de las lesiones de bala que recibió durante su aprehensión.

A los que salimos al patio, incluido *El Mochomo*, nos fue como en feria. Los oficiales, no conformes con mantenernos hincados a mitad de patio, con los brazos en cruz, durante más de una hora, y después bañarnos con el chorro de agua a presión, comenzaron a darnos toques eléctricos en la cabeza.

—¡Órale, cabrones, para que entren en calor y no se estén quejando de que tienen frío! —gritaba descompuesto un comandante, irritado por la desvelada, y porque había mojado su calzado recién lustrado—. Por su culpa nuevamente voy a darle grasa a mis botas.

Además de terminar empapados y tullidos —tendidos en el piso—, con la descarga eléctrica sentíamos como que se nos abría la cabeza. Nadie lo resistió. Yo soporté sólo dos toques y perdí el conocimiento. Un tercer toque en las ingles me despertó y me mantuvo aturdido. Esa vez nadie regresó a su celda por su propio pie, todos fuimos depositados en ellas por dos oficiales que nos levantaron del charco de agua y orina en el que "nadamos" durante horas.

Ya en el umbral de mi estancia, los oficiales me empujaron hacia adentro, como si fuera un costal de carne y huesos. No supe cuánto tiempo transcurrió, hasta que de nueva cuenta me sorprendió otra salida al patio, pero ahora resultó más moderada: un baño de agua fría, unas patadas, y de regreso a la celda. Esta vez sólo la hicimos Noé y yo; el resto del grupo ya no fue molestado.

—Ese mi reportero —me habló *El Mochomo*—, qué onda, ¿cómo se siente? Anoche se fue al patio y no nos invitó a nadie…

—Sí, pues, Alfredo, sólo me acompañó Noé; supuse que estaban dormidos y no los quise molestar…

Todos festejamos con una carcajada, que de alguna manera nos hacía sentir mejor. Nos hacía sentir que estábamos instalados en nuestra rutina, en la engañosa seguridad que brindan las rejas y la custodia de 24 horas todos los días, con la certeza de que la golpiza del día anterior pudo haber sido peor. Con el síndrome de Estocolmo cada vez más enraizado en nuestra conciencia.

El diálogo fue interrumpido otra vez por dos oficiales que llegaron por Beltrán Leyva. Uno de ellos le ordenó que saliera de su celda porque sería trasladado al área del hospital; le entregó —para que se la pusiera— una de esas batas que le dejan a uno mostrar todas las nalgas. *El Mochomo* salió y se perdió más allá del diamante de vigilancia.

—Allí va el famoso *Mochomo* —expresó un oficial que algunas veces platicaba con Noé, y que permaneció en el pasillo luego de que se llevaran a Beltrán Leyva—. Quién iba a decir que aquí lo íbamos a tener.

—Sí pues, el famoso Beltrán Leyva —respondió Noé como para no dejar al guardia hablando solo.

—Todo un caso el amigo —expresó como en monólogo el vigilante—. Dijeron en la televisión que lo detuvieron en su casa, a las tres de la mañana; que estaba cuidado por un grupo de soldados, de los mismos que habían sido asignados para detenerlo. Por cierto, esos soldados también ya están aquí.

—El Ejército y el narco ya son lo mismo —aseguró Miguel, metiéndose en la conversación—. Se lo digo de cierto. Yo cuando estaba a cargo de una partida en Zacatecas, me llegaban las órdenes directas de mi comandante, que me indicaba resguardar caminos, aeropistas, terminales de autobuses y hasta pueblos enteros, sin mayor explicación. Sólo me decía que mantuviera el orden y esperara nueva instrucción.

—¿Y a poco usted se negaba a cumplir las órdenes? —le cuestionó el guardia.

—Pos claro que no. Se la sospechaba uno que andaba haciendo cosas a favor del narco. Y sospechaba uno que el cobro y los beneficios económicos eran para los jefes. Así que a la primera que le cae a uno una propuesta de jale, pos se la avienta, de todas formas como soldados estamos trabajando para el narco.

—¿Tú te aventaste a trabajar para el narco a la primera que te ofrecieron? —le pregunté.

—Sí, a la primera que me ofrecieron una lana por vigilar el paso de unas camionetas, me fleté con ellos, y la neta no me arrepiento, porque ahora mi esposa y mi hijo están recibiendo mejor pensión que la que les pudiera haber dado el Ejército. Yo estoy seguro de que no voy a salir de aquí, porque traigo mucha mierda en el pañal, pero al menos tengo la tranquilidad de que mi esposa y mi hijo no van a batallar. Ellos van a recibir una pensión del narco hasta que mi hijo esté grande.

"¿Sabes cuánto está dando de pensión el Ejército a las familias de los soldados que caen muertos? Les están dando 200 mil pesos por cabeza, y con eso que se la arreglen la esposa y los hijos para que salir adelante.

—¿Y en el narco cuánto dan de "pensión" a las familias de los caídos?

—Los demás no sé, pero Los Zetas, que son los que me están ayudando, pagan 120 mil pesos por la muerte, más el pago mensual de 40 mil pesos a la viuda, para que pueda sacar adelante a los hijos y los compromisos de la casa.

—¿Y por cuánto tiempo es ese pago?

—Es un pago que está bien establecido y existe el compromiso de pagarlo por parte de la *empresa*. Se pacta hasta que el hijo más chico tenga por lo menos 18 años o haya terminado una carrera y pueda trabajar…

—O hasta que el mismo narco los mate —puntualizó Noé.

—¡Cálmate, pinche ciego! —gritó Miguel encolerizado— ¿A ti quién chingados te mete?

—Me metes tú… cuando comienzas a decir tantas pinches mentiras. Como si aquí sólo tú fueras el que sabe del tema del narco, pendejo. Si supieras que yo tuve los controles del narco, cuando estuve al lado del *Chapito*, y lo que dices de las pensiones de Los Zetas no es verdad, es la pinche mentira más grande que he escuchado. No es cierto que les den un solo peso a las familias de los que van cayendo. A lo mucho les pagan el velorio y el entierro, y después nada.

—Yo llegué a saber de familias que recibían la nómina completa, aun después de muerto el jefe de familia —reviró Miguel—. Y la prueba es el dinero que le están pagando a mi esposa mientras yo esté aquí.

—De verdad que eres un pendejo, Miguel —acusó Noé—, no te das cuenta de que a ti te están pagando para que no hables y no involucres a otras personas; pero cuando alguien ya está muerto, lo último que le interesa a la *empresa* es qué hará la familia de los que van muriendo. Lo importante es que no hables los primeros dos o tres años, y eso te lo pagan haciéndote sentir que estás a toda madre con los jefes de plaza, pero ya luego que vean que no es necesario seguir pagando tu silencio, se olvidan de ti. Yo lo he visto en mis tantos años de cárcel, los veo llegar pensando que lo que compraron fue un seguro de tranquilidad económica para la familia, pero a la vuelta de tres años les suspenden el pago y se las comienzan a ver negras las familias, y es cuando aquí los compitas que se creyeron el cuento de la pensión comienzan a sentir que esto sí es una verdadera cárcel... y es cuando comienzan los suicidios...

De repente, el mismo guardia que comenzó la plática también se encargó de interrumpirla por el arribo a ese pasillo —como era normal— de un grupo de policías encapuchados, con toletes y equipo antimotines, que desde la entrada se arremolinaba en espera de que se abriera la puerta electrónica. El custodio que dialogaba con los presos se transformó, y ordenó que todos nos acercáramos a la reja de nuestras celdas y sacáramos las manos hacia el pasillo. Se trataba de la tercera revisión de cinco que se hacían por semana en esta parte de la cárcel de Puente Grande.

El comando de guardias federales que llegó para ejecutar esa tarea ordenó que todos los reclusos saliéramos de las reducidas celdas y siguiéramos las instrucciones. Ya conocíamos el procedimiento: colocarnos frente a la pared, con la cabeza agachada, con las manos levantadas y mostrando las palmas, con dedos separados, mientras un oficial se mantenía a nuestras espaldas.

La revisión corporal era simple, pero ominosa cuando estábamos totalmente desnudos. Sin embargo, los oficiales buscaban afanosamente cualquier objeto que se pudiera esconder dentro de cualquiera de las cavidades del cuerpo. Un guardia daba instrucciones a cada preso, mientras otro observaba detenidamente los movimientos del interno en turno.

La revisión para hallar algún objeto peligroso comenzaba en las orejas, luego pasaba a la nariz y a la boca, en donde en ocasiones introducían los dedos para remover la lengua y hurgar detrás de las encías. Este lance causaba náuseas y vómito a más de uno, lo cual era severamente reprendido por el oficial encargado de la auscultación, quien aplicaba toda la fuerza de su autoridad por la vía del tolete, con destino directo a las costillas y las nalgas.

Después se hacía una estricta y severa revisión en la zona testicular, y no se permitía que el propio interno realizara los movimientos para dejar a la vista ingles y entrepierna. Algunos oficiales disfrutaban este momento, que parecía eterno para quienes manteníamos abiertas las extremidades inferiores. Finalmente llegaba la revisión ocular del ano, con lo cual concluía asimismo el procedimiento clasificado como "de seguridad". Nosotros lo denominamos "la tentada".

Había ocasiones en que "la tentada" irrumpía cuando apenas tomábamos algo de aliento luego de haber salido a *dar la vuelta* al patio, y en otras ocasiones —la mayoría— se presentaba después de comer, lo cual provocaba que muchos devolvieran los escasos alimentos recién ingeridos. Es una estrategia de la autoridad federal para asegurar el estado constante de aniquilamiento que se vive en esa cárcel.

El procedimiento descrito arriba, que en promedio se ejecutaba cinco veces a la semana, establece también una revisión en el interior de las celdas, pero había ocasiones —casi siempre— en que los guardias ni siquiera se asomaban en ellas, pues sabían que no había nada que revisar, además de que ninguno deseaba aspirar el fétido aire que se filtra desde la cañería hasta las estancias.

Minutos después de que los guardias se retiraron del lugar, la discusión entre Noé y Miguel se reanudó, sólo que ahora con menor ánimo, debido al sentimiento de desgano y humillación que siempre dejaba aquella penosa auscultación.

—De verdad, Miguel —insistía Noé—, no le creas a lo que te manden decir los que eran tus patrones. Ya estás en la cárcel y de aquí, si eres culpable, no vas a salir, y tu familia no va a recibir la pensión que dices que le aseguraron. No seas pendejo, porque si te la crees en estos momentos, te vas a decepcionar después peor, y entonces sí te andas matando de la angustia.

"Yo tenía un compita en el módulo siete que pensaba igual que tú. Cayó a la cárcel junto con *Don Neto* Fonseca y le prometieron toda la ayuda que dices que te han ofrecido a ti, pero apenas terminó su proceso y lo sentenciaron, se olvidaron de él. Su familia ya no recibió la ayuda que le daban y lo abandonaron aquí a la mala.

"El amigo se comenzó a deprimir feo. Duró triste tres días sin salir de la celda. Se alejó de todos y un día, cuando regresábamos de la biblioteca, lo encontramos colgado de la celda, se ahorcó con el pantalón… Como ese caso te puedo mencionar por lo menos unos diez. Tú piensas que es por darte la contraria, pero la neta no. Es para sacarte del error y que luego no tengas que pagar, y también tu familia, el creer a ciegas en que el narco es bueno."

—Se me hace que estás mal, Noé —se defendió Miguel—. La neta a mí no me han fallado los patrones y no pienso que lo hagan. Son gente de palabra. Yo no sé con qué narcos trabajaste tú para que pienses que todos los jefes son iguales. Acá, con Los Zetas, hay un código de honor que todos respetamos, y acá sí somos hombres, no como otros jefes que andan por allí engañando a la gente que les trabaja.

—Oye, Noé —intervine yo para terminar con aquella discusión inútil—, ¿tú conoces bien al *Mochomo*?

—Sí, lo conozco desde morrito, desde mucho antes de que se mencionara como gente importante. Lo conozco a él y a sus hermanos Héctor, Marco Arturo, Mario y a Carlos; todos son a toda madre, los traté un tiempo cuando era mensajero del *Chapito*. Al Alfredo siempre lo tuvieron como el más tranquilo de todos los hermanos. Y sí, yo nunca supe que se metiera en pedos con nadie, y siempre trató muy a toda madre a las personas que estaban trabajando con él. El mero jefe de ese grupo, según se sabía, era Arturo; ese viejón tenía el control de todo en muchos estados del norte.

—¿Controlaba también al gobierno?

—No, yo no te voy a decir eso. Sólo sé que estos amigos se portan a toda madre con su gente.

—¿De dónde son ellos?

—Lo que yo sé es que todos ellos son del poblado La Palma, del municipio de Badiraguato, y allí la gente los quiere mucho porque ayudan mucho. Ellos se criaron en la zona de la sierra, muy cerca de donde es *El Chapo*, de allí se conocen todos ellos desde morros. Nacieron en La Palma y *El Chapo* nació, unos cinco kilómetros más allá, en La Tuna.

—¿Pero cómo es que tú los conoces y Alfredo no te ubica? –le lancé la pregunta, provocándolo.

—Ay, pinche reportero, estás bien pendejo… ¿No ves que así es? Ellos —los jefes— nunca van a decir que te conocen aunque hayas pasado todo el tiempo a su lado. Ésa es su naturaleza, ellos son más caballeros que cualquier caballero: ellos no tienen memoria. Ésa es la principal regla de mando entre los narcos.

A los dos días de que lo extrajeron de su celda, *El Mochomo* estaba de regreso, con la misma bata raída que le obligaron a ponerse en el pasillo. Cuando llegó, caminaba con las manos a los lados, no por detrás. Arrastraba los pies que le nadaban en aquellas sandalias, que por lo menos eran dos números más grandes que las que calzaba normalmente.

Frente a su aposento, el guardia que lo acompañaba le pidió que le devolviera la bata y las sandalias y lo dejó entrar. *El Mochomo* se desplazó como un fantasma. Todos nos quedamos a la expectativa, en espera de que nos contara cómo le había ido en el área de hospital, donde estuvo encamado dos días.

Ese día y el siguiente se mantuvo en silencio. *El Mochomo* no externó ni media palabra. Se escuchaba a veces que decía algo entre dientes o que murmuraba, pero no se le oía una sola frase completa o al menos dirigida a alguno de nosotros. Noé —como siempre— abrió la comunicación.

—Ese *Fello*, ¿estás bien?

—Sí, Noé, sólo un poco adolorido de la cabeza. Estoy como si me hubiera puesto una parranda a toda madre, traigo una cruda que no aguanto. Me duele el estómago y todo me da vueltas…

—Estos méndigos… ya te drogaron… para ver qué tanto te pueden sacar. Estos cabrones quieren disponer de cuerpo y alma de todos los presos. A todos los que vamos a parar al hospital, en cualquier momento, por cualquier razón, nos drogan, y luego nos hacen preguntas ya en estado de inconciencia, para sacarnos la verdad de nuestros procesos…

—¿Pero a poco los médicos se prestan para eso? —pregunté aún con ingenuidad, para confirmar mis propias deducciones.

—Para eso y más —acotó Noé—. Todo el personal médico que trabaja aquí vale madre. No tienen ninguna ética. Son parte del sistema y trabajan para el sistema. Aquí se utiliza la medicina como una rama al servicio de los intereses del penal, no para el bienestar de los presos.

"Siempre la dirección designa personal que no tienen nada que ver con el área del hospital, que son los que llevan a cabo los interrogatorios a los enfermos. Les van preguntando sobre temas específicos —que les interesan— para la elaboración de un *expediente negro*, que no conoce nadie, ni el abogado, ni el juez, ni la familia, ni ninguna instancia, sólo el gobierno federal y sus amigos los gabachos.

"Ese expediente negro es la base para nuevas investigaciones y nuevos procesos que se abren cuando uno ya está aquí. A mí me abrieron tres procesos más ya estando preso. Todos fincados en cosas que les platiqué mientras estaba drogado."

—¿Y esos procesos por qué delitos son?

—Me achacan algunos muertitos —continuó explicando Noé *El Gato*— y dos asaltos a camiones de valores... pero como no pienso pagarles nada, pos que le hagan como quieran. De todas formas, con el proceso inicial que traigo no voy a salir de aquí. Estoy como la mayoría de los presos de esta cárcel, que tienen penas que ni con cinco vidas las pagan.

—Pero hay gente que aún tenemos esperanza —intervino *Mochomo*—; mírame a mí, dicen que traigo suficientes cosas como para no salir de aquí, pero la verdad es que de todo lo que me acusan, nada tienen comprobado, todos son rumores, mitotes de testigos protegidos, pero no hay nada en concreto. Así trabaja el gobierno.

—Tú lo has dicho, mi Alfredo: así trabaja el gobierno —terció Miguel—, y por lo mismo hay que tenerle miedo.

—Sí, porque cuando el gobierno se empeña en chingarte, te chinga —afirmó Noé—. Yo lo he visto tantas veces aquí, en estos tantos años que llevo adentro. Y cuando uno va a parar al hospital, por cualquier cosa, te aplican un protocolo que aquí se le llama *de atención especial*, que consiste en darte medicamentos para que hables de todos tus miedos y todos tus gustos; así es como te sacan la verdad que siempre están buscando en todos los presos.

—¿Cómo sabes tanto, Noé? —le pregunté, para tantear si estaba lúcido o fantaseando.

—Te estoy diciendo que son los tantos años de estar recorriendo esta cárcel. He visto de todo. Ojalá, reportero, si llegas a salir de aquí, te animes y puedas escribir un libro con todas estas cosas que te estoy comentando, para que la gente vea y sepa que el puto gobierno tiene dos caras: una que da siempre y que dice que mira por el bien de todos, hasta por los delincuentes como yo, pero tiene otra de maldad, de tortura, de exterminio, que es la que aplica todos los días aquí, la que te consta y que vives todas las noches, cuando vienen y te sacan a *pasear* al patio.

—Oye, Noé, de verdad, ¿cómo sabes eso de los medicamentos que le ponen a la gente que va a parar al hospital? —preguntó Alfredo Beltrán.

—Eso me lo platicó una noviecita que tenía aquí, una señora que trabajaba en la enfermería. Esa noviecita me la pagó *El Güero* Palma. Fue una vez que en el patio comenzamos a platicar de los presos que estábamos abandonados aquí:

"—Y usted, mi Noé, ¿qué onda, no tiene novia? —preguntó *El Güero* Palma.

"—Sí tengo, *Güerito*, pero la dejé allá afuera, porque eso de coger con estos putos del Ejército no se me da.

"—Le estoy preguntando en serio —respondió *El Güero* en tono más duro.

"—No, pos no viene la mujer que dejé allá afuera, y ahorita estoy carteándome con una morra, que era la esposa de un compadre que era comandante de la policía y que estuve trabajando para él un buen rato. La morra se llama Sofía y ando viendo a ver qué posibilidad hay de que entre a visitarme.

"—Pos usted me dirá qué es lo que procede para echarle la mano, para que lo vengan a visitar y tenga su íntima como Dios manda.

"—Más bien, si me quiere ayudar, *Güerito*, por qué no me consigue una cita con la enfermerita que viene al módulo. Yo sé que si usted me hace las gestiones económicas para encontrarme con esa morra en la enfermería, podemos llegar a un buen acuerdo.

"—Está bien, déjeme lo platico con el jefe y yo le digo qué posibilidades hay para ese encuentro, que al cabo con una buena lana todo se puede, y yo le voy a echar la mano.

"Después de esa plática, un día me llamaron de psicología para una entrevista, y allí, sin más ni más, el que me atendió me dijo que ya había hablado con los jefes y ya estaba arreglado lo de mi visita con la morra que le pedí al *Güero* Palma… A partir de allí llevé una buena relación con la enfermerita, que me alivianaba muy bien."

—¿Y esa enfermera fue la que te contó de los medicamentos psiquiátricos que se le dan a los internos cuando llegan al hospital?

—Sí, fue ella… y después lo pude comprobar, cuando me abrieron tres nuevos procesos, luego de haber sido internado por una hepatitis que me pegó y que ya me andaba matando. Salí del hospital sin la enfermedad, pero con tres procesos abiertos.

—Pos ojalá que no me la hayan aplicado a mí, yo fui por una endoscopía —dijo *El Mochomo*—; y sí dormí a toda madre, porque me dieron medicamentos para relajarme, por eso llegué todo menso a la celda…

—Ojalá, *Fello*, que no se la hayan aplicado, o por lo menos ya tiene para decirle a su abogado que se ponga trucha en ese sentido, para que pueda meter un amparo o cualquier cosa que él sepa para su defensa.

—Sí, le voy a decir al abogado mañana que venga —caviló en voz alta *El Mochomo*—, para que se ponga a las vivas, ya ves que le están poniendo mucha presión a mi caso y el gobierno se va colgar de cualquier pretexto para hacerme cansado el asunto.

"Ya ves que los gringos están muy interesados en mí y hasta me quieren llevar al gabacho. Me dijo el abogado que apenas me detuvieron, el embajador de Estados Unidos en México, Antonio Garza, felicitó al gobierno de México que porque había conseguido una victoria al detenerme, y hasta me señala como uno de los principales líderes del cártel de Sinaloa."

—¿Y de verdad eres un alto capo, como dicen? —aventuré a preguntar.

—A lo mejor traigo mis cosas, pero no como señala el gobierno. Yo pienso que gran parte de lo que dicen de mí en las noticias son mitotes, pero es parte del juego del gobierno; ellos juegan a que cada vez que detienen a una persona quieren pasar frente a la opinión pública como que están logrando un país mejor, y tal vez sea lo contrario, lo único que hacen es debilitar a la sociedad.

—¿Pero te están reclamando en Estados Unidos?

—Yo no he sabido nada. Lo único que sé es que el embajador felicitó al gobierno de Calderón por mi detención, pero nadie me ha dicho que me quieran extraditar; quién sabe más delante, pues ya ves que luego de mi aprehensión detuvieron a un chingo de soldados de allá, de Sinaloa, que —según eso— porque me protegían, pero la realidad es que yo no conozco a nadie de los que dicen que me cuidaban y que yo les pagaba...

—Todo es invento de Felipe Calderón —acotó Noé—, para hacerla de emoción y seguir con la telenovela que le quiere vender a los mexicanos. Me contó uno de los comandantes que Calderón se aventó a llenar las cárceles del país, todo para que la gente creyera que él había ganado las elecciones y para que no se levantara en armas todo el gentío que apoya al López Obrador.

"Yo ya tengo rato en esta cárcel, y antes era una novedad cada vez que llegaba un nuevo preso. Ahora llegan por montones todos los días. Antes estas pinches celdas del COC ni para cuándo se

235

ocuparan, a lo mucho tenían funcionando un solo pasillo. Ahora el penal está a reventar y todo porque Felipe está acusando de ser grandes capos del narco a todos los que agarran. Me dijo ese comandante que estuvo platicando una vez conmigo allí afuera, de trabajo social, que todos los que está deteniendo Felipe Calderón, todos son encargados de plaza, lugartenientes de alguien o responsables financieros de algún cártel, pero en realidad son muy pocos los que merecen esa categoría."

—Ésa es la estrategia —dijo Miguel—, que parezca que el gobierno está acabando con el narco, para distraer a la gente, y que la gente se olvide de los verdaderos problemas del país, y sobre todo que no vea la incapacidad de gobernar del presidente enano.

—¿De verdad crees eso, Miguel? —le pregunté.

—Claro, ésa es una verdad que se menciona en el Ejército; allí nadie se cree que esta guerra contra el narco vaya en serio, todos sabemos que esto es sólo para distraer. Lo saben los jefes y lo suponemos los que estamos abajo, por eso nadie se apendeja y el que puede le agarra una lana al narco, porque todos sabemos que finalmente no se va a terminar con ese problema.

"Por eso están poblando ésta y todas las cárceles que tiene el gobierno federal, para tratar de demostrar que se está ganando la guerra contra el narco, y por eso estas cárceles son de exterminio, para evitar que la gente que está aquí llegue siquiera a una sentencia. Por eso los jueces alargan los procesos, esperando que los que estamos aquí terminemos por morir de un golpe, una pulmonía, de hambre o de lo que sea, porque finalmente, como no hay pruebas de nada, la mayoría habrá de salir en la sentencia.

"¿A poco de verdad creen que el trato que le dan al reportero es el que se merece si fuera criminal? ¿No ven que lo que quieren es matarlo, que se quede aquí tirado un día, de un infarto en el patio, muerto de frío en su celda? Eso es lo que busca el gobierno federal y el juez que lo tiene aquí. Al reportero no lo quieren juzgar, lo quieren eliminar, y lo quieren matar antes de que llegue a la sentencia, porque saben que en la sentencia él sale porque sale… y como él hay muchos presos en esta cárcel.

"¿De verdad creen que las condiciones degradantes del régimen de visita familiar que vivimos aquí, los excesos en la aplicación de actos de segregación, la violaciones a la correspondencia, uso de la psiquiatría, la medicina y la psicología como formas de control, la obstrucción de la defensa, el trato discriminatorio y selectivo hacia algunos de los internos, la obstrucción del derecho a formular peticiones legítimas a la autoridad y a presentar quejas, es fortuito? Claro que no, todo está bien trazado a fin de que el preso reviente y se termine por matar dándose en la cabeza contra la pared."

—Órale, pinche teoría que te sacaste, está bien cabrona —dijo Noé—, pero me parece muy coherente; sobre todo porque hay cosas que no se deben permitir. Me dijo mi abogado cuando me visitaba: "Hay trato cruel bajo el pretexto de la vigilancia". Aquí hay de verdad condiciones degradantes de vida. Tan sólo hay que ver cómo estamos viviendo aquí, los que estamos en este pasillo, que todos los días sufrimos revisiones irracionales, hay uso de armas de alto poder y de perros alterados. Ya no digamos nada de que estamos encuerados todo el tiempo.

—Oye, Noé, ¿qué diferencia hay entre este penal y el de Almoloya? —preguntó *El Mochomo*.

—Ninguna, jefe, ésta es una réplica exacta de la cárcel del Estado de México. Todo está igualito: los mismos pasillos, la forma de los corredores, las estancias en el COC, las celdas en el área de sentenciados, las celdas de los procesados, los patios, los comedores, el aula, el lugar en donde están los teléfonos, la enfermería, la tienda…

—¿Hay tienda aquí? —preguntó Valeriano con algo de emoción, desde el fondo de su celda, luego de casi 15 días de no hablar con nadie, sumido (me imaginé) en su mundo sin sabores, sin olores, sin colores.

—Sí, en las áreas de población hay una tiendita a la que te llevan cada 10 días a que surtas tu despensa, pero antes te pasan una hoja a tu celda para que pidas lo que vas a comprar, y no te venden nada que no hayas apuntado y que no te lo haya autorizado el Consejo Técnico Interdisciplinario.

—¿Qué es eso? —preguntó confundido Valeriano.

—Es una bola de mamones que se sienten magistrados. Son los jefes de esta cárcel y son ellos los que dicen si se te autorizan visitas, actividades y venta de artículos de la tienda. Son lo que se deben encargar de vigilar que esto funcione bien, pero son una bola de putos que hace lo que les dice el director.

—¿Qué venden en la tienda? —volvió a insistir Valeriano.

—Te venden galletas, refrescos, jabón, pasta de dientes y detergente, pero casi nunca tienen galletas y menos refrescos. Así que cuando vas a la tienda sólo consigues jabón y pasta dental. Todo lo demás que pidas siempre te lo quedan a deber, porque todas las ventas te las debe autorizar el Consejo Técnico Interdisciplinario, y ellos siempre están viendo por la seguridad del penal, y por eso te niegan todo, porque siempre suponen que todo lo que pides es para intentar fugarte, además de que la política aquí es tratarte de la peor manera que se pueda.

La explicación de Noé sobre la forma en que funcionan las tiendas en los módulos de población fue interrumpida por la llegada de la cena: medio vaso de arroz con leche, medio bolillo, tres tortillas, un plato de frijoles con un pedazo de queso y un plátano. Y junto con eso también arribaba la consabida mentada de madre y el hostigamiento de los oficiales de guardia, quienes asimismo nos presionaban para que ingiriéramos los alimentos de la manera más rápida posible.

Después de la cena, el pase de lista, lo último del día. Desde que amanecía hasta que anochecía íbamos calculando el transcurso del tiempo, tomando como referencia los pases de lista y la posición de las sombras que iban recorriendo las torres de vigilancia, visibles desde las ventanas que daban al patio. El primer pase de lista es siempre a las seis de la mañana; el segundo, a las nueve. Después pasan lista de nuevo a las 11 de la mañana, el cuarto llega a las tres de la tarde, el quinto, a las seis de la tarde, y el sexto se registra a las nueve de la noche en punto.

Para todos los pases de lista el protocolo era invariable: todos de pie, frente a la celda, con las manos por detrás, con la vista al frente y sin ver a los oficiales. Siempre llegan tres policías: el primero —que se supone es el comandante de la compañía— observa al preso de arriba abajo; el segundo grita los apellidos paterno y materno, a fin de que el reo responda gritando su nombre de pila; el tercer oficial revisa en un libro de fotografías que el recluso corresponda con el de la ficha gráfica.

Cada pase de lista tiene la doble finalidad de menguar la autoestima del interno. No hay un solo momento en que el preso no sea maltratado por los guardias. La rutina es inalterable: como el protocolo establece que durante el conteo de reos, éstos deben colocar las manos por detrás, el comandante en turno siempre ordena a gritos, a cada preso, que las coloque a los costados. Si alguien, por iniciativa propia, se adelanta a la instrucción y pone las manos a los lados, el enfado del oficial no se hace esperar, estalla a gritos indicando que aquéllas deben ir atrás.

Terminado el pase de lista de ese día, de nueva cuenta un grupo de oficiales irrumpió obligándonos a tendernos boca abajo en el suelo gélido, y a bramidos ordenó al preso Alfredo Beltrán Leyva que saliera de su estancia, pues —según se supo después— regresaba al área de "las tapadas" a ocupar la que le estaba asignada. *El*

Mochomo apenas tuvo tiempo de despedirse con un "¡Nos vemos, pasillo!", a la vez que salía de su aposento, mientras uno de los oficiales encapuchados que llegaron por él intentaba silenciarlo con un toletazo en la espalda. Ésa no era la última vez que nos habríamos de encontrar.

CAPÍTULO 12

Mario Aburto

Cuando lo vi, alcancé a reconocerlo. Lo miré a lo lejos: caminó despacio, con las manos atrás y la cabeza agachada. Pese a ello, venía observando todo. Pude distinguir que sus ojos le bailaban de un lado para otro, indagando quién caminaba a su lado, aparte del oficial que lo vigilaba.

Pese al encierro de tantos años, se le nota joven, aunque cansado, con los cachetes más colgados pero con la misma cara de niño que se le veía cuando, en cadena nacional, en el noticiero *24 Horas* de Televisa, lo presentaron como el autor material del asesinato de Luis Donaldo Colosio Murrieta, candidato del PRI a la presidencia de la República.

Mario Aburto Martínez, aunque un poco más amarillo y bajo de peso, puede ser reconocido a la distancia; dicen los guardias en los pasillos de la cárcel federal de Puente Grande que es posible que alcance su libertad en breve, que a lo mucho a principios de 2014 podría beneficiarse con la preliberación. Muchos presos de esa cárcel federal dudan que el gobierno le otorgue algún beneficio. Como quiera que sea, a Mario se le ve bien.

Éste es uno de esos presos carismáticos, de quienes se habla por todos lados, de los que con un chiste se ganan a los oficiales, por muy bravos que sean o por muy estrictos y apegados al reglamento que se quieran comportar. Son también los personajes que siempre salen a colación en cualquier diálogo entre reos. En este caso se podría decir que Mario Aburto es uno de los presos más consentidos de Puente Grande.

Ya me habían platicado de Mario en el Centro de Observación y Clasificación (COC). En varias ocasiones Noé sacó a relucir frases célebres de Aburto, cuando abordábamos algunos temas que requerían algo de filosofía. Con la frase "Como dice Aburto", a veces Noé prologaba sus monólogos. Ésa era la mejor manera de brindar reconocimiento a alguien en la cárcel. Y si alguien estimaba a Aburto, ése era Noé. No había día que no iniciara una de sus narraciones sin citar a Mario Aburto.

"Como dice Aburto, ¿quieren que les cuente un cuento?", era la fórmula favorita de Noé para comenzar a platicar alguna anécdota o simplemente para divagar por los rincones del pensamiento. Fue ésa la forma en que todos los que estábamos en el pasillo cuatro del COC comenzamos a conocer a Aburto, aun sin verlo, sólo con la referencia mediática del día de su detención y las frases que se iban hilvanando día a día en los diálogos del *Gato*.

Yo lo alcancé a reconocer a la distancia, cuando me tocó caminar a su lado, mientras nos conducían a la visita familiar. Salí del módulo del COC y a Mario lo llevaban por el pasillo que viene del módulo cinco. Ya estaba en población, pues había concluido la presión del gobierno federal que lo mantenía aislado del resto de la comunidad carcelaria.

Ocurrió después del desayuno, rumbo a la visita. El guardia que me conducía al área del encuentro familiar fue alertado por el que llevaba a Aburto; le gritó que no dejara que me acercara mucho, pero el oficial que me vigilaba no hizo caso de la advertencia —entre risitas burlonas— y seguimos caminando al encuentro con el otro preso.

Andando a una distancia de no menos de dos metros, con la vigilancia complaciente de dos guardias "leves", alcancé a ver que a Mario le habían dado la oportunidad, igual que a mí, de caminar con la cabeza levantada. Por eso lo reconocí plenamente. Lo pude ver de frente y luego avancé casi a su lado.

La cara redonda, la boca chica, las orejas grandes, el pelo muy cortito, al genuino estilo de Puente Grande, y los ojos caídos, de inmediato me hicieron recordarlo como cuando lo vi en la televisión, a dos días de que dieran la noticia de la muerte de Luis Donaldo Colosio. Seguía siendo la viva imagen de aquel muchacho confundido y desenfadado que clavaba la mirada en la lejanía y que parecía no ver nada y estar viendo todo.

Él notó que lo reconocí y —sabiéndose estrella, como le dicen en la cárcel federal a quienes se distinguen del resto de la población— de inmediato me saludó con la cabeza, a la vez que me regalaba el consabido "ánimo", que a manera de gesto de cordialidad se tienen permitido decirse los presos de módulos distintos.

Le respondí con la misma y mustia mueca de amabilidad que utilizan los presos.

Caminamos juntos desde el diamante de vigilancia, donde se juntan los pasillos que vienen de los módulos de población, por donde se sale del módulo cinco y hasta el área de visitas familiares, que es una distancia de casi 200 metros, haciendo paradas en los dos diamantes de control que se ubican en el trayecto.

El instinto de reportero me saltó y le solté la pregunta:

—¿Sí mataste a Colosio? —él me miró fijamente y sólo esbozó una sonrisa; yo volví a insistir con la pregunta—: ¿de verdad lo mataste, o sólo te pusieron…?

—Es sólo publicidad —me soltó casi en un susurro—. Yo no lo maté; pero ¿cuándo le ganas al gobierno? Si ellos dicen que tú fuiste, pos fuiste tú y no hay forma de decir que no. Y mientras, aquí me estoy acabando la vida por algo que ni yo estoy seguro de que haya hecho.

—¿Cuánto te dieron de sentencia?

—Me la dejaron en 45 años; me habían dado 48 pero luego me la bajaron a 42 y finalmente me la dejaron en 45…

—Un chingo, ¿no? —le dije a manera de consolación y manifestando ese gesto solidario, de preso a preso, que sólo se entiende cuando uno está adentro.

—Pos sí, pero ¿ya qué le haces? Como que te resignas, como que te acostumbras… Y van pasando los meses y se van acabando los años. Y cada vez está más cerca la salida. Y eso es lo que a veces lo mantiene a uno en pie: la esperanza de poder ver a la gente que uno quiere, a las personas que lo esperan a uno allá afuera, las que no te han dejado y no te han olvidado, aunque para muchos seas un animal del mal.

—Dicen que alcanzas beneficios…

—Pos eso ando viendo. Va a estar cabrón que el gobierno quiera, pero vamos a pelear para ver cuánto se puede reducir mi sentencia.

Mario Aburto Martínez, trasladado de Almoloya a Puente Grande en 2004, vive en el módulo cinco de sentenciados. Sale a hacer deporte domingos, sábados, martes y jueves; también tiene actividades de dibujo lunes y miércoles, va a clases de preparatoria abierta los jueves por la tarde y los viernes tiene derecho a sacar dos libros de la biblioteca. Los domingos por la tarde acude a misa en el aula de clases que se improvisa como capilla. Le gusta mucho la pintura y ha logrado algunos reconocimientos del personal de terapia ocupacional, por los dibujos que ha hecho en el marco de algunos concursos realizados en el interior de la cárcel.

Mientras esperamos que nos den el paso del diamante, me mira fijamente y me pregunta:

—Y tú… ¿quién eres? ¿De dónde saliste? Estás todo amarillo, ¿No te sacan al sol?

Le explico que soy periodista y que me mandaron a la cárcel por criticar al gobierno federal y a la administración del PAN en mi localidad. Le cuento que estoy allí por gestiones del gobernador de Guanajuato, Juan Manuel Oliva, y de un grupo de empresarios políticos de mi localidad. Todo se lo suelto en frases concretas, como se acostumbra en la cárcel, para obviar tiempo.

Mario Aburto suelta una risa sonora que obliga al guardia a voltear a vernos y a conminarnos a que guardemos silencio.

—Hijo de la verga —me dice con la cabeza agachada y bajando la voz—, pos se habían tardado en meter a la cárcel a los periodistas. Deberían meterlos a todos, por mentirosos.

—Así es como el pendejo presidente pretende destacar su gobierno. No quiere que le hagan crítica, por eso está matando a los periodistas, y a otros los está mandando a la cárcel o al exilio…

—¿Y de qué te acusan? —me corta el discurso que ya comenzaba a aflorar.

—Dicen que soy narcotraficante —él suelta otra vez su risa, una risa que quiere disimular con una tos fingida, para evitar el regaño del guardia, que sigue a la espera de que autoricen nuestro pase hacia el pasillo que conduce al área de visitas.

—¿Y a poco sí eres periodista? —pregunta un tanto incrédulo, mientras me revisa de arriba abajo.

—Sí, de verdad… No tengo credencial, pero…

Mario Aburto volvió a soltar otra risita y se me quedó viendo.

—De veras vale madre este puto país —dice a manera de reflexión, con una voz casi inaudible.

—Oye —le vuelvo a insistir antes de que nos ordenen que sigamos caminando—. ¿De verdad no mataste a Colosio?

—Ah, qué pinche necio eres… Ya te dije que no…

—¿Quién lo mató?

—No sé; el gobierno, la Iglesia… Cualquiera pudo haber sido, pero yo no lo maté… Llevo años diciendo eso y nadie me cree…

La voz grave de uno de los guardias indica que avancemos y rompe el diálogo a través del cual apenas estábamos fraternizando. Aburto se pone serio, le cambia el semblante y suelta la última advertencia:

—Qué jodido estás; si sigues preguntando esas cosas, nunca te van a soltar, ya ves cómo es el gobierno…

Se vuelve escuchar la voz de otro guardia al final del pasillo, que en tono marcial ordena:

—Muévanse. Aburto Martínez al locutorio seis; Lemus Barajas va al cubículo tres de familiar… Muévanse, cabrones. Ya está corriendo el tiempo de la visita.

Ésa fue la primera vez que vi a Mario Aburto en la cárcel. Después lo volví a encontrar en el área del hospital. Yo estaba llegando al pasillo de consultas cuando vi de reojo que alguien salía del consultorio. El oficial que lo llevaba le ordenó a Mario que se colocara frente a la pared, con las manos a la espalda. Antes que yo, estaba otro interno que fue ingresado al consultorio. Yo quedé al lado de Aburto, de frente a la pared, como cuando estuvimos platicando la primera vez, mientras nos conducían al área de visitas.

Mario me miró de reojo y esbozó un sonrisita. Habían pasado acaso dos meses desde la primera vez que nos encontramos. Su memoria me registró perfectamente:

—Qué onda, pinche reportero —me dijo en un susurro que sonó más bien a saludo—. ¿Todavía andas por aquí? Yo ya te hacía en tu casa… Ya vez lo que te digo: que el gobierno se pone necio y si se le antoja no te va a dejar salir…

—Todavía ando aguantando, no me van a quebrar —dije yo como alentándome a mí mismo—. Voy a salir de aquí en cuanto se vaya ese enano que es Felipe Calderón.

—Así me decía mi abogado —reviró Aburto—: vas a salir en cuanto se vaya Carlos Salinas. Y mira, se fue, llegó Zedillo, pasó Fox y se va a ir Calderón y el que le siga, y lo más seguro es que yo voy a seguir en esta misma condición...

—¿A poco ya perdiste las esperanzas de irte de aquí?

—¿A poco se ve muy alentador el panorama para el acusado de matar a un candidato a la presidencia de la República? —me contestó con un tono llenó de ironía—. ¿Tú crees que me van a dejar salir así de fácil?

—¿Cuál fácil? ¿A poco no se te ha hecho pesado lo que llevas de cárcel? —le tiré como para esperar una respuesta obvia—. ¿Cuántos años llevas ya encerrado?

—Sí, la verdad esto ha estado de la chingada. A veces uno no quiere pensar en el tiempo que lleva encerrado, en todo lo que ha tenido que pasar aquí adentro; pero cuando de repente, por las noches, haces cuentas de lo que llevas encerrado y del tiempo que ha pasado y de todo lo que te has perdido, te llenas de coraje y tristeza porque vas dejando embarrada la vida en estas pinches paredes de mierda que no valen madre...

—¿Cuántos años llevas ya en la cárcel? —insistí.

—Pos ya ni me acuerdo. Desde 1994 a la fecha... Creo que ya son 14 años los que llevo preso.

—¿Pero no siempre has estado en esta cárcel de Puente Grande?

—No, yo llegué aquí, apenas, en octubre de 2004... Ya llevo casi cuatro años de andar por estos pasillos. Ya siento que quiero a esta bola de cabrones [los custodios] que se deleitan haciéndonos la vida imposible a cada instante. En esta cárcel me ha pasado de todo... Mira, hasta un puto reportero me vine a encontrar y ahora me anda entrevistando —dijo a la vez que soltaba una risita que, igual que siempre, intentaba disimular con una tos fingida.

La tos fingida de Aburto llamó la atención del oficial de guardia que, parado adentro del consultorio, mantenía vigilancia sobre el interno que estaba en plena consulta y los otros dos presos que seguíamos de pie, a la espera, Mario de irse y yo de entrar con el médico. El guardia se dio cuenta de que estábamos hablando y se dirigió a Mario para decirle que guardara silencio, que no lo provocara, a menos que quisiera aventarse 15 días en aislamiento. La sola amenaza del oficial bastó para que Mario se quedara mudo y únicamente respondiera con un rechinar de dientes que alcanzó a escucharse a varios metros de distancia.

—Guarde silencio, Aburto, o nos arreglamos usted y yo ahorita que vayamos por el pasillo —fue la amenaza más clara del custodio, que luego se dirigió a mí para hacerme la misma advertencia; sólo que en mi caso el colofón fue más severo—: Usted también, Lemus, ándese con cuidado porque se puede caer en el baño y quebrarse las patas.

Apenas el oficial nos amenazó en voz baja, volvió a su posición de vigilancia; parecía que le interesaba más escuchar los problemas renales que decía tener el interno que estaba en el interior del consultorio, que lidiar con dos presos que se hallaban en pleno diálogo, siempre manteniendo la vista al frente, como hablando con la pared y como si la pared pudiera responderles sus dudas.

Yo volví a formular mis preguntas a Mario Aburto. Me lo había vuelto a encontrar de suerte y sólo Dios sabía si volvería a tener la oportunidad de preguntarle lo que medio país le preguntaría si lo tuviera a la mano:

—Oye, Mario, ¿fuiste tú el que mató a Colosio? —esta vez volteé a verlo, en espera de constatar con todos mis sentidos la repuesta del preso.

Mario Aburto rio como la primera vez que le pregunté lo mismo. Giró su rostro levemente hacia mí hasta encontrarnos y mirarnos fijamente:

—No —me respondió a secas.

—¿No lo mataste?

—Te estoy diciendo que no. Ésa es la verdad y eso lo sabemos Dios, yo y los que lo mataron y me metieron a mí en esta bronca que no alcanzo a comprender. A mí me tocó pagar y todavía no sé por qué; pero sí sé que un día todo se va a aclarar y entonces todos se van a dar cuenta de que por muchos años estuvieron acusando a un inocente.

—¿Cómo duermes en las noches?

—¿Qué, que cómo duermo en las noches? —contestó preguntando, desconcertado.

—Sí, ¿cómo duermes por las noches?

—Bien. Duermo a gusto. Ocupo la cama de arriba y hay días en que ni siquiera me levanto para ir al baño. Lo que a veces no me deja dormir es el calor y los mosquitos; pero fuera de allí, la mayor parte del año duermo sereno. Tengo mi conciencia tranquila. Concilio el sueño a la primera, y apenas me acuesto me quedo dormido. A veces sueño, pero sueño que ando en San Diego o me acuerdo cuando era niño y me la pasaba allá en Zamora, con mis primos; nos íbamos a nadar a la presa o nos íbamos al cerro todo el día.

"A veces sueño a mis hermanos y a mi jefito que deben haber sufrido mucho por todo esto… Hace mucho que no los veo y eso me pega fuerte en el ánimo; pero yo siempre tengo la fe y la esperanza de que muy pronto los voy a poder ver. Casi siempre que recibo cartas los sueño y me da mucho gusto verlos en mi mente que están bien, que la siguen pasando bien a pesar de todo esto que nos viene sucediendo."

—¿No te han abandonado?

—No, mi jefito me sigue apoyando. Él es el más fuerte apoyo que tengo. Me escribe y me dice que no me deje vencer por la cárcel, pues está seguro de que no se puede mantener para siempre la mentira del crimen que dicen que cometí.

—Si no mataste a Colosio, ¿por qué te declaraste culpable?

—Qué pinche pregunta tan pendeja —me dijo mientras me volteaba a ver con un gesto de coraje en la cara, al mismo tiempo que sus labios escurridos hacia abajo se le fruncían—. Tú debes saber que cuando te tienen en pleno interrogatorio, en plena tortura, lo que te digan que aceptes lo tienes que aceptar. Si te dicen que eres el diablo, pos terminas siendo el diablo y no hay otra opción.

"A mí comenzaron a torturarme desde que me llevaban en la camioneta a las instalaciones de la PGR en Tijuana. No recuerdo cuántas veces perdí el conocimiento en el trayecto. Vagamente me acuerdo cuando me tenían en el interrogatorio en Tijuana y luego en México, y siempre me señalaban lo mismo: que les dijera las causas por las que maté al licenciado Colosio. De nada servía que dijera que yo no era el que lo había matado porque parecía que se enfurecían más y terminaban por pegarme cada vez más fuerte. Por eso decidí ya no negar que lo había matado y terminé por aceptar que era el culpable del asesinato, esperando que terminara la tortura a la que me sometían."

—¿Y las pruebas periciales que hicieron, qué dicen?

—En mi caso todo fue manipulado. Todas las pruebas periciales que se hicieron, desde la obtención de huellas dactilares en la pistola hasta el momento en el que supuestamente yo estaba en Lomas Taurinas, todo fue manipulado. Yo quisiera que se reabriera el caso con más imparcialidad y justicia para que se reconozca finalmente que soy inocente. Mi expediente consta de 178 tomos y allí hay 1 261 declaraciones y un total de 326 peritajes, pero hay muchas contradicciones y ninguna de las pruebas periciales es concluyente. Por eso quisiera que se reabra mi caso.

—¿Crees que si se reabre tu caso saldrías absuelto?

—Si se aplica la justicia en forma imparcial y no meten la mano los que realmente mataron al licenciado Colosio, yo pienso que sí salgo libre, absuelto totalmente. Todo es cuestión de que alguien se atreva a llevar un juicio con total imparcialidad. Lo único que pediría es tener un juicio justo.

"Basta con que se valoren las pruebas que hay en el expediente, que se revisen con plena objetividad; con eso me daría por bien servido, porque estoy seguro de que luego de eso van a quedar en el aire muchas preguntas que apuntan a que yo no fui el que mató al licenciado Colosio."

Allí, afuera del consultorio, en el área médica del Cefereso número 2, ante el riesgo que implicaba estar dialogando a hurtadillas, con la mirada fija de los dos en la pared, a sólo unos centímetros de distancia, pero sin poder vernos de frente, alcancé a hacerle la última pregunta esa segunda vez que lo vi:

—¿Cuál es la principal prueba que piensas te podría sacar de la cárcel?

—El casquillo que dicen las autoridades que recogieron en la escena del crimen. Si supuestamente yo tenía un revólver, que es con el que aseguran que maté al licenciado, ¿cómo es posible que haya un casquillo en el suelo?, si en un revólver los casquillos percutidos siempre quedan en el tambor. Si hay un casquillo en el suelo, alguien más disparó y, en consecuencia, la teoría del asesino solitario se viene abajo. Y también se viene abajo toda la culpa que me han echado. Y alguien más debería estar aquí, en mi lugar…

La respuesta de Aburto fue bruscamente cortada por la voz marcial del oficial que salía del consultorio, a la vez que ordenaba que el otro preso se colocara a mi izquierda, mientras Mario Aburto era ingresado en el consultorio. Después de un rato de espera —cinco o 10 minutos—, Mario fue sacado del consultorio, y a mí me dieron pase para ver al especialista en urología.

Al salir de la consulta, los tres reclusos atendidos —yo fui el último— fuimos trasladados de regreso a nuestras estancias. Caminamos en fila sólo unos cuantos metros, mientras pasábamos el punto de control de acceso-salida del hospital. Allí, mientras esperábamos que se abrieran las puertas magnéticas, alcanzamos a despedirnos en voz baja.

—Ánimo —me dijo Mario Aburto en voz muy baja, mientras se llevaba la mano derecha al corazón. Ésa es la principal señal de estima entre los presos de la cárcel de Puente Grande—. Nos estamos viendo.

—Ánimo —le contesté yo, con el mismo gesto de solidaridad que obliga a todos los que portamos el uniforme café de esa cárcel federal.

De Mario Aburto escuchaba hablar muy seguido en el interior del penal, sobre todo en boca de Noé Hernández, quien me contaba la forma en que llevaba su vida en el seno de la cárcel aquel que se convirtió en una de las máximas figuras de Puente Grande. *El Gato* había estado viviendo con Aburto y se sabía de cabo a rabo la rutina del que fue sentenciado como asesino de Luis Donaldo Colosio.

—Yo lo conozco bien —me decía Noé en sus momentos de lucidez—. Estuvimos juntos en el módulo cinco. No vivíamos en la misma celda, pero todos los días nos sentábamos a platicar cuando nos sacaban al patio, a tomar el sol.

"Es bien a toda madre. Le gusta mucho cantar, es muy bueno para los chistes y casi nunca habla de su proceso; sólo dice que un día va a salir de aquí y se va a saber en todo el mundo que estuvo preso injustamente por un crimen que nunca cometió. La neta, yo sí creo que él no mató a Colosio, y que más bien está pagando la culpa de otro más vivo.

"Lo que sí, es que el bato está muy enfermo de la vista. Una vez me contó que no alcanzaba a distinguir a las personas a lo lejos. Que sólo ve bultos y siluetas. Me preguntó que cómo le hice para tener los lentes que traigo, que son de los que da el comité internacional de la Cruz Roja, y yo le expliqué cuál era el trámite. Y creo que andaba en eso cuando a mí me trajeron para esta área de asilamiento."

Como conocía el cariño que Noé Hernández le tenía a Mario Aburto, le comenté, a mi regreso de la zona de consultorios, que lo había visto y —esta fue una mentira piadosa— que lo había mandado saludar. Eufórico, esa tarde *El Gato* se la pasó contando historias narradas por Aburto y recapitulando momentos que pasaron juntos en los módulos ocho, siete y cinco, donde vivieron juntos durante varios años, Noé purgando una sentencia de 70 años y Aburto a la espera de cumplir 45 años de prisión.

—¿Y cómo viste a mi hermanito Aburto? —comenzó a cuestionar Noé, apenas le hice llegar los falsos saludos.

—Lo vi bien. Se ve fuerte, camina derecho. Le gusta platicar…

—¿No te contó de la ocasión en que en el módulo cinco nos castigaron a todos los del pasillo y que él, ante el desmadre de los presos que se querían amotinar, porque no íbamos a tener cena de Nochebuena, comenzó a platicar cómo pasaron las cosas el día que mataron a Colosio?

—No, no me platicó esa historia…

—Te la cuento. Resulta que el día 24 de diciembre —creo que fue de 2005 o de 2006, no me acuerdo bien—, todo iba normal; habíamos salido al patio pues nos habían dado deportes como cualquier día festivo. Ya habíamos regresado a las celdas e incluso ya estábamos bañados. Todos contentos por la cena de Navidad, nos estábamos arreglando cuando Ramirito, uno de los trabajadores de *La Rana*, el que mató al cardenal Posadas Ocampo, comenzó a cantar canciones de Navidad. La verdad es que Ramirito cantaba bien y prendió a toda la gallera, la que comenzó a pedir canciones, como si fuera complacencia musical. Haz de cuenta que estabas en una estación de radio en la que todos pedían y el artista cantaba.

"—Guarden silencio —nos gritó desde abajo el oficial de la guardia— o los dejo sin comer.

"Nadie le hizo caso y seguimos pidiendo a Ramirito que cantara una y otra canción. Y se puso mejor el ambiente porque Ramirito comenzó a cantar baladas de Navidad pero al estilo de varios cantantes. Cantó la de 'Campanas navideñas' al estilo de Antonio Aguilar, luego la de 'El niño del tambor' con los estilos de Juan Gabriel, Dyango y Rocío Durcal, y creo que hasta cantó varias rolas al estilo de Frank Sinatra. Mientras el oficial seguía gritando desde abajo que guardáramos silencio.

"—Atención pasillo, guarde silencio. Guarden compostura o se quedan sin comer —gritaba.

"Y la verdad es que nadie pelaba al puto oficial. Y cada vez más seguíamos pidiendo canciones de Navidad con los artistas que nos gustaban. Hasta unas canciones del payaso Cepillín comenzó a cantar. Y aquello provocó que el oficial de la guardia se enfureciera aún más. Subió a toda prisa al nivel dos del pasillo y se dirigió a la celda de Ramirito, para pedirle que dejara de cantar.

"—Guarde silencio y acérquese a la celda —le ordenó el policía de guardia a Ramirito.

"Ramirito, viendo la actitud agresiva del vigilante, obedeció y se acercó a la celda para escuchar la instrucción y la sanción a la que se había hecho merecedor.

"—Ordene, oficial —le contestó Ramirito en voz muy baja.

"—¿No está escuchando que le estoy dando la orden de que guarde silencio?

"—No había escuchado, oficial —trató de defenderse el preso.

"—¿Piensa que yo estoy pendejo? —le grito el guardia, mientras extendía el brazo para sujetar a Ramirito por el cuello de la camisa, a través de los barrotes—. Si le ordeno que guarde silencio es para que me atienda enseguida y no me salga con sus puterías —gritaba en forma exaltada y exagerada el policía mientras en repetidas ocasiones golpeaba la cabeza del preso contra los barrotes de acero, haciéndolo sangrar.

"La agresión del custodio hizo que los compañeros de celda de Ramirito, que se habían mantenido en sus camastros, desde donde estaban cantando, se acercaran hacia la reja, para tratar de rescatar al preso de las manos del oficial enardecido. Pero cuando el vigilante observó que los otros dos presos iban adonde él seguía golpeando al interno, lanzó el código de alerta a través de la radio. En menos de un minuto, el pasillo A del módulo cinco se llenó de oficiales de guardia mientras nos obligaban a mantenernos en el interior de las celdas.

"—Todos hincados, con las manos sobre la cabeza, hijos de la chingada —comenzó a gritar un comandante.

"Junto a la orden de guardar silencio y mantenernos quietos, un oficial llegó hasta la puerta de cada una de las celdas y roció gas pimienta, mientras llegaban los oficiales con equipo antimotines, quienes nos pusieron unos muy sabrosos chingadazos hasta que se cansaron.

"—Aquí están sus campanas navideñas —gritaban los custodios burlonamente a través de las máscaras antigases que utilizaban, mientras los presos se ahogaban por los golpes que recibían en medio de aquella nube de gas.

"La paliza duró como unos 20 minutos, hasta que ninguno de los que estábamos en aquel pasillo teníamos aliento para seguir aguantando las patadas y los toletazos. Y de pilón nos dieron una bañada con la manguera contra incendios, lanzando el chorro de agua desde la puerta de la celda, para mojar todo lo que había en el interior: colchones, ropa, cobijas, libros... todo lo que teníamos.

"—Y nadie baja a comer… No hay cena para nadie, hasta nuevo aviso —dijo la voz que anunciaba el fin de la golpiza.

"El pasillo estaba en silencio total, cuando alguien de las celdas del fondo, creo que fue Oliverio Chávez, el zar de la coca, comenzó a gritar que aquéllas eran chingaderas, que no se valía ese trato, y comenzó a alborotar a la gente. Todos comenzamos a tirar nuestras pertenencias por las ventanas que dan al patio. Hicimos pedazos los colchones, y la ropa, junto con los zapatos y los tenis, los tiramos hasta medio patio, mientras algunos compitas, aún calientes por los chingadazos, gritaban y retaban a los oficiales.

"—Ese oficial de guardia, vamos a darnos una trompadas usted y yo. De parejos, sin ventajas de nada. De hombre a hombre; vamos a partirnos la madre —era el grito generalizado de muchos de los que estábamos en ese pasillo.

"Esa vez hasta los más pacíficos, los que casi nunca hablaban, los que no se metían con nadie, también comenzaron a gritar y a tirar todas sus cosas por las ventanas. Hubo gritos que pedían la presencia del director del penal, otros más anunciaban que se iban a la huelga de hambre y hubo quienes comenzaron a gritar que matarían a un preso para llamar la atención de la Comisión Nacional de los Derechos Humanos, de esos güeyes que nunca se presentan cuando uno los necesita.

"Las cosas se seguían calentando, sobre todo porque los del módulo de enfrente, cuando vieron que estábamos tirando todo por las ventanas hacia el patio, empezaron a apoyarnos: ellos también comenzaron a lanzar cosas hacia el patio, principalmente zapatos y ropa, y hasta quemaron algunos colchones. Se estaba formando un buen motín que seguramente iba a costarnos mucho.

"El pasillo en el que estábamos ya era un manicomio cuando se escuchó, muy fuerte, la voz de Mario Aburto, que casi nunca hablaba:

"—Eh, raza. Calmados batos, qué le estamos buscando más problemas al asunto. Aliviánense —gritaba Mario, desesperado, jalando la reja para llamar la atención del pasillo". ¡Si se callan les cuento cómo maté a Colosio! —gritó con mayor fuerza y todo se quedó en silencio.

"—¿A poco nos vas a contar la verdad? —lo cuestionó desde su celda Daniel Aguilar Treviño, asesino material confeso de José Francisco Ruiz Massieu, quien fuera secretario general del PRI.

"—Sí, si se quedan callados y quietos, les cuento la historia verdadera. La que nadie sabe. La que ni siquiera le conté al agente del Ministerio Público —dijo Aburto en la mitad de aquel silencio que hizo que poco a poco se quedara quieto todo el módulo.

"—Arráncate —le dijo Aguilar Treviño, mientras todos los presos de ese pasillo se acercaban a la celda para escuchar la historia que poco a poco fue hilvanando el que es señalado como el asesino solitario de Luis Donaldo Colosio.

"—Yo vivía en la colonia Buenos Aires, en Tijuana —comenzó a contar Aburto con una voz histriónica, fuerte, sólida, firme, sabiendo que tenía la atención del auditorio y sintiendo que lo que dijera en ese monólogo sería vital para él y para todos los que estaban en ese pasillo—. Allí vivía tranquilo, sin sobresaltos, como cualquier persona normal que no aspira a nada que no sea ganarse el justo sustento de la vida a base de su trabajo.

"'En ese entonces yo trabajaba en una maquiladora, donde era operador del tercer turno y ganaba para pasarla bien y ayudar con los gastos de la casa, con los gastos de mis hermanos y de mi jefito que necesitaba para sus medicamentos. Yo no tenía nada que ver con asuntos políticos ni nada de eso. Yo sabía que la política es una cochinada y que a la gente del pueblo no hay quién voltée a verla en las necesidades que tiene. Por eso nunca me ha interesado la política.

"'El día que dijeron que yo maté al licenciado Colosio ni idea tenía de en qué iba a terminar todo. Yo me levanté muy temprano, con un presentimiento que no me dejó en paz durante todo el día. Toda la mañana estuve inquieto y no me hallaba en ningún lugar; hasta mi supervisor lo notó y me dijo que si quería irme a mi casa que me fuera; pero la verdad decidí esperar porque Chela —mi novia— me había dicho que quería hablar muy seriamente conmigo cuando se terminara la jornada.

"'Esperé a que terminara la hora de trabajo y fui a buscar a Chela para saber qué era lo que quería platicar conmigo, qué era lo que tenía que decirme tan urgentemente; pero me decepcioné cuando me dijo que era sólo un presentimiento: intuía que algo malo me iba a pasar. Allí en la puerta de la fábrica le dije que nos veríamos al día siguiente y ella se fue por donde siempre caminaba, para agarrar el camión que la llevaba a su barrio. Yo me dirigí al centro a echarme unas tortas, porque ya me estaba calando el hambre pues en todo el día no había comido.

"'Entre mi ropa, debajo de la chamarra, traía una pistola que había comprado hacía como unos dos meses antes; la compré porque como al principio trabajaba en el turno de la noche, se me hacía muy riesgoso bajar de la colonia y no quería que me fueran a asaltar los cholos que se reúnen por ese lugar; así que decidí comprar esa pistola. El día que dicen que maté a Colosio me salí con la intención de vender el arma, porque tenía unas deudas que liquidar y pensé en buscar a algunos amigos que me podían hacer el paro de la compra.

"'Me retiré de la fábrica caminando, sin la intención de subirme al camión, pues hasta se me había ocurrido que podía vender la pistola a alguna persona que me pudiera despertar la confianza de ofrecérsela, así que me fui andando en busca de clientes. Había caminado como unos 20 minutos cuando me encontré con un amigo al que le ofrecí en venta el arma que traía guardada, y cargada, entre la ropa; pero en lugar de hacerme una oferta me dijo que me lanzara al mitin del PRI que se realizaría esa misma tarde en la colonia Lomas Taurinas, donde yo tenía algunos conocidos que me podrían ayudar a vender la pistola, conectándome con alguien que quisiera comprarme el arma.

”'Llegué a Lomas Taurinas como a las tres y media de la tarde y comencé a recorrer el lugar con la vista, desde el sitio donde me encontraba, en la calle principal que lleva a la plaza en la que se realizaría el evento político del licenciado Colosio. No vi a nadie de los que buscaba para ofrecerles la pistola, pero me embobé escuchando a los que ya estaban calentando el ambiente para la reunión política del candidato del PRI.

”'Para escuchar y ver mejor a los que estaban hablando decidí acercarme al templete y desde allí estuve analizando los discursos políticos de cada uno de los que estaban saliendo a hablar, pensando que la gente es tonta y que aún pueden decir mentiras. Yo estaba preocupado porque necesitaba vender la pistola y no había compradores.

”'Entonces se me acercó alguien que me llamó por mi nombre y me pidió que lo siguiera. Yo no lo conocía, pero al parecer él sí y comencé a seguirlo entre la gente que estaba en la reunión. Lo seguí como unos cinco o seis minutos hasta que nos alejamos de toda la gente y allí fue donde me dijo:

”'—Me dijeron que andas vendiendo una pistola…

”'—Sí —le contesté medio sacado de onda porque no me acordaba de haberle dicho a alguien que yo quería vender la pistola—. ¿La quieres ver? —le pregunté.

”'—No, no quiero verla, sólo quiero saber si la traes. Porque yo te la voy a comprar —me dijo—; pero te la voy a comprar hasta que termine el mitin, así que aquí te voy a ver una vez que se acabe el discurso del candidato. ¿Te parece?

"'—Sí, estoy de acuerdo —le dije, pero en realidad me sorprendió mucho, porque ni siquiera hablamos del precio de mi pistola y ya me estaba diciendo que me la compraría en cuanto terminara el evento.

"'Apenas me dijo que me compraría la pistola, aquel tipo se volvió a perder entre la gente, como dirigiéndose adonde estaba el templete, donde se seguían leyendo los discursos de la gente que venía con el candidato del PRI. Yo me quedé parado sin saber qué hacer, con muchas preguntas en la cabeza y, sobre todo, con la preocupación de quién le había dicho a ese tipo que yo tenía una pistola que quería vender.

"'Me tenté la pistola en la cintura, como para asegurarme de que aún la traía conmigo, no fuera a quedarle mal al que me había ofrecido el trato. Me acuerdo que allí, a la orilla del mitin, mirando entre la camisa y la chamarra, revisé la pistola y le volví a contar las balas que tenía en el tambor, sólo para volver a asegurarme de que sí podría hacer el trato que me había ofrecido aquel sujeto, que por cierto tenía un tono distinto al de los de Tijuana.

"'Me quedé escuchando los discursos de la gente que estaba pidiendo el voto a favor del PRI y comencé a fijarme que la mayoría de los que estaban hablando al micrófono insistían en que se debía terminar la pobreza en todo el país, fincando las esperanzas en que el nuevo gobierno que encabezaría el licenciado Colosio habría de darle mejor vida a los mexicanos. Eso comenzó a darme mucho coraje.

"'Desde la orilla del mitin, desde donde estaba siguiendo todo lo que pasaba en el templete, pude ver al licenciado Colosio; lo escuché decir un discurso que la gente aplaudió mucho y que hizo que la música sonara más fuerte. Al oir su discurso más coraje sentí, porque comencé a ver cómo el licenciado Colosio decía que cambiaría la vida de los mexicanos, cuando la mayor parte de los que estábamos en ese mitin éramos pura gente pobre, trabajadora, que con grandes esfuerzos habíamos llegado a ese lugar para escuchar algo distinto; pero en realidad sólo estábamos escuchando las mismas mentiras de siempre.

"'Muy pronto se me olvidó que el que me iba a comprar la pistola me había pedido que lo esperara en ese lugar, a la orilla de toda aquella gente, y comencé a meterme entre la bola de simpatizantes que estaban aplaudiendo el discurso que terminó de decir el licenciado Colosio. La gente le seguía gritando y aplaudiendo a pesar de que ya no estaba en el templete y ya se había bajado para ir a su camioneta y retirarse de ese lugar.

"'Yo me metí entre la gente y me dejé llevar por la ola humana. De pronto ya estaba cerca de donde caminaba el candidato, que seguía saludando a la gente, aunque en realidad dejaba a muchos con la mano estirada. Muchas señoras y viejitas le gritaban al licenciado Colosio, quien ni siquiera volteaba a verlas y se seguía de paso; eso comenzó a darme mucho más coraje del que me había despertado cuando lo escuché diciendo su discurso.

"'Entre los empujones de la gente, sentía cómo me iba calando el arma. Y en medio de todo ese jaloneo advertí que casi se me caía la pistola, porque el pantalón de mezclilla que traía me quedaba muy apretado y eso hacía que la pistola se me saliera hacia arriba, quedando detenida sólo por la chamarra. Fue entonces cuando extraje la pistola de la chamarra para luego meterla en la bolsa derecha, previniendo que no se me fuera a caer; pero por los apretones no pude hacerlo y casi se me cae. Pensé ponérmela otra vez por dentro de la chamarra, pero ya no pude; había codazos y manotazos de la gente —que poco a poco me había acercado al licenciado Colosio— y ya no puede salirme porque me estaban empujando.

"'Ya estando muy cerca del licenciado Colosio estuve a punto de caerme. Me tropecé levemente pero alcancé a mantenerme en pie, con equilibrio, abriendo más los pies. En ese momento sentí un golpe en la pantorrilla que me tiró, y por eso alcé la mano derecha, como para tratar de apoyarme en alguien, sin acordarme que traía la pistola en la mano. Y fue allí cuando se me activó el arma, a causa de la contracción de los músculos y de los nervios.

"'Después supe, por lo que dijeron las noticias y los videos que han salido en la televisión, que la bala que mató al licenciado Colosio le pegó en la cabeza y que bien pudo haber salido de la pistola que yo traía para venderla, aunque yo no tengo la certeza de haberle disparado, porque nunca tuve la intención de asesinarlo, aunque digan lo que digan los que me acusaron y sentenciaron.'

"Al terminar aquella narración —seguía contando Noé—, todo el pasillo estaba quieto. Nadie hablaba ni decía nada. Parecía que habíamos quedado mudos. Sólo dos o tres de los presos que estábamos allí quisieron hacer algunas preguntas acerca de las dudas que les había dejado el relato, pero Aburto ya no quiso hablar. Se quedó callado, como reflexionando. Y todos le respetamos el sentimiento de tranquilidad que pudo haber experimentado luego de haber contado lo que traía en su pecho y que a nadie le había confesado, ni siquiera a los policías que lo torturaron durante varias horas después de que mató a Colosio.

"Después de ese silencio, los guardias que ya se alistaban para apagar el motín que había estado a punto de estallar, comenzaron a asomarse por la puerta del pasillo, desde el diamante de vigilancia, para ver desconcertados y sorprendidos que la causa por la que se había tranquilizado todo aquel zafarrancho había sido el deseo de escuchar de la voz de Aburto lo que había pasado el día que mataron a Luis Donaldo Colosio."

Volví a encontrar a Mario Aburto por tercera ocasión en aquella maraña de pasillos del penal de Puente Grande, otra vez que me conducían del COC a la visita familiar. Nos encontramos en el diamante de vigilancia que une los pasillos de los módulos de población general con el área de observación y clasificación, convertida en área de segregación.

Aburto venía caminando con las manos en la espalda y la cabeza gacha, pero observando todo su entorno con la vista periférica. En el diamante de vigilancia, mientras esperábamos el pase a la zona de visitas, volvimos a juntarnos. Por instrucciones del oficial que lo escoltaba se colocó a mi izquierda. Yo busqué su mirada, porque lo reconocí, pero esta vez él me ignoró. Hacía poco menos de dos semanas que nos habíamos visto en el área de hospitales y esta vez pareció no reconocerme, o quizá no tenía ganas de platicar ni de arriesgarse a un castigo. Yo me quedé con las preguntas en la punta de lengua, las mismas que estuve estudiando durante los últimos días para cuando se diera la oportunidad de encontrarlo. Esa vez que nos vimos en el diamante de entrada al área de visitas, yo iba preparado para preguntarle acerca de su famoso "Libro de actas", del que tanto se ha escrito y en el que parece perfilarse como un magnicida clásico.

El "Libro de actas" de Mario Aburto es un documento que él mismo escribió años antes del magnicidio —según me dijo uno de los policías que participaron en la primera investigación, al que conocí en el módulo uno de procesados cuando fui llevado a ese sector—. Dicho documento, llevado a manera de diario, habla de la transformación de Aburto de persona normal a caballero águila.

En otra ocasión me encontré a Mario Aburto de nueva cuenta en el área del hospital. Nos vimos a las afueras del consultorio del dentista, donde también está el laboratorio de análisis clínicos y el área de radiografías. Esa vez el área estaba llena de internos y el personal médico no se daba abasto para atender a todos los presos que los oficiales de guardia llevaban a ese lugar. Fue durante el mes que se decretó una epidemia de hepatitis en la población de reclusos de algunos módulos. Lo vi de reojo y él me reconoció a la primera; me saludo con la cabeza y dio un paso lateral como para acercarse más adonde yo estaba.

—¿Qué onda, reportero…? ¿Cómo te trata la vida? —me preguntó con un susurro de voz que apenas alcancé a entender.

—¿Qué onda, Mario? —le contesté, sin voltear a verlo para no llamar la atención de los guardias que se movían y se perdían en aquel mar de uniformes cafés arremolinados contra la pared, con las manos en la espalda.

—¿También tienes hepatitis? —me preguntó mientras su boca hacía un gesto de repulsión que alcancé a ver con el rabillo del ojo.

—No. Creo que me llevan con el internista porque tengo problemas del estómago —le dije sin la certeza de qué estaba haciendo en el área del hospital, mientras buscaba rápidamente en mi cabeza las preguntas que no le había hecho la última vez que lo pude ver en el momento en que nos juntaron en el diamante que da paso al área de visitas.

—Acá todo el pasillo se enfermó de hepatitis —me dijo mientras volteaba a ver al otro preso que estaba a su lado derecho—. Nos van hacer análisis porque dicen que van a separar a los que aún no están enfermos, antes de que comience a morirse la gente de esa mierda.

—¿Y tú cómo te sientes? —atiné a preguntarle por cortesía.

—Yo no estoy enfermo —contestó categórico y seguro—, pero digo que me siento algo mareado, ahora que llegaron a preguntar, para aprovechar y me traigan a dar una vuelta por estos lugares. Ya ves que es mucho enfado estar sin hacer nada todo el día. Así al menos uno se viene a distraer un poco por estos lares. Estaba seguro de que te iba a encontrar, pos al parecer tú no sales de aquí.

—No, hace mucho que no venía por acá —le dije—. El otro día el director fue al pasillo y ordenó una revisión médica a todos los que estamos segregados y encuerados, y luego de la revisión el médico le dijo al director que yo necesitaba ver al internista. Y yo pienso que por eso me han traído a este lugar, ya ves que aquí el último que sabe a dónde va o qué le van hacer es uno mismo. Lo tratan a uno como animal, estos hijos de la chingada.

—Cálmate, reportero —me dijo en tono de broma—; ya te irás acostumbrando al trato que nos dan aquí, pos realmente no eres nada. Sólo eres un número al que le aplican un protocolo y nada más.

—La otra vez te vi y no me pelaste —le dije en tono de reclamo.

—Sí te vi, pero no te podía hablar —me explicó brevemente—; lo que pasa es que el pinche guardia que me llevaba ya me trae en jabón y por su culpa me han castigado cuatro veces en menos de tres meses. Se me hace que le caigo gordo al cabrón, o a lo mejor me cogí a su madre sin querer y por eso me odia tanto —dijo mientras ahogaba la frase con la típica risita que seguía tratando de ocultar con una tosecita fingida.

—Oye, Mario, ¿y sí fuiste tú el que escribió el "Libro de actas"? —le tiré a quemarropa la pregunta, como para obviar aclaraciones y aprovechar el momento. No quería desaprovechar esa oportunidad.

—Ésa es otra mentira —respondió otra vez con un tono de voz más bajo y más lento—. Han dicho tanto de mí que ya estoy creyendo que sí soy el que mató al licenciado Colosio. Eso del "Libro de actas" es una mentira más de los que me quieren tener preso. Yo no he escrito ese libro. Al menos no recuerdo haberlo escrito. Además, no tenía motivos para escribir esas cosas que dicen que menciono. Yo pienso que eso lo cuadraron los psicólogos que me hicieron el perfil, con el fin de poder decir que sí soy la persona que ellos aseguran que soy.

—Dicen que sí es tu letra la que está en ese "Libro de actas"…

—Tú eres bien pendejo, reportero. Se me hace que por eso estás aquí —me dijo como prefacio a la respuesta de la pregunta que no alcancé a terminar de formular—. Lo que ha presentado el gobierno como escritos míos, efectivamente son míos, pero los escribí los días que estuve en la PGR, en Tijuana y en México. No los escribí antes como ellos han querido hacer creer a la gente. Ni me siento caballero azteca por si también me lo vas a preguntar.

—Entonces sí hubo varios Marios Aburto…

—Sí, y ojalá se pudiera abrir de nueva cuenta mi expediente para que me den la posibilidad de defenderme bien, sin los errores y las fallas que padecí en su momento, porque hay muchas cosas que se deben investigar, como mi parecido con algunas personas que aparecieron muertas un día después del asesinato del licenciado Colosio y también mi parecido con el elemento de seguridad nacional que estuvo presente en Lomas Taurinas. Hay muchas cosas que no cuadran y si se analizan finalmente va a resultar que aquí tienen preso a un inocente.

—¿Tu familia no está haciendo nada para buscar que se reabra tu proceso?

—Sí, son ellos los que me están ayudando con todo, pero como que no han encontrado los medios adecuados para denunciar que lo que estoy viviendo es una injusticia. Nadie les hace caso.

—Pero si se reabre el proceso, ¿a poco te vas acordar de todo lo que pasó?

—Claro, cómo se me va a olvidar lo que hice esa ocasión, si todos los días durante tantos años lo repaso minuto a minuto, paso a paso. Y cada vez sigo encontrando más cosas que pueden llevar a una verdad que sin duda me ayudaría a salir de la cárcel. Todos los días repaso las circunstancias en las que mataron al licenciado Colosio, y cada vez estoy más convencido de que hay alguien más que debería estar aquí en mi lugar. Aunque debo confesarte que hay días en los que termino convencido de que sí fui yo quien mató al licenciado Colosio. Porque cuando estás aquí terminas creyendo que sí eres responsable de lo que te acusan.

—Entonces, ¿tú mataste a Colosio? —le pregunté buscándole la cara.

—No, yo no fui. A mí me agarraron como chivo expiatorio —contestó secamente mientras veía fijamente la pared, sin parpadear, con la boca tan seca que se podía escuchar el chasquido de la lengua al hablar.

—Pero… ¿por qué firmaste la declaración inicial…?

—…Y también lo acepté ante el juez y no me retracté en ningún momento. Y cada vez que me lo preguntaron durante el proceso lo sostuve: yo dije que era el asesino único y material del licenciado Colosio… Pero lo hice porque mi familia siempre estuvo amenazada y corría peligro de muerte si yo negaba el asesinato. Yo me inculpé por salvar a mi familia. Seguramente por eso me escogieron quienes se decidieron a ponerme en este aprieto, porque sabían que ante todo yo iba a preferir la tranquilidad de mi familia aunque perdiera mi libertad.

—¿Y tu familia está bien?

—Sí, todos están en Estados Unidos. Ya todos tienen su vida hecha, y mis jefitos no pierden la esperanza, igual que yo, de que un día cambien las cosas en nuestro país y se pueda solicitar una revisión de mi sentencia, pero sobre todo de mi proceso, en el que hubo muchas irregularidades que nadie ha querido ver.

—¿A quién le han estado pidiendo que se reabra el proceso?

—A todos. A medio mundo. Le estamos escribiendo a todas las personas posibles, aunque a veces lo único que logramos despertar es la curiosidad de algunos políticos que quieren saber qué pasó realmente, qué hay detrás de la muerte del licenciado Colosio, quién está detrás de ese crimen. ¡Como si de verdad yo tuviera respuestas a todas esas preguntas!

—¿Le han enviado cartas a la presidencia de la República?

—Nos hemos cansado de hacerlo, mis jefitos y yo... pero nadie nos hace caso. Lo único que hacen es mandar a un representante para que les explique los motivos por los que maté al licenciado Colosio; pero no dicen nada de reabrir mi proceso.

—¿Quiénes te han buscado para que les platiques acerca de la muerte de Colosio?

—Fox me mandó gente, y en su primer año de gobierno Calderón también me envió a dos personas que querían que les confesara la razón que tuve para matar al licenciado Colosio, pero lo que ellos querían en realidad era saber quién fue el que me ordenó matarlo... Como que buscaban que les dijera el nombre de algún político reconocido del PRI...

—¿Y qué nombre les diste?

—Ninguno. No tengo ningún nombre que darles. No voy a satisfacer la curiosidad de Calderón, aunque ellos (los que me entrevistaron en la cárcel) se hubieran ido gustosos si les doy cualquier nombre. Pero no les platiqué nada. Les dije lo que yo quería y ellos me dijeron que no podían reabrir mi expediente...

Ésas fueron las últimas palabras que escuché de la boca de Mario Aburto Martínez. No había terminado de completar aquella frase cuando se escuchó el grito seco de uno de los oficiales que se hallaban en aquel apretado sitio, donde se mantenían a distancia de los internos para disminuir la posibilidad de un contagio de hepatitis. A una distancia de cinco metros se escuchó la voz del oficial que ordenaba que permaneciéramos callados y con la vista en la pared, mientras se terminaba la ronda de los que iban a pasar al laboratorio de análisis clínicos.

En esa ocasión, mientras yo esperaba el pase al consultorio del médico especialista, estuve contando a todos los que estábamos apretujados en el reducido pasillo que conduce a las instalaciones médicas del Cefereso número 2. Contabilicé por lo menos a 40 internos en la fila en espera de ingresar al laboratorio, ante la sospecha de estar enfermos de hepatitis.

CAPÍTULO 13

Daniel Aguilar Treviño

A principios de noviembre de 2008 se registró una inusual movilización en el Centro de Observación y Clasificación (COC) de Puente Grande. Los pasillos de esa zona de confinación que se mantenían en pleno abandono —de no ser por los presos que ingresaban esporádicamente— comenzaron a cobrar vida. De la noche a la mañana aquellos sucios corredores se vieron atestados de gente que comenzó a llegar del área de población.

Claro que el hecho no pasó inadvertido para los inquilinos que ya nos habíamos acostumbrado al silencio reinante del día y al ajetreo continuo de las noches. Del pasillo cuatro trasladaron a cinco internos hacia población y sólo quedamos Valeriano, Noé y yo en esa área.

Las celdas contiguas fueron ocupadas progresivamente por internos que llegaron de los módulos de población, todos enfermos o sospechosos de contagio por hepatitis.

El arribo fue tumultuoso y caótico. De los cinco presos asignados a las celdas de separo del pasillo cuatro, llegaron custodiados por perros, arremolinados por los empujones y las patadas que los vigilantes les propinaban a discreción. Fueron asignados a las celdas vacías con la consabida amenaza de mantener el orden en esa sección, so pena de sentir el rigor del poder de los guardias.

En la celda siete fue confinado Daniel Aguilar Treviño, el asesi-no confeso de José Francisco Ruiz Massieu. A su ingreso al pasillo se le nota flaco, sumiso, silencioso. En la posición de revisión se le alcanzó a notar el esfuerzo físico que hacía para contener la rabia provocada por los empujones de que era objeto. Apretó los puños para no responder a las provocaciones del guardia. Hizo tres senta-dillas con el pantalón a las rodillas y la camisola levantada hasta el pecho. Tenía la mirada perdida, fija en la celda de enfrente, que sería su hogar durante el tiempo de la cuarentena impuesta en el penal.

Supe que era Daniel Aguilar Treviño por el guardia que lo cantó en el pasillo:

—Aquí les dejo una estrella más del penal de las estrellas —dijo el oficial en tono burlón—. Ahí se los encargo, no lo vayan a maltratar, porque Salinas me lo encargó mucho —terminó diciendo mientras seguía metiendo a los otros internos a sus estancias respectivas.

Nadie respondió a la bravuconada del oficial. Era una forma si-lenciosa —un código no escrito— de los internos para protestar por el trato que se le daba a los otros presos. El guardia terminó riéndose consigo mismo, mientras lanzaba la primera amenaza del día:

—Al primero que oiga que está platicando con los que recién llegan, lo voy a sacar a pasear al patio y no va a tener comida du-rante una semana. Ya se la saben, cabrones; aquí la mera verga soy yo.

El silencio de todo el pasillo parecía provocar más coraje al ofi-cial, aunque todos sabíamos que la advertencia era una invitación a dialogar con los que llegaban provenientes de los módulos de población. Pero apenas se alejó la guardia, las preguntas no salieron de los que ya estábamos allí, sino de los que recién habían llegado.

—Ese compita de la dos —habló en un susurro Aguilar Trevi-ño—, ¿qué onda con este pasillo?, ¿por qué están encuerados todos?

—Por peligrosos y cabrones que somos —le respondió Noé, a manera de bienvenida y con un tono sarcástico que muy pocas veces sacaba a relucir—. El que está en la celda dos es Valeriano, tiene un balazo en la cabeza que lo dejó sin el sentido del gusto, el olfato, el tacto y la vista. Sólo oye y habla. El de la ocho es Lemus, un reportero que ni puta idea tiene de lo que es la delincuencia organizada, pero aquí lo tiene el presidente Calderón. Y yo soy Noé, ciego, artrítico y viejo, que no me la acabo con el juez porque le menté su puta madre…

—¿Este pasillo es de castigados? —preguntó Aguilar Treviño.

—Este pasillo es de exterminio —explicó Noé—. Los que llegan aquí vienen con la consigna de alguien para que nunca puedan salir de la cárcel. Aquí se hace todo lo posible para que uno se muera. Ellos juegan a que nos matan todos los días y nosotros nos aferramos a sobrevivir, a ver quién se cansa primero.

—Está cabrón —se oyó que dijo Aguilar entre dientes, mientras caminaba de un lado para otro en su celda—. Hacía rato que no estaba en un área de castigo como ésta. La última vez ocurrió cuando llegué aquí, hace más de cuatro años. Cuando me trajeron de Almoloya. Me trasladaron para acá supuestamente como si se tratara de un beneficio; me dijeron que esta cárcel era menos estricta que Almoloya, pero en realidad es la misma chingadera. Se me hace que está más duro vivir aquí, que allá en La Palma.

—Sí —aseveró Noé—. Aquí está más de la chingada la vida. Aquí no puedes hacer nada, porque todo está prohibido. Yo también estuve en La Palma y se vive mejor allá.

—¿Te mandaron castigado para acá? —le pregunté a Aguilar Treviño, para darnos una idea de la razón por la que estaban llenando los pasillos del coc con internos de población.

—No, venimos porque al parecer estamos enfermos —dijo con un tono de incredulidad—. Ahora resulta que todos tenemos hepatitis, pero la verdad es que es un castigo para los presos que no atendemos las órdenes como las instruyen los oficiales.

—Pos la verdad sí es un área de castigo ésta a la que los trajeron —terció Noé—. Pero todo está bien mientras no los encueren como a nosotros y no les quiten sus pertenencias.

—Pos ojalá no nos dejen en la nada como a ustedes, aunque la neta yo pienso que ustedes son delincuentes de alta peligrosidad, por eso los tienen como los tienen.

—Qué delincuentes vamos a ser —respondió Noé—. Ya te dije que Valeriano está discapacitado, yo estoy ciego y el reportero ni idea tiene dónde está.

—¿Tú no te acuerdas de mí, Noé? —preguntó Aguilar Treviño.

—¿Cómo te llamas? —preguntó Noé, mientras se aproximaba a la puerta de su celda, como si de ese modo se acercara al preso que seguía hablando desde el fondo de la suya—. ¿Estuvimos juntos en algún módulo de población?

—Me llamó Daniel Aguilar Treviño. Yo soy el matón de Ruiz Massieu. Estuvimos juntos en el módulo siete. ¿Te acuerdas cuando nos juntábamos con *El Güero* Palma…?

—Sí, ya te ubiqué. Ya me acordé de ti. Hace unos días les estaba platicando a los compas del pasillo la vez que mi compita Mario Aburto nos contó la historia de la muerte de Colosio. Tú estabas en el pasillo cuando nos andábamos poniendo al pedo con los oficiales. ¿Te acuerdas?

—Sí, cómo no me voy a acordar. Claro que me acuerdo de ese día. Estuvo de la chingada la madriza que nos pusieron los oficiales y luego la forma en la que Mario tranquilizó a toda la gente para que aquello no se hiciera un desmadre, porque se estaban calentando las cosas…

—Sí, ya te ubiqué. ¿Y cómo me ubicaste tú a mí? —preguntó Noé, sorprendido.

—Te reconocí desde que comenzaste a hablar. Quién puede olvidar esa voz aguardentosa y necia que tienes. Sobre todo cuando te da por hablar en la madrugada y contar tus historias. ¿Sigues contando historias? ¿Te acuerdas cuando no nos dejabas dormir en el módulo siete?

—Sí, a mi compita el *repor* le gusta que lo arrulle con mis historias. Después de todo no hay mucho que hacer por acá. Y aquí menos. Aquí la cosa está de la chingada con los oficiales. Ya viste cómo estamos viviendo. Y espérate a que llegué la noche, cuando nos saquen a dar un *recorrido por el patio*, quesque para que nos eduquemos.

—¿Y cómo te va, Daniel? — insistí.

—Pos me va —respondió aquél con el desaliento de los presos sentenciados—. Aquí, pasando un día y otro día igualito al anterior, sin esperanzas de que la situación mejore.

—¿Te ha ido mal en tu *cana*? —pregunté en espera de ganarme su confianza, a sabiendas de que en el argot carcelario *cana* es la estancia en prisión, principalmente en relación con el estado emocional con que el reo enfrenta la experiencia de estar encerrado.

—Me ha ido como a todos los que estamos aquí: de la chingada. Porque no creo que haya un solo preso que diga que le ha ido bien, aunque haya hecho lo que haya hecho. ¿O acaso a ti sí te ha ido bien?

—No, cómo crees. Aquí a nadie le va bien —le contesté avalando la razón de sus palabras—. Más bien lo que quería saber es cómo has estado viviendo tu vida aquí en el interior de la cárcel —reformulé mi pregunta.

—Pues te diré que finalmente, más allá del trato que nos dan a los presos, la vida en la cárcel uno se la hace tan difícil o tan fácil como uno mismo quiera —explicó—. Yo, desde que caí en el bote, he tratado de llevármela tranquila, en espera de que un día pueda salir de esto y hacer mi vida allá afuera.

—¿Tienes esperanza de salir, mi *Dany*? —preguntó Noé—, porque te echaron un chingo de años…

—Sí, Noé, tengo esperanzas de algún día salir de aquí y para reunirme con lo que me quede de familia y amigos. Aunque realmente los amigos se le acaban a uno durante el primer año que llega a la cárcel. Poco a poco se van olvidando de uno. Y la familia dura un poco más, porque la cárcel no es sólo para uno, sino también para ella, que se mantiene cerca y que sigue al pie del cañón en espera de verlo salir a uno.

"Al principio, en los primeros días de mi encierro yo tenía un chingo de amigos y familia que querían venir a verme; pero ya ves cómo es el sistema de las cárceles federales, que está diseñado para irte dejando solo, pues la gente se cansa y finalmente te abandonan y te vas quedando sin nadie a quien le intereses…"

—¿Tienes visita que venga a verte? —le insistí.

—Sí, bendito sea Dios. Aún tengo quién me visite. Y por ellos es que sigo en pie; que si no, ya me hubiera colgado de la reja. Porque esta situación no está para menos que para terminar uno colgado de algún clavo, aunque sea amarrándose con la sábana o con el pantalón.

—Pos ustedes que tienen con qué colgarse —dijo Noé—. Nosotros ni siquiera tenemos ese beneficio y ni siquiera podemos intentar colgarnos para terminar con esta pesadilla de todos los días. No tenemos nada en la estancia, porque saben que finalmente sí podemos terminar suicidándonos.

—¿De verdad no tienen nada en su estancia? —preguntó extrañado Aguilar Treviño.

—Nada. De verdad no tenemos nada —le expliqué—. Lo único que nos dan a veces los guardias es papel higiénico y sólo cuatro cuadritos. Ésa es la única pertenencia que tenemos…

—Pero cuando ponen a funcionar las cámaras —agregó Noé— andamos como niños con juguete nuevo, porque nos dan uniforme, cobijas, galletas, rastrillo, jabón, champú, todo lo que tienen ustedes. Y nos pasamos unos días a toda madre. Hasta guapo me veo con los zapatos amarillos, esos culeros que están tan feos, pero que se extrañan todo el mes.

Mientras Noé le explica a Daniel acerca de los días tranquilos que en ocasiones se viven en la cárcel —cuando por normatividad se realizan visitas de los funcionarios de la Comisión Nacional de los Derechos Humanos (CNDH)—, se escucha una voz desde la puerta del pasillo que nos invita a guardar silencio, a base de mentadas de madre para todos los que estamos en aquel pasillo.

La llamada al silencio sólo es el preámbulo para una revisión de rutina, que se realizó ese día a media tarde. Una revisión mediante la cual, a pesar de que sabían que la mayoría de los presos de esa sección vivíamos sin pertenencia alguna en nuestras celdas, se autorizó el ingreso de tres perros para que buscaran algo que pudiera ocultarse en aquellas paredes pelonas.

El motivo de la revisión, como después lo pudimos constatar, fue más bien el pretexto para adelantarnos *la visita al patio*, la cual inició después de las seis de la tarde y concluyó ya entrada la madrugada. En esa ocasión fuimos al menos unos 11 presos, de distintos pasillos, los que rodábamos desnudos y empapados por el piso de la cancha de basquetbol, en un festín de gritos y patadas del que parecía deleitarse el grupo de custodios que nos vigilaban.

De regreso a las celdas, como ocurría casi siempre que nos sacaban al patio antes de la cena, encontramos la merienda a la entrada de cada una de nuestras estancias: un plato de plástico desechable con una embarrada de sopa de fideos, que con el frío estaba totalmente gelatinosa y blanca, pero que sabía como el mejor de los platillos.

Como se había decretado la alerta sanitaria por el brote de hepatitis en el interior de la cárcel federal, los oficiales de guardia pasaban cada dos horas por el pasillo con un equipo de fumigación para esparcir un líquido que olía a herbicida y a cloro, según ellos con el fin mantener el área en condiciones de no contagio para los que trabajaban allí, aunque eso hiciera imposible que los recluidos en ese pasillo pudiéramos respirar.

—Eh, reportero, ¿estás despierto? —preguntó Aguilar Treviño.

—Aquí ando. ¿Quién puede dormir con este hedor de químicos?

—¿Cuánto tiempo llevas aquí?

—Ya voy a cumplir cinco meses en este aislamiento…

—¡No mames¡ ¿Llevas cinco meses en estas condiciones? —preguntó aquél sorprendido—. ¿Pos qué hiciste?

—Pos eso es lo que todavía me estoy preguntando. ¿Qué hice?, porque me han dado un trato muy especial en esta cárcel… Desde que llegué me han tratado de lo lindo.

—Yo le digo a mi compita el reportero que sí se están manchando con él —terció Noé—, porque yo he visto criminalazos que de verdad se merecen esto y más, y los tratan con especial indiferencia; pero al reportero le han dado hasta para llevar…

—Sí, yo he visto a gente que trae muertos y muertos y ni siquiera los dejan sin comer —dijo Aguilar Treviño—. Los tratan a toda madre… A menos que sea por eso, porque son criminalazos.

—¿Y a ti, Daniel, no te han tratado mal? —lancé mi primera pregunta en serio—. ¿No se ensañó el gobierno federal contigo por haberte culpado de la muerte de Ruiz Massieu?

—No, ya en la cárcel el trato ha sido normal, como el que le dan a todos los presos. No me han tratado mal, aunque tampoco han hecho alguna deferencia conmigo. Me trataron muy feo durante las primeras horas después de mi detención. Yo pensé que me iban a matar, pero ya cuando me llevaron a Almoloya, el trato fue como todo: duro, pero sin atentar contra mi vida.

—Y aquí en Puente Grande, ¿cómo te tratan?

—Normal. No me meto en pedos con nadie y nadie se mete conmigo. Los guardias se portan tranquilos y tampoco los provoco;

cumplo las órdenes que me dan y no pido más allá de lo que me corresponde. Uno aprende a respetar a la autoridad cuando la autoridad te respeta.

—¿Es igual el trato aquí y en Almoloya?

—Sí, no hay diferencia. Igual de estricto. Tú sabes que nunca te dan una libertad o un beneficio que no te corresponda.

—¿Te torturaron cuando te detuvieron?

—Sí, me dieron, como dice Noé, hasta para llevar. Las primeras 24 horas fueron muy difíciles, pero ya después todo fue tranquilo. La entrada a Almoloya fue como la bienvenida que le hacen a uno cuando llega a Puente Grande… Ustedes ya se la saben, para que les cuento: patadas, corretizas, toletazos, perros, cachetadas, tortura física… todo lo que se puedan imaginar.

—Pero, aparte de eso, ¿cómo te han tratado? —insistí.

—Yo digo que me han dado un trato normal; no han tenido ninguna atención especial, pero no me han humillado más allá de lo que debe ser en una cárcel.

—¿Así debe ser una cárcel? —pregunté—. ¿Con toda esta humillación de permanecer encuerados, en una celda, aislados?

—Así están ustedes, y sólo ustedes saben la razón por la que los están tratando de ese modo. Yo lo que te digo es que para mí la cárcel ha sido justa en cierta medida: me han tratado como me he portado. He cometido algunos errores y me han corregido las veces que lo han considerado necesario los guardias que nos cuidan. La prueba es que yo tengo mis pertenencias aquí donde estoy y ustedes están sin nada en su celda. Lo que quiero decir es que ustedes debieron haber hecho algo para que los traten así, como los están tratando.

—¿Entonces no cuenta el delito por el que has sido encerrado, para recibir determinado trato en la cárcel?

—Yo pienso que más bien es como te portas dentro de la cárcel. Yo he visto delincuentes que fueron unos animales allá afuera, que cometieron los peores crímenes, pero aquí son bien portados y por lo tanto reciben buen trato.

"Pero también he visto a algunos presos que son inocentes y aquí mismo se vuelven aguerridos, y así comienzan a tratarlos, a base de golpes. Les hacen la vida cansada cada momento que están aquí. Es lo que yo te digo: cada quien hace su vida en la cárcel como la quiere hacer. Se la puede hacer uno tranquila o se la puede hacer un infierno; de cada uno de nosotros depende porque, como dijo Rafa Caro Quintero, aquí nos tocó vivir."

—No, eso lo dijo Cristina Pacheco —corregí.

—No, estás muy equivocado, reportero, el primero que dijo esa frase fue don Rafael Caro Quintero. Lo dijo cuando llegó a Almoloya. Allá todo el mundo sabe que la frase es de *Don Rafa*. Cualquiera que haya estado allá te lo puede asegurar.

—¿Entonces piensas que te mereces el trato que te dan aquí? —cuestionó Noé desde el fondo de su celda, que seguía la plática con el mismo interés que le conocí los días en que tomaba sus medicamentos.

—La verdad, sí. Me tratan como me porto. Y yo pienso que así debe ser la cárcel. No necesariamente te deben tratar mal para que entiendas que lo que hiciste fue malo…

—Entonces piensas que te tratan bien aquí.

—Sí, no me quejo —dijo resignado, más que convencido.

—¿Tú piensas que lo que hiciste allá afuera, por lo que estás aquí, fue malo? —pregunté tratando de ser cauteloso.

—No sé si fue malo o si fue bueno. De lo que sí estoy seguro es de que el trato que me están dando en la cárcel y el que me han dado ha sido bueno. Y espero que así me sigan tratando, porque yo no soy un preso conflictivo. Nunca me han castigado por mal comportamiento.

A Daniel Aguilar Treviño le gustaba platicar por las mañanas, especialmente después del baño. Antes del desayuno se acercaba a la reja de su celda para tratar de descubrir algún ruido en las estancias contiguas y provocar la plática, siempre en voz muy queda. Era un buen conversador. Siempre tenía tema para la plática y le entraba al asunto que se le planteara. Le gustaba mucho hablar de literatura; se notaba que había leído mucho en los últimos años y tenía una gran capacidad de retención. Era una esponja de conocimiento acerca de escritores y novelas.

Los días que estuvimos juntos en el pasillo cuatro del COC de Puente Grande, aun sin vernos de frente, Daniel me hablaba entre las seis y las siete de la mañana; siempre estaba atento. Se levantaba antes de las cinco y, a pesar de que estaba prohibido, hacía ejercicio de media hora a 40 minutos. Después venía el baño con agua helada. Y parecía que Aguilar Treviño lo disfrutaba.

La mayoría de las veces lo escuché tarareando una canción que no supe nunca cuál era. Siempre cantaba después de haber salido de la regadera. No parecía tener ningún problema. Después del baño venía la limpieza de la estancia. Aseaba su celda a conciencia y siempre nos instigaba —con una voz agitada por el esfuerzo— a que todos hiciéramos lo mismo: la limpieza dentro de la estancia —decía— es la imagen de uno mismo.

Era un tipo ordenado, disciplinado. Todos los días, después del baño, hacía una intensa labor de limpieza en su estancia: con una franela húmeda recorría centímetro a centímetro paredes, piso y techo de su celda. Decía que no le gustaba que se acumulara el polvo porque le iba percudiendo las cobijas y en la noche no podía dormir por la sensación del polvo en su nariz.

Cuando llegaba el desayuno Daniel Aguilar ya tenía totalmente aseada su estancia y se encontraba —como decía— alineado de los zapatos a la cabeza, a la espera de que el día transcurriera en la mayor de las calmas y sin sobresaltos. Él no hacía la menor provocación para trastocar el orden de aquel pasillo. Y cuando no estaba platicando en voz baja, se distraía cantando o dibujando. Todos los días se ponía a dibujar en su celda.

—Órale, Daniel, ¿qué estás haciendo? —le pregunté un día recién había pasado el desayuno y mientras estábamos a la espera del pase de lista.

—Aquí ando, reportero, ya alistándome para ponerme a dibujar un rato. Después, antes de la comida, pienso ponerme a escribir algo. ¿Tú no haces nada en todo el día?

—Aunque quiera —le contesté con la desolación de saberme totalmente desnudo en aquella celda—. No tengo nada en mi celda para escribir o dibujar. Ni para mandar cartas. Estoy todo encuerado y sin ningún instrumento porque puedo convertir en arma letal cualquier cosa que esté a mi alcance —parafraseé lo que me había dicho el juez cuando me mandó a Puente Grande.

—Pos haz el intento de distraerte en algo, porque en lo que menos piensas te estás volviendo loco —me recomendó—. Yo he visto a muchos a quienes se los ha comido la cárcel. No por nada le dicen a esta pinche prisión "La Perra", porque si te dejas te traga.

—Deja que venga a verme la trabajadora social y le voy a pedir que me dé la oportunidad de hacer alguna actividad en la celda para no volverme loco de estar viendo las paredes todo el día.

—¿Cuánto tiempo llevas aquí? —me preguntó.

—Llevo cinco meses…

—Y lo que te falta —me dijo con una voz consternada que parecía como si se compadeciera de lo que venía para mí—. Porque cuando el gobierno te la quiere hacer cansada, te la hace. Y si estás en esta cárcel es porque te la van hacer cansada.

—¿A ti te han hecho cansado tu proceso? —pregunté cómo tanteando el terreno en el que me metía.

—Si supieras por las que he pasado ni me la creías. Pero la verdad es que el gobierno se ha portado bien. No me han dado algo que no haya merecido ni me han maltratado de más. Yo pienso que si me hubiera resistido, ya me hubieran matado, pues la verdad lo que hice no fue un chiste.

—Oye, Daniel, entonces, ¿sí mataste a Ruiz Massieu?

—Eso no te lo voy a decir. ¿Para qué quieres saberlo? En nada cambia la historia si te digo que yo no lo maté. O si te digo que sí lo maté. Todo va a seguir siendo igual. Yo voy a seguir preso en esta cárcel muchos años más y toda mi familia va a seguir marcada con el estigma del asesino de Ruiz Massieu. O peor tantito, Ruiz Massieu no va a revivir si yo digo que lo maté o no lo maté.

—Pero si en ti estuviera que Ruiz Massieu viviera; si reconocieras que lo mataste o que no lo mataste, ¿qué dirías?

—Que sí lo maté y que lo hice por dinero, que me contrataron y que las cosas salieron mal.

—¿Sólo te contrataron y fuiste a matarlo? ¿Por qué lo mataste? —insistí.

—Tú preguntas mucho, reportero. Suelta una corta feria... y te platico bien cómo se dieron los hechos, con nombres, lugares y señas... con todo lo que quieras saber —dijo entre risas.

—No, pues no tengo dinero para comprarte la historia, pero si lo tuviera sí te la compraba —respondí también en tono de broma.

—No te preocupes —me dijo Aguilar Treviño—; muchos se me han acercado para preguntarme los pormenores del asesinato, y apenas les hablo de pagar, se echan para atrás y hacen como que no les interesa mi versión de los hechos sobre la muerte del diputado.

—¿Mucha gente se ha acercado para que les cuentes tu versión de la muerte de Ruiz Massieu?

—Uy, sí. Si supieras. Me han contactado políticos, periodistas, productores de cine, artistas de televisión, hasta el embajador de Estados Unidos me mandó preguntar con un agente especial que cuánto quería para que le contara la versión oficial de la muerte de Ruiz Massieu.

—¿Y a todos les has dicho que no?

—No, ninguno le ha llegado al precio. Todos ofrecen y ofrecen, pero a la mera hora, cuando se trata de pagar, ya no quieren soltar dinero…

—¿En cuánto vendes tu historia?

—En una buena feria. Creo que sí vale la pena, para quienes les interesa. Pero nadie quiere soltar el dinero.

—¿A poco ni los gringos quisieron soltar el dinero? Si a ellos lo que les sobra son los billetes y no hubiera sido una mala inversión comprarte la historia oficial de la muerte de Ruiz Massieu…

—Al principio sí habían aceptado, pero cuando comencé a contarles algunos pormenores ya no quisieron seguir con el trato y retiraron la oferta.

—¿Cuánto les habías pedido?

—Eso ya no es importante. No me acuerdo, creo que fue un millón de dólares. Habían aceptado darme sólo la mitad; pero apenas comencé a contarles ya no quisieron saber más y decidieron retirar la oferta.

—¿Te visitaron aquí?

—No, fue en Almoloya.

—Pero si esa también es una cárcel de máxima seguridad, ¿cómo entraban los gringos a verte? ¿Dónde te veían?

—Yo no sé cómo lo arreglaron los gabachos, pero las tres entrevistas que tuvimos las hicimos en el área médica. A mí me sacaban del módulo y me decían que me llevaban a consulta del especialista o al dentista, y ya en el consultorio me esperaban tres gringos, a los que comencé a contarles la forma en que se dieron los hechos antes de la muerte de Ruiz Massieu. Durante la tercera entrevista retiraron la oferta y me dijeron que no pagarían lo que habíamos acordado.

—¿No te dijeron la causa de su negativa?

—No, sólo me dijeron eso. Y pos ellos se pierden la verdad de cómo se dieron los hechos previos al día del asesinato.

—¿Lo que se ha escrito en la prensa no se ajusta a cómo se dieron las cosas antes del día del asesinato?

—No sé con detalle qué se escribió en los periódicos, pero por lo que me contó el abogado, no creo que las versiones de los periódicos se ajusten a la realidad. Hay muchas cosas que no se han escrito…

—¿Y no piensas contárselas a nadie?

—No sé. Tal vez un día las cuente o quizá las escriba yo mismo. He pensado escribir un libro contando la verdad del asesinato de Ruiz Massieu, pero creo que lo primero con lo que me voy a encontrar será que todo el mundo va a dudar de mi versión de las cosas.

—¿Y por qué habrán de dudar de ti? ¿Acaso no eres tú el que mejor sabe la historia de la muerte de Ruiz Massieu?

—Pos sí, pero de todas formas eso será cuando yo salga de la cárcel. Y aún falta un buen rato para que llegue ese momento. Es algo que aún no quiero pensar. No quiero ilusionarme en lo que voy hacer cuando salga de aquí. Todavía falta mucho para ese momento —se dijo para sí mismo, con un dejo de resignación.

—¿Cuántos años te dieron por el asesinato?

—El juez me echó 50 años —lo dice con cierto dolor, y casi en voz inaudible—, pero no creo que los pague todos porque pienso que voy a obtener algún beneficio; posiblemente cuando tenga 60 por ciento de la sentencia pagada haré una petición de libertad provisional. Y como están dadas las cosas, pienso que me la pueden conceder, porque no soy un preso conflictivo, soy tranquilo, estoy estudiando y pienso que eso me va a ayudar.

—¿Qué estudias?

—La preparatoria. Ya casi la termino. Eso me va ayudar mucho cuando solicite mi preliberación. Eso es lo que toman en cuenta los jueces al momento de otorgar libertades anticipadas: que el interno sea una persona readaptada y que garantice que se va a reintegrar a la sociedad. Yo creo que sí puedo cumplir con los requisitos que se exigen para obtener la libertad condicional —insiste tratando de convencerse a sí mismo.

"Si las cosas suceden como yo las espero —continuó explicando, pegado a la celda, hablando al pasillo en voz apenas audible—, solicitaré mi preliberación allá por 2024, cuando ya haya pagado al menos unos 30 años de la sentencia que me dictaron. Ya para entonces la gente se habrá olvidado del escándalo político que fue la muerte del diputado y pienso que no habrá tanta presión para que se me otorgue la libertad condicional.

"Aunque también he pensado que cada vez que se pueda ventilar la posibilidad de mi preliberación, no va a faltar algún periodista que saque a la luz pública mi caso y vuelva a revivir todo el escándalo político, y otra vez haya intereses que obliguen al juez a que reconsidere mi supuesta peligrosidad y le tiemble la mano para otorgarme el beneficio que se establece en el derecho.

"Pueden pasar mil cosas, reportero, pero yo trato de ser optimista y de preparar mi mente a todas las posibilidades que se presenten, aunque, obviamente, yo espero lo mejor. Y estoy seguro de que lo mejor se va hacer realidad, porque estar viviendo en las condiciones en las que estamos viviendo, pues la verdad no es vida, y menos en esta cárcel federal."

—¿Has estado en otra cárcel que no sea federal?

—Sí, en el Reclusorio Sur, cuando me detuvieron. Los primeros días los pasé en esa cárcel. Allí todo es más tranquilo; aunque estaba vigilado de más, tenía acceso a todo.

—¿A todo? ¿Qué es a todo?

—A lo que yo quisiera comer o tomar, a la televisión, a libros, revistas o cualquier cosa que sirviera para distraerme. Ya después me llevaron a Almoloya y luego me trajeron aquí. Y pues ya te sabes la historia de estas cárceles: son de exterminio total, todo te lo niegan, todo está prohibido, no te dejan pensar, se hacen dueños de tus actos. Todo es privación. No sólo te privan de la libertad, sino también del gusto por vivir. Te van privando poco a poco de todo lo que tiene la vida para disfrutar.

—¿Cómo han sido los años que llevas encerrado en la cárcel?

—Tristes. Llevo 14 años en la cárcel y puedo decirte que los dos primeros fueron muy dolorosos porque comencé a comprender que la mayor parte de mi vida la pasaría aquí. Luego fueron años de resignación, porque traté de vivir con lo que me daba la vida y acepté mi condición de preso y comencé a ser un poco más tolerante con lo que pasaba a mi alrededor.

—¿Crees que mereces lo que estás viviendo?

—Sí, igual que todos los que estamos aquí. Porque pobre de aquel que considere que no es justo lo que le está pasando, porque sufrirá más. Aquí nadie recibe más de lo que merece. Todos tenemos justamente lo que merecemos. Aquí venimos a pagar todo el daño que hemos hecho allá afuera. Éste es nuestro purgatorio particular. Bienaventurados los que estamos en la cárcel, porque saliendo de aquí todos seremos libres de culpas —dijo a manera de colofón.

Después de la plática de las mañanas Daniel Aguilar se abandonaba al arte y se dedicaba de cuatro a cinco horas al dibujo o a escribir. Cuando dibujaba comenzaba a tararear la misma canción que entonaba todos los días después de salir de la regadera. Luego, por lo general, venía una siesta de 20 minutos, que casi siempre hacía después de la comida del mediodía.

Antes de caer la noche, cuando estábamos a la espera de que llegara la merienda, Daniel volvía a hacer el aseo completo de su celda, pues aseguraba que el polvo no lo dejaba dormir.

Y en verdad había noches en que Daniel no dormía. En varias ocasiones llegué a escucharlo, a mitad de la madrugada, justo cuando calaba más fuerte el frío en los huesos. Gritaba aterrado por sus pesadillas; comenzaba con un ligero lloriqueo mientras balbuceaba algunas palabras ininteligibles; luego pasaba a un estado de agitación que iba marcando el aumento de su respiración, hasta culminar con sonoros gritos que despertaban a todo el pasillo.

Las pesadillas son comunes en este lugar. Los gritos nocturnos, ya fueran de Daniel o de cualquier otro inquilino de aquel pasillo, alteraban excesivamente a Noé. Cada vez que alguien comenzaba a gritar en la noche, *El Gato* terminaba desquiciado en su celda, con la visita del personal médico que lo sedaba y daba paso a una pausa de tranquilidad en aquel pasillo, aunque luego de la medicación sobrevenía una etapa de intensos monólogos, durante la cual Noé contaba sus *historias para no dormir*, como él mismo las llamaba.

Al día siguiente, después del infierno que significaba la noche para cada uno de los presos de aquel pabellón, todo volvía a la normalidad. Los que regresábamos del patio, de la terapia cotidiana de reeducación, intentábamos conciliar el sueño, tratando de encontrar algo de calor en aquel frío concreto de la celda, y los que despertaban de su infierno particular, comenzaban a hacer la rutina del día.

—Ese mi reportero, se pasó casi toda la noche en la calle, ¿dónde andaban? —preguntó un inquieto Daniel.

—Estábamos en nuestra rutina —contesté con la mayor naturalidad del mundo—. En el patio. Sólo que no había presión de agua en la manguera y tuvimos que esperar sentados a que saliera el chorro, si no, pos cómo nos iban a bañar. Y la presión subió hace apenas unos minutos. Y ya el oficial, desesperado, sólo nos dio un regaderazo y nos devolvió.

—Pues ya los estábamos extrañando —dijo Daniel entre risas.

—Oye, Daniel —me animé a lanzarle la pregunta que desde hacía días traía en la cabeza—, ¿cuál fue tu relación con Raúl Salinas? ¿Tuvo que ver algo en el asesinato?

—La verdad, yo no conozco a ese señor, nunca lo he visto y nunca he hecho tratos con él —dijo en seco.

—¿No tuvo nada que ver en el asesinato de Ruiz Massieu?

—Te digo la verdad. No lo he visto nunca en mi vida…

Los ruidos que llegaban desde el pasillo tres hicieron titubear a Daniel Treviño. Se distrajo. Se salió por la tangente para evadir la pregunta que evidentemente le había molestado y hasta hizo que se pusiera nervioso. Los ruidos eran los típicos sonidos del tropel, los gritos de los oficiales y los pasos marciales por el pasillo que apagaban los quejidos de un interno, quien lejos de pedir clemencia azuzaba a la jauría de policías diciéndoles que no le estaban doliendo los chingadazos.

—¡Péguenme con ganas, parecen señoritas! Tienen la mano más blandita que una niña abanderada —gritaba como endemoniado aquel preso.

—¡Guarde silencio, interno! —apenas atinaba a gritar un comandante descompuesto por la ira de ver a su víctima sobrepuesta y valerosa.

—Ya les dije —insistía el preso—, necesitan más que chingadazos para doblegarme. Y den gracias a Dios que estoy amarrado, que si no ya les habría partido la madre a cada uno de ustedes, y a esos perros ya me los habría tragado en unos tacos al pastor.

Los ruidos que provenían del pasillo aledaño pronto hicieron que Noé saltara desde su piedra donde intentaba conciliar el sueño, aprovechando el tibio aire que se filtraba desde la resolana del patio hacia el interior de las celdas.

—Es el compita *Chuy* Loya —explicó parado desde la reja de su celda—. Lo traen a chingadazo limpio. Lo vienen bajando desde el área del hospital. Tuvo que hacer algo grueso para que lo maltraten de esa forma —intentaba explicar sin que nadie le preguntara, pero a sabiendas de que todos estábamos a la expectativa de cómo medio mataban a aquel preso.

—Ese pinche Jesús, siempre metiéndose en problemas gratis —explicó Daniel—. Yo siempre le he dicho que si sigue con esa fascinación que tiene por *La Nana Fine*, va a terminar muerto en esta cárcel, no va a volver a pisar la calle.

El tropel de policías y aquel concierto de respiraciones agitadas, ladridos de perros y mentadas de madre al por mayor, se fue acercando poco a poco al pasillo cuatro, mientras un guardia en posición de avanzada llegaba hasta la celda número uno de ese sector para ordenar al siempre callado Miguel que se alistara para dejar la celda.

Miguel fue sacado a empujones de su estancia, sin ninguna pertenencia, totalmente desnudo, mientras recibía la instrucción de un segundo oficial de guardia de que se colocara en la posición de revisión, para realizar el procedimiento ordinario de alguien que sale de su estancia para dirigirse a una zona en que habrá contacto visual e interacción con otras personas.

En la celda que ocupaba Miguel, fue arrojado, bañado en sangre, Jesús Loya, quien desde adentro seguía retando a los oficiales que finalmente se notaban más derrotados que el propio interno, a quien no pudieron doblegar su ánimo.

—¡Órale, putos, vénganse de uno en uno, para todos tengo! —gritaba Jesús jadeando desde el fondo de su celda.

El pasillo pronto recobró la quietud, pese a que poco más de una veintena de oficiales de seguridad y custodia seguían agitados, jalando aire por la boca, respirando ruidosamente por la nariz y escupiendo al piso. Enseguida llegó la instrucción de silencio, mientras el grupo de oficiales salía del lugar a toda prisa.

Aún se escuchaban los pasos de los guardias subiendo las escaleras sobre el nivel A, cuando Noé ya estaba preguntando por la condición del recién llegado:

—Ese *Chuy* Loya, ¿qué le pasó? ¿Por qué lo tratan de esa forma estos cabrones?

—Son puros celos, compita —dijo aun agitado Jesús Loya, con una voz agravada por la resequedad de la garganta.

—¿A poco anda con la vieja de uno de los comandantes?

—Pos, casi.

—Explíqueme —insistió Noé.

—¿Quién eres? —inquirió aquél para saber en qué terreno se estaba metiendo.

—Soy Noé, el *Gatito*. Nos vimos en el módulo cinco, hace como cuatro años. Nos juntábamos con *El Güero* Palma y con *El Chapo* Guzmán…

—¡Quiúbule, mi *Gatito*! Yo pensé que te habías pelado con *El Chapo* —dijo en broma, pero luego rectificó con seriedad, cuando observó que no le agradó a Noé—. De verdad, pensé que te habían cambiado de cárcel. Yo estaba seguro de que te habían llevado por lo menos a Almoloya. No recuerdo quién me lo contó. Alguien me dijo que después de la fuga, junto con todos los custodios que pagaron la fuga del *Chapo*, a ti y a otros compitas más se los habían llevado al Estado de México. Pero pos ya veo que no es cierto; ya veo que aún sigues por estas tierras, navegando con esta bola de cabrones, que se pasan de lanzas con los que estamos imposibilitados…

—¿Cuál pinche imposibilitado? Cállate mejor. Lo que pasa es que eres un pinche preso renegado que nunca se va a adaptar a vivir con la gente —le gritó Daniel Aguilar—. Mientras sigas así, ya te lo dije, nunca vas a volver a pisar la calle.

—¿Y ese marica, quién es? —rezongó Jesús Loya mientras lanzaba un quejido, que evidenciaba que intentaba levantarse de donde se encontraba.

—Yo soy tu padre, cabrón —contestó en voz alta Daniel Aguilar—. ¿Ya no te acuerdas de mí? Cuando estábamos en el módulo siete. Yo soy el que te enseñó a escribir. El que te enseñó a comer con cuchara, porque antes, cuando estabas en la sierra, comías con los dedos —remató mientras soltaba una carcajada.

—Pinche Danielito —dijo con alegría Loya—. Mira dónde te vine a encontrar… ¿Qué andas haciendo en este pinche pasillo de mierda? ¿Por qué te mandaron a este castigo? Si tú eres muy bien portado y no te robas una tortilla del comedor porque se trastoca el orden del universo.

—Pos mira —respondió Daniel—; me mandaron para acá dizque porque estoy enfermo de hepatitis. Pero la verdad se agradece el cambio; se sale uno de la monotonía de estar viendo siempre las mismas caras, a los mismos cabrones de todos los días, de los que te sabes todos sus chistes y payasadas.

—Pero éste es un pasillo de castigo —intentó explicar Loya—, a donde traen a los más cabrones de toda la cárcel. ¿Tú qué pitos andas tocando por acá?

—Ya te lo dije, me mandaron para acá porque estoy enfermo de hepatitis. Pero estoy viendo que aquí es a donde mandan a lo peor de toda la cárcel. Ya me está dando miedo. Hasta un reportero tienen aquí —dijo, mientras soltaba una risita para sí mismo.

—¿Un reportero? ¿A poco aquí está mi compa Lemus?

—Sí, por aquí andamos, tocayo —respondí de la manera más breve posible para no interferir en aquella plática de conocidos.

—¿Todavía anda por aquí, tocayito? ¿Cuándo fue que nos conocimos en el pasillo tres? —preguntó con emoción Loya.

—Fue hace como cinco meses. Yo llegué al pasillo donde usted estuvo allá por el mes de mayo pasado —le respondí.

—Sí, ya me acuerdo, cuando estuvo castigado en esa área *El Mochaorejas*. Sí me acuerdo. Me acuerdo que se aventó como 12 días en la celda de castigo y luego disolvieron todo el pasillo…

—¿Y cómo va el romance con la *Nana*? ¿Ya no la has visto? —le pregunté.

—Ese romance va viento en popa —dijo mientras yo imaginaba cómo se le dibujaba una sonrisa en su cara magullada—. Estoy seguro de que saliendo de aquí se va a ir a vivir conmigo. Le voy a comprar una casita allá por la sierra de Culiacán y me la voy a llevar conmigo. Y vamos a vivir como en una película de Pedro Infante, en la que ella se dedicará al cuidado de la casa y a criarme a unos dos o tres chiquillos y yo me encargaré de sembrar; pero en lugar de sembrar maíz, me voy a dedicar a sembrar mota, que es lo único que deja para vivir, porque de lo contrario nos vamos a morir de hambre.

—¿Todavía sigues pensando en la enfermera? —lo cuestionó Noé con algo de severidad.

—Claro, si ella es el amor de vida. Y aunque se me vaya la vida en el intento, la voy a seguir amando, porque al fin y al cabo para eso uno es hombre, ¿no?, para querer con toda el alma a una mujer.

—Y de seguro la madriza que te pusieron tiene que ver con ella —aseveró Daniel.

—Ni más ni menos —contestó orgulloso—. Y si por ella es, que me quiten la vida, que al cabo cuando la veo vuelvo a sentir corazones por todo el cuerpo y me vuelve a nacer el alma por cada poro de mi piel, por donde la quiero todos los días.

—Así hubieras pensado cuando andabas en la calle —le gritó casi a hurtadillas Noé, a la vez que le recriminó—. No te hubieras dedicado a secuestrar y a matar gente inocente. Ahora resulta que eres un hombre todo amor, cuando sólo Dios sabe todos los hogares que dejaste enlutados por los secuestrados que no volvieron nunca más a su casa.

—¿Y ahora qué te pasa, mi *Gatito*? ¿Por qué tanto odio? —se defendió Jesús Loya.

—Es que no me gusta que hables así: con mucho amor, cuando todos sabemos bien tu historia y que no has sido ni la mitad de lo que dices… Yo no entiendo cómo un asesino puede querer con toda el alma, como dices tú.

—La cárcel, *Gato* —explicó Jesús—, te hace bueno para ayudarte a llegar hasta el final. Y a mí ya me tocó esa experiencia. A mí la cárcel ya me hizo bueno, a mí me ha sacado el amor y eso es lo que hoy me sostiene todos los días; es lo único que ahora importa. Y hoy hablo así porque hasta ahora conocí el amor. Antes no sabía qué sentimiento era éste, y es que no había conocido a nadie como a la *Nana*. No tiene nada de malo querer ser bueno. Después de todo, para eso es la cárcel, ¿no? Para hacerte bueno… Quiere decir que el sistema sí funciona. ¿A poco tú no quieres a tu comadre, esa señora que te escribe bien seguido?

—Sí —respondió *El Gato*—, pero yo nunca he sido un secuestrador…

—A ver pues, Loya, nos dijiste que nos ibas a contar por qué te dieron esa golpiza —intervino Daniel—. ¿Vas a contarnos o no? Ya ves que en este pasillo no hay forma de matar el tiempo.

—¿Y por qué quieren que yo los entretenga? Ni que fuera chango de circo para divertirlos y hacerlos pasar el rato —se defendió Jesús.

—Pos simplemente porque tú eres la novedad, ¿no? Fue a ti al que trajeron bañado en sangre y medio muerto a golpes —intervino Noé.

—¿Qué? ¿Y a poco Daniel ya contó su historia? ¿A poco *El Gato* ya soltó todo lo que trae en su ronco pecho? ¿Ya el reportero explicó su caso? ¿A poco ya todo el pasillo se confesó? —soltó en retahíla sus dudas Jesús Loya—. Si quieren cuento mi historia de amor y cómo terminó en golpiza, pero primero cuento la historia de *El Gato* o la de Daniel Aguilar.

—¿A poco eres tan cabrón que te sabes las historias de todos los que estamos aquí? —lo retó Noé.

—Pos más o menos me sé el corrido de los más fieras de esta cárcel…

—¿Te sabes mi corrido? —preguntó más curioso que molesto Daniel Aguilar Treviño, del que se podía escuchar cómo se le agitaba la respiración y se le aceleraba el pulso al saberse vulnerado en su propia historia.

—Claro que me sé toda tu historia. ¿Ya no te acuerdas que la contabas todos los días en el módulo siete? La platicabas en el patio para ganar respeto entre la gente que allí nos juntábamos. Se la llegaste a contar varias veces a Rafa Caro Quintero, recién que llegaste de Almoloya.

—Pos arránquese, Loya —lo instigó *El Gato*—; cuéntenos cuál es la historia de Danielito, para pasar la tarde. Y luego, si le queda tiempo, cuente mi corrido, para que tenga algo que contar el periodista, ahora que salga de aquí.

—Pos ahí te voy, Daniel; si me equivoco, me corriges —dijo con una risita burlona Jesús Loya, mientras en el interior de su celda Daniel Aguilar refunfuñaba, ante la impotencia de no poder decir ni hacer nada ante lo que advenía—. Toma nota, reportero —me convocó.

"Yo escuché a Daniel decir —platicó aquella tarde Jesús Loya— que el día de la muerte del diputado Francisco Ruiz Massieu, él, Daniel, se levantó tempranito en la casa donde se había quedado durante varios días en la ciudad de México, adonde lo llevó un funcionario de la Cámara de Diputados, junto con otras tres personas.

"Daniel había llegado al Distrito Federal, procedente de Tamaulipas, desde marzo de ese año [1994], con la única finalidad de darle muerte a Ruiz Massieu. Y llegó a contar que en varias ocasiones hizo el intento de matar al diputado, pero en ninguna se le presentó la oportunidad tan claramente como el día en que se dieron los hechos...

"Voy bien, Danielito, o me devuelvo —preguntó irónico Jesús Loya."

—Dale, vas bien; más o menos así fueron las cosas —soltó Daniel, con una risita nerviosa, desde donde permanecía acostado en su cama de piedra.

—Entonces, prosigo:

"Un día antes de la muerte del diputado Ruiz Massieu, Daniel y sus compañeros se hicieron presentes en un acto que se llevó a cabo en el Zócalo, a donde acudió el diputado, pero no se atrevió a disparar en su contra porque en ese momento había muchos policías y soldados que habían acudido a arriar la bandera nacional.

"El día de la muerte de Ruiz Massieu, Danielito se levantó temprano, como a las cinco de la mañana, y comenzó a revisar la pistola y la ametralladora que llevaría para cumplir con su cometido. Él y sus amigos revisaron las armas durante más de una hora. Desayunaron ligero; sólo comieron un pedazo de pan y medio vaso de leche, pues habían acordado ir a desayunar una vez que estuviera hecho el trabajo. Porque Daniel se salió con hambre a realizar el trabajo que le habían encargado.

"En la mañana, aún sin saber dónde cumpliría con el trabajo, Daniel y otros dos se subieron a un auto, que los llevó por varias calles de la ciudad, hasta que por teléfono les avisaron dónde deberían encontrar a su víctima. Los llevaron cerca del hotel en el que estaba desayunando el diputado, y allí dudaron si entraban al restaurante o si lo esperaban en la calle; decidieron esperar en la calle porque supusieron que algunos de los que estaban en el desayuno podían tener escoltas y equipo de seguridad...".

—¿Es correcto, Daniel? —interrumpió Noé en esta ocasión, causando la risa de todo el pasillo que estaba atento a la historia.

—Sí, va bien este pinche chismoso —dijo socarronamente Aguilar—; pero se equivoca cuando dice que desayunamos pan con leche. Yo no sé de dónde sacó esa jalada.

—Bueno, si me dejan contar la historia, se los voy agradecer —dijo con voz solemne Jesús Loya—. Lo de la leche tú lo contaste, así que si la historia sale mal es por tu culpa. Pero déjame continuar, por favor:

"El plan de la muerte del diputado no lo diseñó Daniel, sino que fue dictado por otro diputado, uno que no aparece y que se dio a la fuga después de la detención de los autores materiales. Ese diputado fue el que estuvo guiando a los homicidas para que cumplieran con la encomienda de cazar a Ruiz Massieu.

"Cuando llegaron al hotel donde desayunaba el diputado, Daniel se bajó del auto en el que habían estado circulando por varias calles de la ciudad de México. Él dijo que se bajó muy entumido, porque tenía mucho frío y que se paró frente al hotel en espera de que saliera su víctima, a quien reconocía perfectamente porque lo había estado viendo por televisión y en fotografías desde hacía varios meses, cuando le encargaron el trabajo.

"Al bajarse del coche, Daniel envolvió la ametralladora con su chamarra, para no cargarla al hombro y para matar la espera se dirigió a un puesto de tortas, donde estuvo comiéndose una, mientras que sus amigos se colocaban del otro lado de la calle, aparentando uno que esperaba el camión y otro que leía el periódico.

"A una cuadra de ese lugar se había estacionado la camioneta en la que habría de darse la huida, una vez que se concretara el homicidio. La intención era tirar las armas en cuanto se cometiera el asesinato y luego huir en la camioneta que les habían dejado, en la que había dinero para dirigirse a Tamaulipas…

"¿Si voy bien, Daniel? —interrumpió Loya como para poner mayor suspenso a la historia, aunque todos sabíamos en qué concluía."

—Sí, vas bien. Síguele —avaló Aguilar Treviño.

—Okey, sigo:

"Eran como las ocho de la mañana cuando Daniel y sus amigos se posicionaron en el lugar, y justamente cuando se estaba terminando la torta salieron los que estaban en el desayuno, ubicando rápidamente al diputado Ruiz Massieu, además de que fue alertado por el cómplice que estaba en la acera de enfrente.

"Daniel prefirió esperar a que el diputado se subiera a su auto para cometer el homicidio, pues dijo que había mucha gente en la calle y no quería confundirse. Esperó a que su víctima estuviera en el auto, cuando cruzó la calle a toda prisa, mientras sacaba la ametralladora de la chamarra, donde la mantenía oculta. A menos de 20 centímetros le apuntó e intentó descargar el arma, pero sólo hizo un disparo.

"Daniel alcanzó a ver cómo la bala le dio en el cuello a su víctima; entonces se echó a correr, al mismo tiempo que los mismos escoltas del diputado comenzaron a perseguirlo por la calle. Daniel Aguilar comenzó a correr hacia la avenida principal [Reforma] donde intentaría tomar un taxi, cambiando de lado el plan inicial de salir huyendo en la camioneta que le habían dejado cerca para que pudiera retirarse del lugar.

"A poco menos de 200 metros del sitio donde quedó el cuerpo del diputado, Daniel Aguilar fue detenido por un policía que le cortó el paso apuntándole con un rifle. Allí se rindió y fue alcanzado por los escoltas que lo venían persiguiendo… Y hoy aquí lo tenemos, como una estrella más del penal de las estrellas — dijo a manera de colofón cómico."

—¿Sí es así la historia, Daniel? —pregunté en medio de las risas de aquel pasillo que de pronto parecía perder la cordura ante la mínima provocación.

—Más o menos —respondió Daniel Aguilar—; pero lo que Loya no dijo es que desde el principio yo había desechado la posibilidad de huir en la camioneta que me habían dejado para escapar. Desde el principio vi la posibilidad de salir del lugar en un taxi, para dirigirme al centro y luego, ya con las aguas más tranquilas, irme a la central de autobuses.

—¿Adónde ibas a ir?

—A mi tierra, Tamaulipas, ¿A dónde más podría ir?

—¿Es cierto que se trabó el arma?

—Sí. Si no hubiera sido por eso, no me habrían agarrado. Me hubiera dado a la fuga. Le habría soltado unos balazos al policía que me cerró el paso. Pero la verdad es que me *apaniqué*. De pronto me dio miedo y no supe qué hacer cuando me di a la fuga. Aunque la verdad pienso que estuvo bien que me hayan detenido aquel día, justo después del homicidio, porque de no haber sido así, quién sabe dónde estaría enterrado en este momento.

—¿Crees que te hubieran matado después del asesinato? —pregunté.

—Lo he pensado durante los últimos años. Tú sabes, cuando uno se sienta frente a la reja y comienza a pasarle por enfrente la vida como si se tratara de una película en blanco y negro, entonces piensas: creo que me hubieran matado luego del asesinato, porque todo estaba apuntado para que fuera así.

—¿Quién crees que te hubiera matado? —insistí.

—No sé. Alguien —dijo, y guardó silencio como si se obligara a no pensar siquiera en nombres ni lugares.

La plática que sosteníamos en forma animosa fue interrumpida abruptamente por la llegada de un oficial que desde la puerta del pasillo gritaba que se le abriera la celda dos, donde permanecía aislado Valeriano, en la oscuridad, sin olor, sin sabor, sin sensación en el cuerpo.

Lo alcancé a ver de reojo, al acercarme a la celda de mi estancia, desde la celda ocho donde yo permanecía. Valeriano era un manojo de pellejos amarillentos, frágil, encorvado; trataba de ventear, buscaba percibir algo en el aire que le ayudara a ubicarse en el tiempo y el espacio. Después de todo no tenía la apariencia de ser alguien que se hubiera enfrentado a los federales y que les causara al menos ocho bajas.

Valeriano fue sacado en vilo por dos oficiales, luego de que el comandante del grupo le indicara que iría a una diligencia al juzgado. En el pasillo, frente a su estancia, le entregaron su uniforme, y ante la torpeza de sus movimientos para ponerse el amasijo de tela, recibió como respuesta un toletazo en la espalda. El crujido de sus huesos resonó no sólo en el pasillo, sino en el alma de los que atestiguábamos la escena.

El segundo intento fallido del reo para meter la mano en las mangas de aquel raído uniforme café fue corregido por dos toletazos más en las rodillas, lo que hizo que se le escapara un alarido de dolor e impotencia, con una mentada de madre que apenas pudo escucharse en medio del llanto del preso. Ésa era la invitación que estaban esperando los tres oficiales de guardia para descargar un desnaturalizado odio que se fue apagando en la medida en que Valeriano quedaba inconsciente, dormido, ovillado, a mitad del pasillo.

Fue la última vez que supe de Valeriano. Después de aquella golpiza llegó un grupo de atención médica, compuesto por dos enfermeras y dos médicos que intentaban reanimar al preso mediante la aplicación de alcohol en la cara y hablándole por su nombre. En aquel grupo de personas vestidas de blanco estaba *La Nana Fine*, el amor de Jesús Loya. Éste, desde su celda, percibió en el aire el perfume de la mujer, el cual desató su animosidad.

Después del arribo del personal médico, Jesús Loya comenzó a cantar a todo pulmón una y otra vez la misma canción con la que desvelaba a todos cuando estábamos en el pasillo tres. Y otra vez, parado desde su reja, cantó: "Tengo ganas de tocar todo tu cuerpo / ser aliado de las largas horas y el tiempo / para poder detenerme a cada segundo / y tener la dicha de seguir recorriendo / tu cuerpo desnudo y hacerte el amor…"

Ante la negativa de Jesús Loya de guardar silencio, como se lo ordenaban los oficiales que vigilaban la atención médica que recibía Valeriano, fue necesaria la intervención del grupo antimotines, que sólo esperó a que se levantara el enclenque reo, que aún seguía sin reaccionar, para sacar a todos los presos de sus estancias, con el propósito de propinarles una golpiza, aparejada con una dosis de gas pimienta.

Sólo al filo de la madrugada comenzó a diluirse el aire viciado de ese picante agrio que deja el gas antimotines. A esa hora empezó a cesar el lloriqueo de ojos, la irritación de gargantas y la laceración de fosas nasales. Y a esa hora comenzó Jesús Loya con el sonsonete de su amor, la *Nana*, que lo escuchaba desde el área del hospital, en el piso superior del COC, donde se encontraba de turno. Ya nadie insistió en que guardara silencio. Más bien apostamos a que lo venciera el cansancio provocado por el dolor de los toletazos sobre su espalda y sus piernas.

Poco antes del pase de lista, los gritos agitados de Daniel Aguilar Treviño despertaron a todo el pasillo. Parecía que forcejaba con alguien. Y por su respiración entrecortada parecía que se encontraba en desventaja. Me imagino que todos los presos estaban como yo: con la mirada clavada en el techo, recostados en la fría cama de concreto, intentando descifrar cómo era el infierno que estaba viviendo aquel interno.

Noé comenzó a despejar las dudas, apenas cesaron los gritos de angustia de la pesadilla.

—Órale, Danielito, aliviánate —le gritó en un susurro, tumbado desde su cama—. Ya despierta, tienes una pesadilla…

—Sí, ya me alivié —contestó Aguilar Treviño—. Estaba soñando muy gacho.

—¿Qué estabas soñando? —atacó Noé, insistente como era.

—Nada —dijo despreocupado el interrogado—. Las pesadillas de siempre. Que me persigue el mismo policía que me detuvo y que no se conforma con entregarme, sino que se la pasa torturándome hasta el cansancio. Nunca se me va a olvidar la cara de ese amigo; lo recuerdo bien: pelos parados, chaparrito, joven, con los ojos muy brillosos y apuntando con su rifle a mi cabeza.

—¿Volviste a ver al policía luego de la detención? —pregunté.

—Sí, lo volví a ver durante dos diligencias. Y con eso tuve para que nunca se me olvide su rostro. Y todavía lo recuerdo a pesar de que han pasado tantos años…

—¿Eso es lo que más sueñas en tus pesadillas?

—Lo sueño con mucha frecuencia. Recuerdo mucho a ese policía, pero no es lo que más sueño en mis pesadillas. Tengo pesadillas como todos los demás; sólo de vez en cuando me llega el recuerdo del tipo que me detuvo. La mayor parte de las veces, cuando tengo pesadillas muy seguido, sueño que me caigo de un edificio, de una torre de colchones o de una escalera que se cae para atrás. A veces, cuando me estoy quedando dormido, sueño que me caigo de la banqueta; otras veces, ando caminando por la marquesina de mi casa y casi siempre me caigo; entonces grito y despierto asustado. Dice la psicóloga que eso de caerse de un edificio es el miedo a morir, y yo pienso que sí puede ser eso, porque a mí sí me da miedo morirme.

—¿No sueñas la imagen de Ruiz Massieu? —intervengo.

—No, nunca lo he visto en mis sueños ni en mis pesadillas.

—Pero sí viste el rostro de Ruiz Massieu muriendo…

—Sí, claro que lo vi. Lo recuerdo bien, pero no se me quedó grabado en la mente. Quizá la memoria obligó a que se me olvidara, porque yo lo vi cuando le disparé. Él estaba distraído, mirando hacia el frente del auto; tal vez estaba viendo la calle por donde se iba a ir conduciendo. Lo vi riéndose. Algo chistoso le estaba platicando el señor con el que iba.

"Él me vio, sin darme mayor importancia, mientras yo cruzaba la calle para dirigirme hasta donde él estaba. Se acababa de acomodar en el asiento del conductor cuando volteó a verme, como por instinto. A mí me dio miedo porque pensé que algo sospechaba o sabía, pero de pronto volvió a voltear la mirada hacia el frente, y entonces supe que el cruce de miradas fue algo natural. Seguí caminado hasta llegar al auto. Lo vi.

"Estaba distraído. Se estaba riendo mientras volteaba a ver a su acompañante. En ese momento saqué el arma, pero sólo le di un disparo. Ese disparo alertó a todos y fue cuando me di a la fuga. Antes de huir vi cómo recargó la cabeza hacia atrás, salpicada de sangre. Supe que estaba muerto y comencé a correr.

"Esa imagen la recuerdo muy seguido, la del diputado recargándose en el asiento de su auto, todo lleno de sangre. Cuando me siento frente a la celda, a ver la película de lo que ha sido mi vida, eso es lo que más se repite; es algo con lo que voy a cargar toda mi vida y ya lo he aceptado irremediablemente.

"Pienso mucho en una cosa: que en ese momento, antes del disparo, el diputado estaba tranquilo, contento, feliz, sin saber lo que iba a pasarle, y apenas un segundo después ya no estaba, ya se había terminado todo para él, y estaba comenzando todo para mí. Yo pienso que la vida es un ciclo en el que todos estamos conectados, en el que mientras unos terminan, otros comienzan, ¿no crees?"

Eso fue lo último que llegué a escuchar de labios de Aguilar Treviño.

Después del colofón de aquel breve monólogo en el que se había sumergido Aguilar Treviño, que tanto molestó a Noé, llegó el guardia de turno y ordenó al sentenciado por la muerte de Ruiz Massieu que preparara sus cosas, porque sería trasladado.

Se lo llevaron en menos de cinco minutos. Apenas tuvo tiempo para despedirse.

CAPÍTULO 14

Rafael Caro Quintero

Un día, a finales de 2008, apenas había amanecido, llegó un oficial hasta la puerta de mi celda, en el pasillo cuatro del Centro de Observación y Clasificación (COC) para anunciarme que sería reubicado y que debería alistarme. Me sorprendió la instrucción, no tanto porque sería cambiado de estancia, sino por la orden de alistarme, cuando en realidad no tenía nada qué alistar, siempre estaba en posibilidad de ser transferido.

—¡1568! —me dijo con tono marcial—, póngase atento a las instrucciones que se le van a dictar. Alístese porque va a ser trasladado.

Alistarme para mí consistía en ponerme de pie frente a la estancia, con las manos en posición de firmes y atender las instrucciones que se me indicaran al momento de ser revisado. Para algunos presos que salían del COC, alistarse para ser trasladado significaba recoger sus pertenencias y verificar que no olvidaran ninguna; pero yo realmente no tenía nada en mi celda, así que di un salto desde el fondo, me coloqué frente a la reja y ya estaba listo.

Tras la revisión de rutina, una vez que fui dotado de uniforme y calzado, un colchón, cobijas, sábanas, cepillo dental y pasta, dos oficiales me llevaron a un cubículo del COC, en donde me sometieron a una valoración médica y psicológica, y desde donde autorizaron mi traslado a la zona de población.

Atrás quedaba Noé *El Gato*, a quien alcancé a ver, al momento de pasar frente a su estancia, que se despedía de mí con un saludo militar tras las rejas, de pie, totalmente desnudo, regalándome una sonrisa que apenas se dibujaba en su hosco rostro, que parecía un dibujo de mal gusto por los lentes gruesos y espesos que portaba orgulloso, por ser un regalo de la Cruz Roja internacional.

—Ánimo, compita Lemus —me dijo con la voz grave y seria—, espero no verlo de nuevo por este penal.

—Ánimo, *Gato* —le respondí con la complicidad de los dos oficiales que toleraron en silencio la despedida, mientras me apresuraban y me ordenaban que caminara con la cabeza abajo y que no volteara al interior de las celdas.

Ésa fue la última vez que supe del *Gato* y de todos los que permanecimos juntos por diversas causas dentro del área de aislamiento. De Jesús Loya un día escuché que seguía cantando a la luz de la luna aquella canción de Mariano Barba, con la única intención de que su amor le llegara a su *Nana Fine*, aunque la mayoría de las veces su canto a lo único que le conducía era a las terribles golpizas que lo medio mataban.

Tras el paso a través de un intrincado laberinto de galerías arribé al diamante de vigilancia que controla el movimiento de los pasillos uno, dos, tres y cuatro del área de población. A mí me trasladaban al primero, a la celda 149, a la cama A, en el nivel B.

Cuando vi cómo recibían a los presos nuevos en el módulo uno, no puedo decir que ya sabía eso que había observado en películas, pero sí puedo asegurar que el miedo que sentí fue como aquel que experimenté cuando estuve detenido en las instalaciones de la policía ministerial de Guanajuato. Era un temor conocido, que se metía dentro de uno a través de los ojos y terminaba paralizando manos y pies, hasta sentir que la respiración se entrecortaba.

—Llegó carne fresca —gritó una voz anónima desde una celda en el fondo del corredor.

Inmediatamente, como en el cliché de una película, se fueron acercando los internos de ese sector a las rejas que dan al pasillo, para observar al recién llegado. Hasta hubo, como en los filmes americanos, quién extendió la mano para tratar de tocar al nuevo inquilino.

—Pásale, muñeco —se escuchó la invitación desde una celda a mi paso.

—Aquí tienen a un reportero, con él se van a entretener a toda madre —dijo el guardia a todo el pasillo, con lo que causó la hilaridad de algunos de los que estaban a la expectativa por conocer quién era el que arribaba.

—Con lo que me gustan los pinches periodistas —profirió una voz cavernosa.

—A éste no le doy tres días de vida en esta galera —acotó otro más.

—Que lo pasen a mi celda para enseñarle cómo se trata a los periodistas aquí —se sumó un tercero en la exaltación total, provocada por el mismo oficial que me conducía a paso lento hasta la celda ubicada justamente a mitad del pasillo.

Allí, en el módulo uno, ya conviviendo abiertamente con la población de reos, con la *selección nacional* de los considerados por las autoridades federales como los presos de más alta peligrosidad de todo el país, fue que distinguí, entre otros, a Rafael Caro Quintero. Siempre callado. Siempre masticando sus pensamientos. Siempre atento a todo lo que se mueve en su entorno.

Ya lo había visto con anterioridad. En una ocasión en que yo era trasladado al locutorio, desde el COC, observé que delante de mí trasladaban a un interno cuyo nombre fue dicho en voz alta al llegar a uno de los diamantes de seguridad. Cuando escuché que lo llamaron "Caro Quintero, Rafael", la inercia de la curiosidad me condujo a levantar la cabeza para ver la figura que caminaba a sólo dos metros de distancia de mí.

Ni rastros de aquel joven acusado de narcotráfico, cuyas imágenes dieron a conocer los noticiarios de 1985, en los cuales resaltaban sus pequeños ojos negros, su abundante cabellera oscura y un bigote desplegado a todo lo ancho de su boca.

Ahora era un individuo delgado, alto y encorvado, con el peso de los años en la cárcel claramente cargado en los hombros, con la espalda dando muestras de cansancio y la típica rigidez muscular de los presos que así manifiestan todo el odio contenido en el cuerpo. El pelo, aunque muy corto, tupido de canas.

Allí vi a *Don Rafa* —como cariñosamente le decía la mayoría de los presos—, sentado en una de las bancas de concreto del comedor, en el primer día de convivencia más abierta a la que se puede aspirar en el COC. Estaba, como casi siempre, amasando sus pensamientos, con la mirada perdida a través de las ventanas que dejan ver un desolado y duro patio de concreto, con altas paredes cuya corona de serpentinas metálicas mortalmente afiladas parece arañar el cielo.

Mientras los demás presos se entretenían jugando dominó o ajedrez, absorbidos por la plática y las carcajadas, a Rafael Caro se le escapaba el pensamiento hacia aquellas esbeltas ventanas que conectaban con el patio. A veces achicaba los ojos como para visualizar mejor las ideas que le rondaban en la cabeza, sentado siempre, cruzando el pie derecho sobre el izquierdo.

Nunca lo vi reunirse en grupo. Siempre que buscaba diálogo lo hacía con una o dos personas máximo. Era muy discreto al hablar, ni una mala palabra salía de su boca. Jamás le escuché comentar temas de narcotráfico o delincuencia, como se estilaba entre otros internos, que buscaban notoriedad y respeto dentro del penal.

—*Chuyito* —una vez me dijo, mientras estábamos formados para regresar del patio a la estancia—, le voy a dar un consejo, ojalá no me lo tome a mal, pero si quiere sobrevivir a la cárcel y no volverse loco necesita mayor convivencia, no debe aislarse ni mantenerse en una orilla del patio.

—Gracias, *Don Rafa*, le voy hacer caso a su sugerencia —le contesté con algo de sorpresa, por venir el consejo de aquel hombre que la mayor parte del tiempo se la pasaba solo—, voy a tratar de reunirme más con algunos de los compañeros.

—Hágalo —reforzó Caro Quintero—, se va a sentir menos triste y se le va a pasar más rápido el día, porque los primeros meses de la cárcel, son lo más duro para el hombre.

—¿Cuánto tiempo lleva usted aquí, *Don Rafa*? —le pregunté aún sin recibir del oficial la orden de avanzar.

—Llevo toda una vida aquí —dijo en tono de broma—; ya veo a los guardias y a los presos como si fueran de mi familia.

—Han sido más de 20 años, ¿no? —volví a insistir, ante la apertura de diálogo que me ofrecía.

—He estado recluido durante 24 años —me dijo—, la mayoría de ellos los he pasado en cárceles federales, así que ya se puede imaginar todo lo que han presenciado mis ojos de preso.

—¿Ha visto de todo? —le tendí la pregunta en espera de que contestara en automático.

—Lo que usted se imagine, lo he visto en la cárcel. Saldrían cientos de libros si yo me pusiera a escribir lo que me ha tocado vivir.

—¿Y no piensa hacerlo algún día?

—No me alcanzaría la vida para contar todo lo que he visto en mis años de reclusión…

Inmediatamente llegó la instrucción del oficial de guardia que vigilaba la formación de presos, para que se guardara silencio en la fila, so pena de aplicar una sanción de aislamiento a quienes estuvieran dialogando. Rafael Caro era muy observante de las instrucciones de los custodios, y casi al mismo tiempo que se nos pidió que calláramos, él dejó de hablar.

A diferencia de la normatividad que se establece para el COC, en donde cada preso es asignado a una celda, en algunas circunscripciones de población general se designan dos módulos por estancia, lo que hace más llevadera —y en ocasiones más complicada— la vida dentro de esa cárcel federal.

No era raro observar que a mitad de la noche compañeros de celda se liaran a golpes dentro de su estancia porque a alguno de ellos le molestaba el ronquido del otro, o lo había despertado su murmurar dormido o le exacerbaba alguna flatulencia que había despedido. Casi todas las noches había peleas y conflictos entre compañeros de celda en ese sector.

Rafael Caro Quintero vivía en la celda 150, a un lado de la mía. Tenía como compañero a Luis Armando Amezcua Contreras, mejor conocido como el Rey de las Anfetaminas. En ocasiones pasaban las noches enteras platicando de caballos y agricultura. Lo último de lo que se hablaba en el pasillo uno del penal de Puente Grande era de delincuencia y narcotráfico.

Aquel corredor al que me habían asignado, el 1B, del módulo uno, constaba de 15 celdas, y desde el primer día un oficial de seguridad me advirtió lo que en ese sitio estaba permitido hacer y lo que no. Me explicó que allí las reglas no eran las que ponía la dirección del centro penitenciario, sino las que dictaban día a día cada uno de los internos de diversos cárteles que estaban dentro de esa sección.

Me indicó una serie de normas, no recuerdo si fueron ocho o 10, pero a mí se me quedaron grabadas sólo dos: nunca ver a los ojos a los líderes de los cárteles y nunca decirle *no* a cualquier sugerencia que me hicieran los señores del módulo uno, que se mezclaban con la población en general.

Pese a que en la zona de población las actividades de los internos son mínimas, éstas se pueden comparar a la libertad frente al aislamiento al que me obligaban en el área de segregación del COC. Al menos en los módulos de población general se permite el diálogo abierto entre reclusos, tanto en pasillos como en patios, aulas y comedor. El silencio obligado se limita al momento en que se encuentran en formación al salir de la celda o al regresar de actividades, así como en el trayecto.

Cuando alguien es sorprendido en pleno diálogo por el oficial de guardia, de manera inmediata se aplica la sanción denominada UTLE (únicamente tránsito en los límites de la estancia); es decir, que al preso se le priva de la posibilidad de salir de su celda y se mantiene en perfecto estado de incomunicación por periodos que van desde 10 hasta 90 días, por decisión del llamado Consejo Técnico Interdisciplinario, que lo conforman los jefes de los diversos departamentos del penal, encabezados por el director, quienes sesionan dos veces por semana y dictan sentencias de aislamiento con total impunidad.

Las sanciones a los internos del módulo uno estaban a la orden del día, no había semana en que el Consejo Técnico Interdisciplinario no hiciera sentir su prepotencia, aplicando severos escarmientos ante cualquier falta que se consideraba violatoria al reglamento de disciplina, que variaba según el estado de ánimo de los oficiales en turno.

La falta más común por la que se sancionaba con mayor displicencia era cuando los presos caminaban sin llevar las manos por detrás, sin sostener la cabeza y sin bajar la mirada. El correctivo alcanzaba una amonestación de 10 días de aislamiento, sin actividades ni salidas de la estancia; sin derecho a llamada telefónica, correspondencia o visita familiar.

Durante el tiempo que estuve en el módulo uno, a Rafael Caro Quintero lo sancionaron en una ocasión. Se le sorprendió dialogando con otro interno, quien efusivamente se le acercó para estrecharle la mano con el puño cerrado, cuando ya estaba en la fila, durante el traslado del comedor a la celda. El Consejo Técnico Interdisciplinario lo castigó con 20 días de completo aislamiento.

—¿Es la primera vez que lo sancionan, *Don Rafa*? —le pregunté un día desde mi celda.

—No, *Chuyito*. Esto ya es viejo para mí. Cuando estaba en el penal de Matamoros me la pasé todo ese periodo prácticamente sancionado. No recuerdo cuántas veces me castigaron, pero siempre estuve aislado en la última celda de un pasillo para mí solo, sin contacto con nadie. Sólo me sacaban al comedor.

Rafael Caro era de pocas palabras, cualquier diálogo que se le buscaba lo concluía en forma rápida, con frases concretas, bien explicadas, opiniones certeras, conceptos muy claros. Nunca dejaba ideas sueltas en el aire, ni expuestas a la libre interpretación. En el diálogo se notaba su firmeza de carácter, pero siempre sin confrontar.

—¿Estuvo totalmente incomunicado?

—Sí, yo estaba en una celda de ese pasillo y mi hermano Miguel en la del otro extremo. Nadie más había en ese lugar.

—¿Les permitían hablar?

—Muy pocas veces. Dependía de los guardias. A veces nos dejaban intercambiar unas palabras y en otras ocasiones nos obligaban a estar en silencio todo el día.

—¿Y cómo mataba el tiempo?

—Haciendo ejercicio. Ésa es la única forma de tolerar el peso de los días en prisión.

A Rafael Caro Quintero la disciplina de la cárcel le formó el hábito del deporte. Siempre solitario, corría sin descanso por más de una hora, la mayor parte de las veces trotando para cerrar a toda velocidad, sin importar que el ejercicio físico en Puente Grande se permitiera sólo a las cuatro de la tarde, cuando el sol caía a plomo.

Después de practicar su rutina de atletismo —que siempre terminaba con algo de calentamiento muscular, ejercitando brazos y piernas—, a Caro Quintero le gustaba sentarse en una banca, a solas, para observar los partidos de basquetbol, sin manifestar ninguna expresión de alegría o frustración en el rostro, como lo hacía la mayor parte de los internos.

Sólo en dos ocasiones lo observé jugando volibol. Su posición natural era la de *armador*, y se caracterizaba por la certeza de sus despejes de balón, los cuales, por lo general, pasaban rasantes sobre la red, casi imposibles de ser contestados por la defensa contraria. Pero la mayoría de las veces se mantenía al margen de los partidos.

—¿Por qué no le gusta jugar volibol, *Don Rafa*? —le pregunté en una ocasión.

—No me gusta perder —me contestó secamente.

—Pero en todas las competencias se pierde y se gana, y además es sólo un juego —insistí.

—Sí, pero no me gusta perder, por eso prefiero no jugar, me siento más a gusto.

A pesar de su afición por la soledad y el aislamiento, Caro Quintero nunca despreciaba una buena plática, sobre todo si se refería a temas de historia o política. Por eso a veces se le veía hablando tendidamente con algunos presos que ocupaban aquel mismo pabellón, en donde únicamente estaban los internos que cumplían con cualquiera de los cinco lineamientos psicosociales establecidos por el Consejo Técnico Interdisciplinario.

Al módulo uno eran asignados sólo los presos que demostraran características de líderes, de intelectuales, con poder económico; los que gozaban de protección o quienes habían trabajado en el gobierno. Por eso la mayoría de los procesados como jefes de cártel se hallaba en ese sitio, aunque también estaba atestado de militares de diversos rangos, desde tenientes hasta tenientes coroneles.

Caro Quintero no era muy afecto a las relaciones con los militares, por eso se mantenía a raya de quienes habían pertenecido a la milicia y que —dentro de la vorágine de violencia que vivió el país— se pasaron en algún momento al bando del narcotráfico y ahora enfrentaban sendos procesos penales, en los cuales se jugaban decenas de años en prisión.

—¿No le gusta la amistad de los militares? —le pregunté cuando en una oportunidad observé cómo con tono despectivo se deshizo de un militar que por segunda ocasión intentaba dialogar con él, buscando afanosamente su cercanía.

—No, no es eso. No tenemos nada en común —me contestó cortésmente, aquella vez que estábamos en el patio.

—¿Es porque son militares?

—Ya no lo son. Aquí todos somos iguales, mientras portemos este mismo uniforme —me dijo sin voltear a verme, mientras mantenía la vista perdida a lo lejos.

Cuando Rafael Caro estuvo sancionado y aislado en su celda, varios presos de ese pasillo, en forma solidaria, se quedaban en sus estancias los sábados y los domingos —lo cual estaba permitido y se podían omitir las actividades recreativas, si así lo quería el interno—, con la única intención de acompañar al preso más "distinguido" de Puente Grande. Él era uno de los más queridos ahí. Si no fue el más famoso de todos los que han estado en ese penal, sí compite en popularidad y en muestras de afecto de la población carcelaria con el propio *Chapo* Guzmán, no obstante el carácter reservado y callado que siempre manifestó el que fuera detenido en Costa Rica.

A pesar de que muchos reclusos se quedaban para hacerle compañía mientras permanecía en segregación dentro de su estancia, a Caro

Quintero no le gustaba charlar de celda a celda; nunca lo vi hablando a gritos desde una estancia a otra. Siempre lo observé conversando en corto, en voz muy baja, casi a hurtadillas, con la característica del diálogo breve. Por eso el tiempo que pasó en el apando se mantuvo casi en silencio, sólo platicando con su compañero de estancia.

Lo conocí cuando él tenía 56 años de edad y casi 24 años de estar en prisión. Recluido poco menos de la mitad de su vida. Siempre bajo una estricta vigilancia del Estado por ser considerado el capo más grande del narcotráfico, en parte por la presión ejercida por el gobierno de Estados Unidos y en parte por la fama que le crearon los medios de comunicación.

—A mí los periodistas me hicieron la fama más grande de la debida —me dijo un día que le platiqué que yo era reportero—, y me pesa mucho. Hablaron de mí hasta más no poder. Nadie se los podía impedir.

—Si no le hubieran construido tal reputación, ¿cree usted que ya hubiera salido de la cárcel?

—Eso no lo sé, pero siempre pesa mucho lo que hablan los periodistas de los que estamos en prisión. Todo lo que dicen los periódicos y la televisión lo consideran los jueces al momento de tomar alguna decisión: de eso no existe la menor duda.

—¿Usted ha dado entrevistas a periodistas dentro de la cárcel?

—No, ni afuera —me respondió con aquella risita que le caracterizaba cuando estaba de muy buen humor.

—¿Pero me imagino que lo han buscado varios reporteros para entrevistarlo?

—Demasiados, *Chuyito*. Ya estando en Almoloya, numerosos periodistas me hacían llegar peticiones para que les contara mi historia; muchos querían (y quieren aún) hablar conmigo. Pero yo, realmente no tengo nada que contarles. Lo que he vivido es mi vida, y esa parte es mía.

—¿Y usted no quiere hablar con ellos?

—No, no me interesa hablar con ninguno.

—¿No le llama la atención relatar sus vivencias desde su punto de vista, con su propia versión?

—En estos momentos no; posiblemente un día autorice o escriba algo, pero eso será después.

—¿Ha rechazado a entrevistadores importantes?

—Pues no sé qué tan importantes sean, pero a todos aquellos que me han solicitado una conversación les he dicho que no me interesa hablar de mi vida.

A Caro Quintero siempre lo vi pasearse solo en el patio, cuando nos sacaban a tomar el sol o a la actividad de "caminata", que consistía en circular obligadamente en torno a la cancha de basquetbol. Nunca se rodeaba de acompañantes. Constantemente apartado, rumiando sus pensamientos, a pesar de las ofertas que se escuchaban de algunos militares para hacerle compañía. Su comportamiento siempre fue muy discreto.

Al término de la caminata invariablemente optaba por sentarse en una de las bancas más alejadas de la puerta de acceso al patio, la que cariñosamente bautizó como "la oficina". Allí se iba a pasar el tiempo cada vez que salíamos de las celdas, sobre todo si la salida era por las tardes, después de las cuatro.

Allí, en "la oficina", Caro Quintero se sentaba a ver pasar a los otros presos que caminaban incansablemente para llegar rendidos a la noche y poder conciliar en algo el sueño. Pocas veces permitía personas en su espacio y en muy raras ocasiones aceptaba que alguien llegara a sentarse a su lado o a platicar.

Cuando tenía ganas de conversar o comentar algún tema que le interesara —siempre de asuntos políticos o noticiosos del momento—, él mismo llamaba al preso con el que quería mantener el diálogo y le hacía la invitación a sentarse en "la oficina", disponiendo siempre atención y amistad para el "elegido".

Allí en su "oficina", muchas veces hablamos de temas históricos, porque es un aficionado a la historia nacional, principalmente a los hechos que dieron origen a la Revolución mexicana y al posterior establecimiento de los gobiernos revolucionarios, de los que no se limita a conocer los hechos, sino que indaga los detalles que dan origen a las acciones que los enmarcan.

—Tanto que me gusta la historia —una vez me confió—. Qué lástima que aquí no nos dejen pasar libros elegidos por nosotros mismos.

—¿Le gusta mucho leer, *Don Rafa*?

—Sólo libros de historia, son los que me entretienen; pero ya leí todos los que tiene la biblioteca —se lamentaba.

Era disciplinado, siempre guardaba compostura. Nunca hablaba cuando los oficiales encargados de la seguridad ordenaban silencio en la fila. Y más que ganarse el respeto por el solo hecho de ser Rafael Caro Quintero, entre los internos se le quería por ser un preso nada conflictivo, una persona que se alejaba de los problemas y que —además— cada que podía evitaba que los demás tuvieran conflictos y trataba de ayudarles.

En el módulo uno, pese a que las normas son más laxas frente a las que se aplican en el COC, había semanas completas en que se prohibía toda actividad y no se permitía salir de las celdas, ni para ir al comedor. La comida era llevada a las estancias en platos de unicel. Ante el frío, dentro de aquellas rejas, los presos sacaban las manos por las minúsculas ventanas que dan al patio para sentir algo de sol.

En ocasiones, los internos —para ir matando el tedio de todo el día— organizaban rondas de canciones, las cuales con frecuencia interpretaban algunos de los militares procesados, a quienes se les reconoce dentro de ese sector del penal de Puente Grande por su mal gusto musical, dada su afinidad por la música grupera.

El canto aficionado, a veces, comenzaba después del mediodía y terminaba hasta las nueve de la noche, hora en la que se decretaba el toque de silencio. En ese lapso se podía escuchar música de todos los géneros, salvo corridos —están prohibidos en todo el penal, y se sanciona a quien interprete temas alusivos al narco y sobre todo al *Chapo*—; los más solicitados eran temas de Silvio Rodríguez y Pablo Milanés.

Caro Quintero nunca manifestó un gusto específico por algún tema musical.

—¿Qué canciones le gustan, *Don Rafa*? —en una ocasión le preguntó un ex capitán del Ejército allí recluido.

—A mí me gusta toda la música, *capi* —le respondió desde su celda—, usted aviéntese con la que guste. Usted sabe que se le aprecia el detalle.

—¿Le gustan los corridos? —insistió el militar.

—Casi no, pero disfruto todo lo que haga sonsonete —explicó jocoso el de Sinaloa.

Y entonces un capitán de los allí procesados interpretó varios corridos, pese a la prohibición oficial para cantar ese tipo de música, con el riesgo de ser sancionado, de ser privado de la posibilidad de comunicación con el exterior. Era una de las formas de manifestar el aprecio y el cariño hacia un compañero dentro de las rejas de Puente Grande.

—No le gustan los corridos, pero hay muchos que hablan de usted —le dije—. ¿Esos si le agradan?

—Tampoco —me respondió en tono seco—. No tengo predilección por ninguno.

—¿Cuántos canciones de este género ha mandado hacer para usted? —insistí.

—No le estoy diciendo que ninguno. No me gustan los corridos.

—Porque hay cientos que hablan de usted…

—Sí, la gente puede cantar lo que quiera, pero a mí no me atrae ese tipo de música y yo nunca he mandado escribir un solo tema para mí —remarcó.

—¿Cuántos corridos conoce que hablen de usted? —insistí curioso.

—Yo no conozco ninguno. El abogadito que me visita me ha dicho que hay unos 200 que hablan de mí, y aunque no me atraigan, se le agradece a la gente que los compone.

—Entonces, ¿qué música sí le gusta?

—Toda la que sea para enamorar —dijo, mientras festejaba con una risita, como era su costumbre.

A los internos bien portados de las áreas de procesados y sentenciados de Puente Grande se les otorga como estímulo el permiso para tener en su estancia un minitelevisor portátil personal de 18 centímetros. Caro Quintero, igual que menos de la mitad de los reclusos de aquel pasillo, era uno de los privilegiados con ese beneficio debido a su buena conducta. El aparato sólo estaba autorizado a encenderse de las nueve de la mañana —una vez que concluía el segundo pase de lista— hasta una hora después del mediodía. Después, únicamente se permitía ver televisión de las cuatro de la tarde a las nueve de la noche, hasta que llegaba el cuarto pase de lista.

—¿Cuáles son los programas de televisión que más le gustan, *Don Rafa*? —le pregunté un día que nos sacaban de la estancia para dirigirnos al comedor.

—Yo veo de todo, *Chuyito* —me dijo en voz muy baja—, pero principalmente los noticieros y los programas de chismes de los artistas.

—¿Le gustan las noticias de espectáculos?

—Sí, me gusta todo lo que tiene que ver con los artistas.

Los diálogos breves que se podían entablar con Rafael Caro, al igual que con la mayoría de los presos de ese sector del reclusorio, casi siempre eran concluidos abruptamente por instrucciones de los oficiales, quienes nos obligaban a guardar silencio y a avanzar en forma ordenada. Y eso había que cumplirlo para evitar empeorar la de por sí difícil situación que allí se vive.

Un domingo de cada mes era casi seguro que el aula, en donde se llevaban a cabo labores académicas y de biblioteca, se convirtiera en capilla para la celebración eucarística. Hasta ese lugar entraba un sacerdote de la diócesis de Guadalajara, que animosamente llevaba alivio espiritual para los presos.

En el interior de Puente Grande, en el módulo uno, existe una mayoría que practica el catolicismo, mientras que algunos se inclinan por el ala protestante del cristianismo, y muy pocos practican el culto a la Santa Muerte, cuyos seguidores, al menos una vez al mes, hacen oración nocturna desde sus celdas, sin molestar a los que disienten de su creencia.

La práctica abierta del culto religioso es la única actividad que se manifiesta como opcional para la población penitenciaria de Puente Grande. A Rafael Caro lo llegué a ver en varias oportunidades durante las ceremonias que a manera de celebración eucarística adecuaba el cura que hacía la visita carcelaria.

En una ocasión que el cura, incauto, habló sobre el pecado y la maldad que existe en el hombre, deslizó su convencimiento de que los presos tenían que pagar de alguna forma el daño cometido, dando por asentada la culpabilidad de todos los que estaban en proceso.

La aseveración del religioso exacerbó los ánimos de algunos asistentes en aquella pequeña aula, pero la voz de Caro Quintero permitió que los exaltados volvieran a la tranquilidad, recordando la buena fe del sacerdote y los riesgos de hablar sin conocer cada caso particular de los que estábamos recluidos.

—Oiga, padre —le dijo Rafael Caro—, si el pecado es algo que todos los hombres tenemos, ¿qué diferencia hay entre usted y yo?

El sacerdote, un tanto ruborizado, se quedó pensativo. No supo o no quiso entrar en polémica y agachó quedamente la cabeza para asentar en voz baja:

—Ninguna diferencia hay entre usted y yo... Todos somos hijos de Dios y tenemos derecho a enmendar nuestras vidas, así como ustedes lo están haciendo.

Nadie volvió a hablar en lo que restó de la ceremonia. El padre siguió su formulario y dio por concluida la celebración, no sin antes agradecerle a Caro Quintero el llamado de conciencia que le hizo con esa breve pregunta. Rafael Caro no respondió nada y sólo bajó la cabeza para recibir la bendición del sacerdote, mientras otros presos se formaban detrás de él para ser bendecidos de la misma manera.

—¿Usted es firme creyente, *Don Rafa*? —le pregunté a los pocos días de haber transcurrido ese episodio.

—Creo en Dios, como la mayoría.

—Es que la mayoría aquí se olvida de Él...

—Bueno, entonces creo en Dios, como pocos —me dijo, a la vez que me veía y contenía la risa en los labios, mientras estábamos formados para regresar a la celda, luego de la cena, en el momento en que el guardia ordenó avanzar y nos obligó a guardar silencio a todos los que salíamos hacia el pasillo 2B.

Pese a la prohibición para extraer alimentos del comedor y llevarlos a la celda, algunos internos "se la juegan" al esconder algún trozo de fruta o queso entre sus ropas, para compartirlo con el compañero de estancia antes de dormir. Ésa es otra forma de manifestar aprecio y cariño entre la población carcelaria.

Como yo era recién llegado en el módulo uno, luego de ser transferido del COC, hubo algunos reos desconfiados que me mandaron observar e investigar para averiguar a qué grupo delictivo pertenecía; y también me sondearon para conocer mi procedencia y "mis credenciales de delincuente". La indagación cesó en la medida en que yo dialogaba con Rafael Caro.

Una gran parte de la población penitenciaria que se ubica dentro del módulo uno, son reos de procedencia militar, quienes tratan de mantener su disciplina y su conducta. Por eso dentro de la cárcel son como una clase aparte. Poco se mezclan con el resto de los reclusos y siempre intentan mantener supremacía, aun cuando eso es motivo de sanción por parte de los oficiales de custodia.

Los reos de origen castrense hacen sus propias competencias en juegos y en ajedrez; sólo se reúnen entre ellos para platicar en el patio, y muy pocas veces —cuando necesitan un árbitro que conceda la razón entre dos partes— invitan a "civiles" a sus diálogos.

Así conocí a Ramiro, un militar procesado que sirvió como guardaespaldas de Sergio Villareal, mejor conocido como *El Grande*, y que ahora enfrenta un proceso penal en el cual está en riesgo de que le impongan al menos 30 años de prisión. Él fue quien me puso al tanto de la forma de conducirme en el interior de la cárcel, entre la población penitenciaria que lleva años siendo procesada sin alcanzar aún una sentencia.

Un día en el patio, no sé si fue por compasión o de plano porque le inspiré confianza, Ramiro se acercó a mí y me asesoró casi al oído —sin verme directamente a los ojos, más bien colocando sus labios muy cerca de mi oreja izquierda — sobre las reglas de conducta que se debían atender en la convivencia diaria en esta parte de la cárcel federal.

Me dijo claramente que no me acercara a los *señores* de ese módulo y que no hiciera ningún tipo de preguntas si de pronto me veía en una conversación con alguno de los que se encuentran procesados en ese sector como jefes de cártel. Me advirtió que el solo hecho de preguntar algo que no debía me convertía en un candidato al "suicidio".

Después de ese consejo, Ramiro me tomó algo de afecto y se convirtió en una especie de acompañante permanente por donde quiera que yo me desplazara. Decía que no me dejaba solo porque no quería tener en su conciencia mi muerte a manos de alguno de los que se sintieran agredidos por mi falta de conocimiento de las reglas que mandan dentro de la cárcel.

Así que se dedicó a platicarme sus historias y yo a escuchar todo lo que él explicaba. No sé si lo atendía a manera de retribución por la ayuda que me brindaba, o si él me ofrecía su conversación como una forma de catarsis para sentirse menos cargado dentro de esa prisión.

Una vez que le pregunté la razón por la que me cuidaba tanto, me contó que no quería que pasara como la vez que, aún siendo miembro del Ejército, le habían encargado que cuidara a un sobrino de un teniente dentro del Colegio Militar, justo cuando ya cursaba el tercer año. Me contó así la historia:

En esa ocasión, el nuevo recluta del Colegio Militar tenía que someterse a la novatada de su ingreso, y por eso me lo encargó su tío, un teniente de apellido Montes, quien había sido instructor en el segundo año del colegio.

Esa vez, el sobrino llegó como a las siete de la mañana y se presentó conmigo, porque así se lo había recomendado su tío, a fin de que se sintiera a salvo de la correteza y los golpes que le iban a propinar en su iniciación dentro del Colegio Militar.

Apenas el muchacho se reportó, yo le dije claramente lo que no debía hacer dentro de las instalaciones de la institución y le bosquejé rápidamente la conducta a asumir con los cadetes de grados superiores; principalmente con aquellos que estarían a cargo de su instrucción militar en los próximos tres años. Le dije claramente que nunca debía comer en la misma mesa de un cadete de año superior, aun cuando fuera una orden o lo intentaran obligarlo a sentarse.

El muchacho asumió bien aquellas recomendaciones y las cumplió casi en su totalidad, salvo en la regla de no sentarse a comer en una mesa de las destinadas al uso exclusivo de los alumnos del tercer año. En aquella ocasión, Marcos Montes, habiendo concluido su labor de lavado de platos que se le había encomendado, recibió la instrucción de barrer el comedor. Apenas había cumplido con su tarea, el oficial instructor de la cocina le permitió comer, y le dijo que se sentara en una de las mesas de los cadetes de tercero, mientras terminaban los otros reclutas con la limpieza de las mesas de primer año. Ése fue un error que le costó la vida.

Al día siguiente, Montes, el joven recluta, amaneció ahogado dentro de una cisterna. Cuando el cuerpo fue sacado del agua, tenía una manzana atada en la boca, y las manos estaban sujetas con cinta del mismo tipo que la que llevaba en los pies. En la espalda tenía rastros de haber sido flagelado antes de ser tirado al agua.

Cuenta Ramiro que el teniente Montes fue llamado en forma inmediata a la oficina del director del Colegio Militar y, cinco minutos después, salió con el rostro más tenso que cuando entró. El teniente sólo ordenó un arresto en contra de Ramiro, quien tuvo que sufrir siete meses en total aislamiento, por haber incumplido con la tarea de cuidar al sobrino.

Hacia el exterior del colegio se aseguró que la muerte del joven recluta fue a causa de un accidente en las prácticas de natación. Nadie dijo nada y nadie se enteró de quién o quiénes fueron los responsables de esa muerte, sólo se supo que murió por no cumplir con el código militar.

Ésa fue la primera vez que comprendí la firmeza con la que se deben seguir las indicaciones dentro del ámbito militar. Y esa dureza en la cadena de mando la volví a sentir años después, al ser incorporado a las filas del cártel, cuando bajo las instrucciones del que en ese tiempo era el líder, se me ordenó asaltar la sucursal Banamex, del centro de Tampico.

La orden fue precisa: habría que llegar a la sucursal, dirigirse a la ventanilla, asegurar la entrada, detonar una granada de gas lacrimógeno y tomar el dinero. No podía fallar nada, todo estaba bien organizado. Además, había gente dentro del banco que estaba involucrada en el asalto y eso garantizaba que no habría complicaciones. El botín sería bueno, pues el asalto se realizaría un día antes del pago de nóminas de los trabajadores de Pemex y se esperaba tener más de seis millones de pesos en efectivo. Todo iba bien, pero uno de los muchachos que tuve a mi cargo, en la exaltación del momento, decidió tomar como rehén a una mujer que ingresó al banco una vez que ya estaba en proceso el asalto.

La rehén fue liberada tras la huida, a sólo tres cuadras de la sucursal asaltada, pero ese hecho molestó sobremanera al patrón, quien ordenó de inmediato y sin miramientos la ejecución de Juancho, aquel muchacho que había sacado por la fuerza a la mujer cuando salieron del banco con el dinero. Su muerte fue ejemplar para que todos los que estaban en el grupo de la plaza de Tampico supieran que las instrucciones se deben cumplir al pie de la letra, en la forma en que son dictadas; porque la gente que ordena los hechos espera siempre reacciones, tanto del gobierno como de los grupos contrarios.

A Juancho, quien también había sido militar, pero del ejército de Guatemala, de los llamados *kaibiles*, se le llevó en forma inmediata a la parte cerril de Tampico. Allí se le dio a conocer que sería ejecutado por instrucción del patrón, por haber faltado a la orden de cumplir el asalto al banco sin mayores complicaciones y sin la necesidad de involucrar en los hechos a civiles.

Al sentenciado se le dio el beneficio de designar a quién de sus familiares se le haría la entrega de una compensación por su muerte, a quién se le diría que murió en un enfrentamiento. Juancho pidió compasión, pero no fue escuchado, se le vendó de los ojos, y con un machete se le decapitó frente a los integrantes del grupo que tenía a mi cargo. Todos vieron cómo el cuerpo convulsionaba mientras la cabeza rodaba a dos metros de distancia.

Después, en un acto de iniciación que se le ocurrió al mismo Ramiro, justo en el momento de la decapitación, todos los presentes tuvieron que cortar una parte del cuerpo de Juancho, dejándolo totalmente cercenado, desmembrado literalmente.

—Ésa es la forma en que estamos acostumbrados los militares a cumplir con los encargos que se nos hacen —me dijo, ahora viéndome directamente a los ojos, a manera de rúbrica sobre lo narrado.

Por eso decía Ramiro que no se me separaba. Siempre me estaba observando, porque no quería tener en su conciencia mi muerte, la que seguro sobrevendría en cualquier momento en que no cumpliera con las normas de comportamiento dentro de la cárcel; sobre todo en aquel módulo, en donde la característica principal era la presencia de una decena de líderes de cárteles, considerados como muy importantes por las autoridades federales.

En el módulo uno de Puente Grande, a manera de distracción y para matar el tedio de todos los días, los internos hacen pronósticos sobre los presos que están más propensos al suicidio. Ramiro me contó que cuando llegué a ese sector se me asignó el cuarto turno en la lista de posibles suicidas, aun sin saberlo yo. Todo por filtraciones del departamento de psicología.

—Porque desde el departamento de psicología, la dirección del penal federal manipula el comportamiento de la población de este módulo —me aseguró Ramiro.

—¿Y cómo lo hacen? —pregunté más sorprendido que curioso.

—Muy fácil —me explicó—, el proceder de algunos internos, que puede servir de distracción o considerarse riesgoso para los mismos presos, se lo platican a otros reclusos; y éstos hacen el resto, divulgando la información y manteniendo la conducta pronosticada por los mismos psicólogos.

—¿Y con qué intención se hace eso? —le pregunté a Ramiro.

—Tal vez sólo para divertirse, o quizá para algún estudio del comportamiento de los internos. No lo sé. Pero ese juego lo mantienen desde que estoy aquí, desde hace ya cinco años. Y siempre les ha dado resultado, porque los presos tenemos algo para entretenernos: observamos las rutinas de los compañeros, mientras ellos examinan las de uno mismo.

Antes del mío, se hablaba —y se apostaba hipotéticamente— del posible suicidio de un panameño; estaba luego un canadiense y seguía como tercer candidato a la autoinmolación un ex policía judicial de Sinaloa. En la cuarta casilla de los pronósticos de la muerte —como se le mencionaba a ese macabro juego— me encontraba yo.

Supe de mi inclusión en la lista de la muerte hasta que, paradójicamente, me iba alejando de la posibilidad real del suicidio, de acuerdo con el departamento de psicología que siempre filtraba información hacia la población de reos.

Pero quienes auguraban la autoinmolación del panameño, acertaron una noche, cuando éste trató de suicidarse arrojándose de cabeza desde su litera en el segundo piso. Quedó con severas lesiones en la columna, fue internado en el hospital del propio penal y se supo de su deceso por inanición a los pocos días. Como todas las muertes en Puente Grande, las dudas se las tragó el silencio de aquellas altas paredes.

La certeza de las predicciones del departamento de psicología de la cárcel federal, se notó más sólida cuando en una madrugada de los primeros días de 2011, un interno de nacionalidad canadiense, procesado por delincuencia organizada y fomento al narcotráfico, decidió terminar con su martirio.

El preso, tal como lo indicaron los que llevaban la cuenta del pronóstico negro, se colgó de la celda de su estancia. Utilizó el pantalón deportivo que tenía a su cargo para atarlo, en un extremo, a su cuello, mientras la otra punta la pasaba por la parte superior del travesaño de la reja metálica de su estancia.

La rápida intervención de su compañero de celda, que justamente en ese momento despertó del pesado sueño, impidió que el extranjero cumpliera con su cometido, aun cuando sufrió algunas lesiones que motivaron su traslado al hospital del penal, para ser llevado posteriormente al Centro Federal de Readaptación Psicosocial, ubicado en Morelos.

Después de esos acontecimientos, y tras enterarme de mi registro en la lista de pronósticos de suicidios, comprendí aquellas palabras que en una ocasión me dijo Rafael Caro Quintero, cuando me recomendó que para hacer más llevadera mi estancia en la prisión, tuviera más convivencia, comunicación e interacción con la población carcelaria de ese sector. Él siempre supo de mi clasificación dentro de los negros vaticinios que se barajaban en el módulo.

—¿Usted teme a la muerte, *Don Rafa*? —cierto día le pregunté.

El cuestionamiento no lo tomó por sorpresa. No quitó la mirada que mantenía fija en la lejanía, hurgando a través de las minúsculas rendijas que a manera de ventanas se escurrían en la pared del comedor, que se habilitaba sábados y domingos como sala de juegos de mesa.

—Nunca he pensado en la muerte como algo malo —me dijo—, sólo sé que un día va a llegar y ese día tiene que comenzar otra cosa.

Tras la respuesta, permaneció inmutable, en silencio, callado, sentado, con las dos manos apoyadas sobre la banca dura de concreto, con el pie izquierdo cruzado sobre la pierna derecha, balanceándolo levemente —como un péndulo incansable— en el aire. Se quedó masticando la misma respuesta o pensando en las ideas que lo absorbían antes de la pregunta.

—¿Cree usted que haya una vida después de ésta? —insistí.

—Soy creyente. Creo en Dios y considero que después de esta vida hay algo más. Tiene que ser así —me contestó con voz muy baja, sin quitar la mirada que mantenía a lo lejos, pensando en las cosas que sólo él conocía.

—¿Cree usted que Dios perdone nuestros pecados?

Ante la pregunta, volteó la cabeza lentamente y se me quedó mirando con aquellos minúsculos ojos negros que parecían sostener las dos largas, espesas y negras cejas. Me observó con algo de curiosidad y esbozó una leve sonrisa.

—Sí lo creo, pero antes hay que ganarse el perdón. Aquí estamos pagando todos los pecados que cometimos.

—¿Usted ha cometido muchos, *Don Rafa*? —me arriesgué a preguntarle.

—Aquí estoy pagando lo que me comí —me contestó con un tono de sarcasmo, que reforzó con una naciente sonrisa en sus labios.

Aunque era inusual en Caro Quintero platicar con más de una persona simultáneamente, ciertas veces, en la misma sala de juegos de mesa de aquel módulo, fui testigo de los diálogos sobre Dios que él sostenía con algunos internos, durante los cuales siempre mantuvo firme su idea de que el cuerpo puede terminar, pero el alma del hombre se mantiene intacta, en evolución.

Los sábados y los domingos, cuando las únicas actividades del módulo que se permitían eran el dominó o el ajedrez, resultaba más fácil platicar con Rafael Caro, dado que a él no le gustaban esos juegos y la mayoría de los internos que buscaban su plática se mantenían ocupados o permanecían en su celda.

—¿Usted no juega dominó, *Don Rafa*? —le pregunté.

—No, no me llama la atención.

—¿Por qué no?

—Jugué muchos años en Almoloya, yo ya me retiré del juego —decía siempre a manera de broma, cada vez que algún interno, por cortesía, se acercaba hasta su banca para invitarlo a jugar, aun cuando sabían perfectamente que no le gustaba ese tipo de actividad.

—¿Y por qué no le gusta jugar?

—Ya le dije, *Chuyito*, por lo mismo que no me gusta el volibol: porque me desagrada perder. Y en esos juegos siempre, en algún momento, sale uno derrotado.

Rafael Caro Quintero era un hombre extremadamente higiénico, a diferencia de la mayoría de los presos que han pasado parte de su vida tras las rejas. Mantenía su estancia en un estado impecable de limpieza, la aseaba a conciencia tres veces al día, después de que los oficiales pasaban a tomar la lista en el pasillo.

La pulcritud del hombre también la reflejaba al final de cada comida, en la sala del comedor. Al ser de los primeros que terminaban sus alimentos, se dirigía al fregadero para aplicar una perfecta lavada a la charola —que servía de plato—. Por rutina la enjabonaba hasta tres veces después de comer, antes de devolverla a la cocina.

Aun cuando estaba prohibido, a la hora de la comida muchos internos intercambiaban tortillas por verduras, y viceversa. En ocasiones trataban de demostrar afecto y amistad hacia un compañero regalándole un trozo de carne extra o un pedazo de queso, pero Rafael Caro nunca aceptó comida que no le correspondía. No desairaba la buena voluntad de los que lo estimaban, pero sí hacía valer su condición de líder para que no se arriesgaran a un castigo por él.

Para muchos reclusos en Puente Grande, atrás han quedado los opíparos manjares a los que estaban acostumbrados. Ahora el menú que prevalece para la población general se finca en una dieta a base de frijol y arroz, con algo de pollo y lácteos en algunas ocasiones.

La mayor parte del año, el desayuno general —sólo a los enfermos de diabetes, hipertensión o alguna enfermedad crónico-degenerativa se les varía el desayuno aumentando la cantidad de fibra y disminuyendo las grasas— consiste en cinco tortillas, dos cucharadas de frijol y una masa con sabor a huevo. A veces este último se sustituye con un puño de nopales o champiñones.

La comida consiste en arroz cocido con un trozo de pollo o cerdo, cinco tortillas y una manzana o una pera. En ocasiones, en vez de pollo nos dan un trozo de carne de res o una salchicha y pan, o nopales con carne. Mientras que la cena se basa en una cucharada de frijoles, un pedazo de queso o una hamburguesa.

—¿Qué le pareció la cena? —le preguntaba casi todas las noches, cuando nos formábamos por estancia para regresar a nuestro pasillo.

—La he comido mejor, *Chuyito* —me respondía invariablemente con la misma sonrisa en los labios, mientras mantenía clavada la mirada en la pared, a fin de que el oficial en turno no nos reprendiera por platicar en la fila.

—¿Qué es lo que más le gusta de la cena?

—Lo que más me satisface es que indica que ya se terminó un día más en esta cárcel —me dijo cierta noche, siempre en ese tono alegre con que me confió algunas pláticas.

Como a todos los presos del módulo uno, a Caro Quintero le llegaba a veces la tristeza, y era evidente cuando entraba en ese estado emocional. Trataba de aislarse más de la escasa convivencia que sostenía, y buscaba la banca más apartada, a la hora del patio. En esos días en que se le notaba triste, ni siquiera se acercaba a su "oficina" y eso todos los presos lo podíamos observar. Aunque nunca a nadie le comentaba si estaba afligido o alegre, el estado de ánimo se le notaba a leguas: su vista navegaba en la distancia, se clavaba poco a poco en el duro concreto del árido patio; siempre con las manos como puntales, sostenía el peso del cuerpo sobre la banca.

Cuando se encontraba animoso, era más que obvio. Siempre invitaba a platicar a alguno de los presos con los que más confianza tenía y entonces no se quedaba sentado en la "oficina"; comenzaba a caminar de extremo a extremo del patio, en un péndulo eterno que iba amainando al ritmo en que la conversación se agotaba.

—Oiga, *Don Rafa*, ¿es cierto que usted ofreció una vez pagar la deuda externa de México? –me atreví a preguntarle en una ocasión.

Soltó una risita y se me quedó viendo con esa mirada que a veces dejaba caer sobre sus interlocutores, que nunca supe bien si era de conmiseración o de paciencia, pero que de alguna forma era el preámbulo a una respuesta tan conocida por tantas veces respondida para sí mismo.

—No, yo nunca dije que pagaría la deuda externa, eso es fama que me hicieron.

—En todo el país se dice —insistí— que usted le ofreció a un presidente de la República saldar la deuda si lo dejaban trabajar sin molestarlo.

—No, esos son inventos de la gente —continuó sin desvanecer aquella sonrisa dibujada en sus labios—, eso salió de una plática que sostuve, ya estando detenido, con un agente del ministerio público, que me preguntaba por mis propiedades y yo por salir del paso le dije que tenía hasta para pagar la deuda externa.

—¿Usted nunca habló con el presidente de la República?

—No, todo eso es mentira, son puros cuentos de la gente que le gusta inventar cosas; y más cuando uno está aquí, que no puede desmentir a nadie.

Ésa fue la única ocasión que escuché a Rafael Caro Quintero tocar algún punto relacionado con los días en que fue detenido y con los hechos que posteriormente envolvieron la leyenda de la que él se sabía eje central. En ningún otro momento de nuestra convivencia en la cárcel federal de Puente Grande lo escuché abordar —siquiera por encima— algún tema relacionado con su proceso.

A principios de junio de 2009 Rafael Caro Quintero regresó del juzgado caminando despacio —como siempre—, con la cabeza y la mirada hacia abajo, pensativo; más absorto que de costumbre en sus propias reflexiones. Encerrado en la fortaleza de ese silencio que nadie se atrevía a tratar de penetrar.

Algunas horas después se supo que tras 24 años de litigio había recibido por fin la sentencia a su proceso. Él nunca habló de lo que le leyeron en el tribunal, pero la versión entre los presos pronto se expandió por los oficiales que atestiguaron la lectura del veredicto: a Caro Quintero le habían dado 40 años de prisión.

Como cada vez que se sentencia a un interno, a todos los del mismo módulo les duele la condena tanto como si se tratara de la misma que se espera para cada cual. La vez que Caro Quintero recibió la suya no fue la excepción, a todos los presos les lastimó. Ese día hubo un silencio inexplicable en el módulo uno. Todos los reclusos se autoimpusieron un estado de pasividad inusual, en franca solidaridad con Rafael Caro Quintero.

Aun con los 40 años que debía purgar en la cárcel (de los cuales ya había pagado 24), a Rafael Caro se le notaba tranquilo, callado —como siempre—, haciendo sus actividades normales y recibiendo el apoyo solidario de todos los presos de aquel módulo, que se fueron presentando de dos en dos y poco a poco en la "oficina", para solidarizarse.

El cariño de todos los reclusos quedó de manifiesto a principios de 2010, cuando Rafael Caro Quintero enfermó y tuvo que solicitar una intervención quirúrgica dentro del mismo penal. Fue trasladado del módulo uno al COC, para posteriormente ser ingresado al hospital del mismo complejo penitenciario. Esa noche hubo una oración colectiva por su bienestar.

A los 15 días regresó caminando dolorosamente, y cuando ingresó al pasillo, ya entrada la noche, la mayor parte de los presos asignados en esa área comenzó a golpear paredes y rejas, en señal de alegría.

—Gracias, *Güerito*; gracias, Manzur; gracias, Pedrito; gracias, Alfredo… —iba diciendo mientras pasaba, con la vista hacia abajo, por el frente de las ocho primeras celdas, antes de llegar a su estancia, que era la número nueve de ese pasillo.

Pocos días después de ese hecho, Rafael Caro Quintero logró el beneficio de ser traslado del penal de máxima seguridad de Puente Grande, a un centro de mediana seguridad, en el mismo estado de Jalisco. Por eso una noche, después del pase de lista, llegaron dos oficiales por él hasta la celda 150 del pasillo 2B del módulo uno.

—¡Rafael Caro! —le gritaron—, arregle sus cosas inmediatamente.

Se escuchó el salto que pegó desde su cama y en menos de 10 minutos el célebre personaje de la historia criminal de nuestro país, ya estaba parado frente a su estancia, en posición de revisión, con su colchón y dos bultos amarrados en dos sábanas que contenían las escasas pertenencias con las que vivió en esa prisión.

De esta manera inició su marcha. Toda la población pudo presenciar esa noche el paso de la historia. Todos miraron a aquella leyenda caminar lento —casi encorvado por la carga tan pesada de los años en prisión—, pausado, silencioso…

En el patio, la "oficina" se quedó también quieta y, como una muestra de respeto, nadie —en el tiempo que estuve allí— se atrevió a sentarse en la banca que Rafael Caro Quintero había reservado para masticar sus mejores y sus peores momentos, bajo el frío cobijo de aquellas altas paredes que, poco a poco, con el paso de los días, van devorando a las leyendas de Puente Grande.

EPÍLOGO

La liberación

Al interior del penal federal de Puente Grande los días siempre se escurren iguales, bajo la convicción generalizada de los presos de que un día más vivido entre esas paredes es un día ganado a la cárcel; en un convencimiento casi dogmático de que un día más es siempre un día menos.

Con esa certeza, la mayor parte de los reclusos que se encuentran en el área de procesados casi siempre termina sus actividades, una vez que el último pase de lista, a las nueve de la noche, les confirma la conclusión oficial de un día.

A diferencia de los módulos de sentenciados, en el área de procesados aún se respira un ambiente de esperanza, en ocasiones casi festivo, que se refleja en la forma de pensar y de actuar de la mayoría de los presos, quienes no alcanzan a tomar conciencia de los años de sentencia que penden sobre sus cabezas.

En los módulos de sentenciados, a donde son enviados los reos ajusticiados, en espera de que se les dictamine la apelación a la sentencia o el agotamiento del amparo directo, la animosidad es distinta; allí ya no hay nada que celebrar, la esperanza se ha agotado y la posibilidad de una libertad cercana es cada día más distante.

Yo fui retirado del área de procesados a mediados de abril del 2011, a casi tres meses de haber recibido la noticia de mi sentencia condenatoria en una primera instancia, en la cual el juez de la causa consideró que los elementos que no aportó el ministerio público de la federación no fueron necesarios, pues en su imaginación existían motivos suficientes para condenarme penalmente.

La sentencia condenatoria me fue informada el mediodía del 28 de enero de 2011, cuatro días después de que el juez la dictó en la ciudad de Guanajuato. Fui llevado al juzgado de Puente Grande, en donde un frío actuario me dejó caer sobre la espalda la sentencia:

—¿Es usted J. Jesús Lemus Barajas? —preguntó el funcionario judicial a través de la rejilla del juzgado.

—Sí, señor, soy J. Jesús Lemus Barajas —contesté con la boca seca, tratando de descifrar alguna emoción en el rostro del actuario.

—Le vengo a notificar su sentencia —expresó secamente—, la dictó el juez que lleva su causa en la ciudad de Guanajuato desde el 24 de enero.

Al observar el desfase en el tiempo de notificación comprendí que la sentencia era condenatoria. Todo lo comencé a ver como en un sueño. La voz del actuario me pareció cada vez más lejana y sólo la volví a escuchar cuando me informó los años que debía pasar en prisión, luego de leer el legajo de tecnicismos y términos legales.

—¿Comprende lo que le estoy diciendo? —preguntó el funcionario al observar cómo metía mi cabeza entre mis manos.

—¿A cuánto me están sentenciando? —pregunté.

—Ya estoy llegando a esa parte —me explicó—, sólo que es mi obligación leer completo el texto de la sentencia.

Acepté la explicación y seguí escuchando en mi letargo aquella retahíla de palabras que incrementaba la agonía y la angustia por saber a qué nivel se había utilizado el aparato de justicia para consumar una venganza personal. Por fin llegó la parte final de la sentencia:

—… razón por la que este juzgado lo encuentra plenamente responsable de los delitos de delincuencia organizada y de fomento al narcotráfico en la modalidad de colaboración, por lo que se le sentencia a cumplir 20 años de prisión, y una multa de 59 mil 997 pesos, equivalente a 350 días de salario… —continuó leyendo, y yo dejé de escuchar.

Los días subsecuentes fueron los más difíciles dentro de mi cautiverio. Era morir a diario pensando en la obligación de vivir 20 años en el interior de aquella cárcel. Significaba —como en alguna ocasión me dijo Luis Armando Amezcua Contreras— estar muerto en vida.

Dentro de los plazos jurídicos apelé a la sentencia dictada en primera instancia, argumentando el estado de indefensión en el que me hallaba, por no tener forma de alegar nada al no haberse presentado en mi contra una sola prueba concatenada con la verdad en tiempo y espacio. Aun así tuve que vivir casi cuatro meses sabiéndome condenado a una pena de 20 años en prisión.

Un día, a media tarde, llegó la orden para trasladarme del módulo uno de procesados a la sección del módulo ocho de sentenciados, dejando de ser probable responsable para convertirme en plenamente culpable de dos delitos graves del orden federal.

—¡Preso sentenciado número 1568! —gritó una voz desde la entrada al pasillo—, alístese, que se va a vivir a un lugar de donde no va a salir hasta dentro de 20 años.

Toda la población de ese pasillo, el 2B del módulo uno, se mantuvo en silencio, a manera de solidaridad, al ver que me transferían. En menos de 10 minutos tomé mi colchón, junté las escasas pertenencias: unas cartas de mi esposa y de mi hija, unos dibujos, cinco libretas de poemas y apuntes para este libro, mis enseres de higiene personal y un par de uniformes.

—¡Estoy listo, oficial! —grité desde la puerta de la celda 149—. Cuando guste nos vamos.

Tras la revisión corporal de rutina, escoltado por dos oficiales de guardia, esa tarde calurosa fui conducido al módulo ocho de sentenciados, mientras varios presos con quienes estuve conviviendo durante los últimos dos años me despedían con el consabido "¡Ánimo!"

En mi cabeza se quedaron grabadas como una postal en sepia las manos de muchos presos asomadas desde sus celdas, algunas con el dedo pulgar hacia arriba, otras formando la *v* de la victoria y otras más simulando escribir algo en el aire con un lápiz, para recordarme que siguiéramos en contacto mediante el correo.

Salí del módulo uno y al llegar al primer diamante de revisión, en donde confluyen los módulos uno, dos, tres y cuatro, lo alcancé a ver. Estaba parado a cuatro metros de distancia, con la cabeza agachada, esperando ingresar al área que conocíamos como "las tapadas", que es el otro sector de segregación estricta para reos conflictivos. Allí estaba Sergio Villareal *El Grande*.

No era la primera vez que nos veíamos. Mientras esperaba que me dieran paso libre para dirigirme al módulo ocho, *El Grande* volteó a verme; observó así que llevaba mis escasas pertenencias envueltas en una sábana y que el colchón esperaba recargado. Me preguntó si me iba libre.

—¿Ya estuvo? ¿Te vas libre? —inquirió a hurtadillas.

—No, voy al área de sentenciados —le respondí con algo de tristeza.

—Échale ganas —me alcanzó a decir mientras los cuatro oficiales que lo custodiaban lo empujaban para que guardara silencio y se volviera hacia el otro lado, para evitar todo contacto.

Fui conducido por el recto pasillo que une a los dos sectores de módulos, tras sortear la revisión de los tres diamantes que median la distancia. Mi recibimiento, a diferencia del que tuve en el módulo uno, fue parco. De hecho no hubo recibimiento. Todo era silencio. A nadie le importó que un preso más arribara a ese pasillo. Allí todos tienen suficiente con ponerse a pensar en sus años de condena. Un preso más, poco les puede importar.

En el pasillo de sentenciados casi no se habla, nadie ríe. Todos rumian sus pensamientos en todo momento. La mayoría escribe o lee. A nadie le interesa la vida de otros. Sólo una pregunta se le hace al que llega a ese sector, y a mí me la hizo, desde su celda, Humberto Rodríguez Bañuelos, mejor conocido como *La Rana*, sentenciado por el asesinato del cardenal Juan Jesús Posadas Ocampo.

—Ese nuevo que acaba de llegar —preguntó desde su celda—, ¿cuántos años trae?

—Me dieron 20 años —respondí sin ganas.

—Usted no se agüite —me contestó—, yo traigo como 50 y todavía tengo esperanzas de salir de aquí y tomarme una coca cola.

—La esperanza es lo que me mantiene en pie —le contesté en el mismo tono.

Ése fue mi recibimiento en el módulo ocho de sentenciados. No volví a cruzar palabra con nadie de celda a celda; no se estila en ese sector hablar como es frecuente en los otros módulos. Si alguien charla de celda a celda se le tilda de joto, porque —dicen— anda buscando hombre que le ayude a soportar la soledad de la cárcel.

En el módulo de sentenciados conocí bien a *La Rana*, quien se volvió el guía que todo reo recién llegado necesita para permanecer apartado de los problemas que afloran en cualquier momento, cuando los hombres tienen a flor de piel una mezcla extraña de tristeza, soledad, abandono y resentimiento.

A días de mi arribo, *La Rana* me invitó a jugar en su mesa de dominó, me tomó por compañero de juego y pasamos largas horas entremezclando las mulas con la plática de aquel hombre que, a pesar de tener siete años en prisión, parecía que tenía cinco veces más, por su precario estado de salud.

Allí volví a encontrarme y a platicar con *El Duby*; jugué futbol con el famoso Antonio Vera Palestina, el asesino del *Gato* Félix, de la revista Zeta; escuché la historia trágica de Leoncio Mercado; el legendario *Capitán* Tornés me contó sus anécdotas —siempre en un festín de animosidad—; escuché los consejos jurídicos de *Morgan* Hernández, me reí de las ocurrencias de Orlando Magaña, y conviví como un sentenciado más de los que tratan de hacer su vida en el interior de la paredes de Puente Grande.

Un día, en punto de las cinco de la tarde, mientras escribía las habituales cartas a mi esposa y a mi hija, por la proximidad de la visita, se acercó un oficial hasta la celda de la reja que compartía con el *Capitán* Tornés, y con voz marcial me sacó de la concentración.

—Lemus Barajas —me dijo—, prepárese, vamos al juzgado.

No expresé nada, no esperaba notificaciones del juzgado. Dejé lo que estaba haciendo y me acerqué a la reja para la revisión de rutina. Caminé por el pasillo que conduce a los juzgados desde el área de sentenciados, mientras en mi cabeza trataba de buscar una razón por la cual me requerían.

Después de casi una hora de estar esperando la notificación anunciada, por fin una actuaria se acercó a través de la rejilla de prácticas y me observó fijamente a los ojos.

—¿No le han avisado nada sus abogados? —me preguntó.

—No —contesté algo desconcertado—. ¿Me tenían que avisar algo?

—Pienso que sí —dijo la funcionaria—, porque le traigo muy buenas noticias.

—¿Qué noticias son? —pregunté sin mucha emoción. No esperaba la resolución de la apelación en forma tan rápida.

Por lo general una apelación tarda en resolverse entre seis meses y dos años. Yo había apelado a la sentencia de la primera instancia en la primera semana de febrero, apenas poco más de tres meses de haber iniciado el trámite de revisión.

—¡Es su libertad! —me contestó la funcionaria totalmente emocionada.

Cuando escuché que se hablaba de mi libertad, traté de cerciorarme sin emocionarme aún.

—¿No me está confundiendo? —pregunté aún con desconfianza.

En los juzgados de Puente Grande es muy común que los notificadores confundan a los reclusos, y de manera frecuente algunos de estos últimos escuchan notificaciones que no son para ellos, debido a errores de control interno.

En una ocasión, en el módulo uno de procesados, fui requerido desde el juzgado penal para una notificación del proceso. Yo esperaba me anunciaran la resolución de la apelación al auto de formal prisión, la cual estaba en curso. Cuando estuve frente a la rejilla de prácticas el notificador me informó del inicio de un nuevo proceso penal en mi contra, alterno al que ya estaba enfrentando, esa vez —me leyó— por delitos de homicidio y portación de armas.

—¿Y ese proceso en dónde se me está instruyendo? —pregunté sorprendido y nervioso al extremo.

—Se le instruye en la ciudad de Chihuahua —me dijo tajante el notificador.

—Pero, ¿con base en qué hechos? —insistí.

—Eso no dice el fax que se nos envió —me explicó—, solamente señala que se le notifique personalmente a Juan Lemus...

—Yo no soy Juan Lemus —respiré aliviado—, yo soy Jesús Lemus...

—¿No es usted el preso número 1189? —preguntó a la vez que dirigía la vista hacia abajo de mi hombro izquierdo, en donde estaba marcado mi número de control interno.

—No, señor —nunca había dicho con tanto alivio mi número de preso—, ¡yo soy el preso 1568!

—Entonces disculpe —reviró—, no es usted a quien le tengo que notificar este proceso.

Por esa razón, aquella tarde del 11 de mayo de 2011 yo dudé de lo que me decía la actuaria acerca de la resolución de una sentencia de libertad. En el interior de la cárcel de Puente Grande se cuentan por decenas las notificaciones en falso que se hacen en los juzgados, en donde duelen más las que anuncian la libertad.

—No lo estoy confundiendo —me dijo la notificadora—, si usted es J. Jesús Lemus Barajas y su número de control interno es el 1568, a usted es a quien vengo a avisarle de su libertad.

No pude moverme ni articular palabra. Escuché en silencio y con deleite la lectura de aquella mujer que —si mal no recuerdo— también estaba muy feliz, seguramente contagiada por mi cara de alegría; al menos así lo evidenciaba el carraspeo de su garganta.

—… por lo tanto se ordena su inmediata liberación —concluyó, agregando una fórmula legal que decía que se notificara de la resolución a las autoridades del penal.

—¿Entonces no es cierto lo del "usted disculpe"? —pregunté a la abogada en tono de broma.

—No —me contestó con una sonrisa franca—, eso no viene en ninguna sentencia —se dio la media vuelta y me dejó en aquella soledad del juzgado que yo sentía que poco a poco se desvanecía y que me comenzaba a ser ajena.

Justo a las 24 horas de la notificación, cuatro guardias me escoltaron hasta la puerta del penal de Puente Grande: marciales, dos delante y dos detrás. Atrás también quedaba la que fue mi casa durante tres años y cinco días, donde a diario —a pesar de las condiciones extremas que me impusieron— no dejé de sentirme y ser periodista, y donde fui hilvanando poco a poco, y a veces por causalidad, este retrato íntimo de los hombres malditos de la historia nacional de nuestro país.

Agradecimientos

A la memoria de don Arturo.

A Triny, Martha e Hidania, por su insondable amor, que me sostuvo en pie en los días de prisión.

Con toda mi eterna gratitud, a Marta Durán de Huerta, Balbina Flores Martínez, Benoît Hervieu, Rogelio Hernández López y Pablo Pérez, que se abrazaron a mi causa.

A mis editores Cristóbal Pera, Ariel Rosales y Enrique Calderón, sin cuyo consejo y orientación no sería posible nada.

Los malditos de J. Jesús Lemus
se terminó de imprimir en junio de 2022
en los talleres de
Impresora Tauro, S.A. de C.V.
Av. Año de Juárez 343, col. Granjas San Antonio,
Ciudad de México